中國學術思想 研究輯刊

六 編

林慶彰 主編

第 30 冊

宋初智圓與契嵩對儒學的回應

歐朝榮 著

參禪與念佛
——晚明袁宏道的佛教思想

邱敏捷 著

花木蘭文化出版社

國家圖書館出版品預行編目資料

宋初智圓與契嵩對儒學的回應　歐朝榮　著／參禪與念佛——
晚明袁宏道的佛教思想　邱敏捷　著 — 初版 — 台北縣永和市：
花木蘭文化出版社，2009〔民98〕
目 2+110 面／序 4+ 目 2+78 面；19×26 公分
（中國學術思想研究輯刊 六編：第 30 冊）
ISBN：978-986-254-085-5（精裝）

1.（宋）釋智圓 2.（宋）釋契嵩 3.（明）袁宏道 4.學術思想
5.儒學　6.佛教　7.禪宗　8.宋代　9.明代
125　　　　　　　　　　　　　　　　　　　98016116

ISBN - 978-986-2540-85-5

9 789862 540855

中國學術思想研究輯刊
六 編　第三十冊　　　　　　　ISBN：978-986-254-085-5

宋初智圓與契嵩對儒學的回應
參禪與念佛——晚明袁宏道的佛教思想

作　　者　歐朝榮／邱敏捷
主　　編　林慶彰
總 編 輯　杜潔祥
出　　版　花木蘭文化出版社
發 行 所　花木蘭文化出版社
發 行 人　高小娟
聯絡地址　台北縣永和市中正路五九五號七樓之三
　　　　　電話：02-2923-1455／傳眞：02-2923-1452
網　　址　http://www.huamulan.tw 信箱 sut81518@ms59.hinet.net
印　　刷　普羅文化出版廣告事業
封面設計　劉開工作室
初　　版　2009 年 9 月
定　　價　六編 30 冊（精裝）新台幣 50,000 元　　　版權所有·請勿翻印

宋初智圓與契嵩對儒學的回應

歐朝榮　著

作者簡介

臺灣省臺東縣人，1982 年生。政治大學歷史系研究部碩士。

提　　要

　　隨著隋唐時代的大一統，儒家最主要的學問——經學也得到官方上的一致性。然而，中唐以後對於傳統經注感到不滿的士大夫大開起新的研究取向，希望在經典當中再次尋求古代聖賢的「道」，並且「道統」也逐漸被確立起來。與此同時，佛教界也有新的變化。

　　天台宗與禪宗是影響唐代士大夫最深的兩個佛門宗派。儘管士大夫在以儒家思想作為治世的原則，但其內心也多皈依佛法。唯韓愈欲以儒家的心性之學取代佛法，成為士大夫的內在精神價值。然而，直到理學家張揚心性之學以前，韓愈的主張只得到少數士大夫的認同。

　　時至北宋，士大夫繼續追尋「道」，其中古文家頗致力於此。經學也延續唐代的新學風，正逐漸推翻傳統經注，至慶曆以後全面開展。同時，宋儒排佛的浪潮與此相應和。然而，兼通儒、釋的佛教高僧對此有所回應。先是天台僧智圓在排佛尚未激烈的時代大談儒家的「道」並援引《中庸》會通佛家的「中道義」。禪僧契嵩則與復興儒學的士大夫正面對抗，與智圓同樣先在理學家之前，發展具儒學內涵的心性之學。

　　本文所要探討的是佛教在宋初儒學轉變過程中所扮演的角色。尤其像智圓、契嵩這類的僧人如何運用儒、佛二家的思想，以回應儒當代的儒學，是值得注意的問題。再者，儒學與佛教都在唐代有所變化，須自此探求其歷史脈絡。

目

次

第一章　緒　論

第一節　導　言

　　佛教自東漢傳入中國，歷經魏晉南北朝時期的佛教僧侶各種傳布方式，逐漸邁入隋唐時代的全盛期。其中最重要的傳布方式，是為數不少的僧侶將佛教經典翻譯成漢文。〔註 1〕從此，佛教在中國有了漢化的經典文字。這在佛教史上極具意義，由於當時佛教僧侶的努力，賦予了佛教一種鮮明的學術意義；正因為佛經被大量翻譯，使得佛教在六朝以降出現各種不同的學派。〔註 2〕

〔註 1〕　佛教何時傳至中國，有許多不同傳說，但一般認為漢明帝永平（58～75）年間遣使至西域求佛法是佛教傳入中國的發端。湯用彤認為，此等說法的真相雖然不明，但還是有其根據，而非被憑空虛造。見湯用彤，《漢魏兩晉南北朝佛教史》（臺北：鼎文書局，1975 年），頁 16～30。又據《高僧傳》所述，魏晉南北朝時期的僧侶弘法形式可略歸於十類：「一曰譯經，二曰義解，三曰神異，四曰習禪，五曰明律，六曰遺身，七曰誦經、八曰興福，九曰經師，十曰唱導。」見釋慧皎，湯用彤校注，《高僧傳》（北京：中華書局，1992 年），卷 14，頁 524。

〔註 2〕　佛教的譯經事業在南北朝進入盛況。隨著佛教經典被翻譯為漢文，開始流行經論講習的風氣，並且以不同的經典為思想與信仰的依歸，各種學說與學派應運而生。舉例而言，曾受學於鳩摩羅什的道生及其追隨者因研究《涅槃經》，而形成了「涅槃學派」；在鳩摩羅什翻譯《中論》、《百論》、《十二門論》等經典以後，以這幾本佛經為基礎而展開的「三論宗」，在南北朝至唐初一度曾經盛行；也有一批僧侶在中國北方發起對《成實論》的研究風氣，因而發展出「成實學派」。其他在南北朝形成的學派，還包括「地論學派」、「毘曇學派」、「俱舍學派」等等。隋唐之世則又因不同的經典為基礎，而演化出天台、法相、慈恩、華嚴等諸宗。有關六朝隋唐佛教發展史的專著，以湯用彤的《漢

　　具有學理特質的佛教宗派在南北朝以後前仆後繼地被創立，而禪宗自唐代的慧能以後發揚光大，是漢傳佛教史上極爲重要的契機。〔註3〕近代有學者指出，禪宗實乃中國佛教史上的大革命，甚至下開宋代的新儒學。此番說法雖然有欠細緻，但仍頗具啓示。〔註4〕禪宗之外，天台與華嚴二宗各以《妙法蓮華經》與《華嚴經》爲判教的依歸，在唐代形成具有影響力的大乘宗派。

　　另一方面，儒家在中唐以後也有新動向。韓愈（768～824）和李翱（774～836）二人亟欲重振儒學，他們在經學事業上的前輩，是劉知幾（661～721）、啖助（724～770）等人對於漢唐經學注疏強烈不滿的學者。正好此時禪宗、天台等佛教宗派盛行，所謂的「心性之學」反而爲沙門所宗，而漢唐儒家對這樣的課題卻不甚關懷。因此，韓、李主張排佛，希望將心性之學導回儒家的主流領域。然而，韓、李二人對於儒家要兼通內外之學的想法，不僅是同時代的「異端」，而且本質上來說，也是基於對成爲知識份子內心依歸的佛教一種「反擊」。他們主張建立道統的其中一個目的，就是有別於佛家的「法統」而樹立儒家的正統地位。韓愈就在〈原道〉一文特別強調「斯吾所謂道也，非向所謂老與佛之道也。」。〔註5〕由此，我們可以觀察到佛教已經深刻地影響儒家士大夫的思想層面，無論他們對於這樣的現象是樂見的或是感到憂慮

　　　　魏兩晉南北朝佛教史》與《隋唐佛教史稿》（臺北：木鐸出版社，1988 年）二書爲早期的全面性著作，其後中日學界研究中國佛教發展史的專著甚多，然其論點大抵未離湯氏之作。較細緻的研究則可參照鎌田茂雄，《中国仏教史第四卷：南北朝の仏教》下冊（東京：東京大學出版会，1990 年）。

〔註3〕這裡參酌李四龍對於中國佛教的分類：學理型與民俗型佛教。佛教入漢地之後與中國傳統思想結合，以其說理、談玄的特色，使中國文人學士得以親近，而產生儒釋道三家鼎力的文化格局，李四龍將具有這種特質的佛教稱爲「學理型佛教」。另一方面，對於民間社會具有現實影響，諸如僧尼在寺院的規律作息，與一般人民在生活上所參與的佛事等等，將具有此類影響的佛教稱爲「民俗型佛教」。李四龍認爲，在五代北宋之際學理型佛教逐漸過渡到民俗型佛教。見李四龍，〈民俗佛教的形成與特徵〉，《北京大學學報》1996 年第 4 期（北京，1996 年 8 月），頁 55。以此對照，本論文所論及的佛教宗派，主要指其「學理型」的一面。但我們也不能將佛教諸派斷然分爲「學理型」或「民俗型」，例如天台宗二祖慧思（515～577）提倡「一心三觀」，將理論與實踐合而爲一，爲天台建立理論典範；但由於天台因爲以《法華經》爲思想基礎，而以觀音菩薩爲信奉的對象，因此也不能忽略其與民間神靈信仰的關係。見湯用彤，《隋唐佛教史稿》，頁 262～263。

〔註4〕錢穆，《中國思想史》（臺北：臺灣學生書局，1982 年），頁 168～170。

〔註5〕韓愈撰，馬其昶校注，《韓昌黎文集校注》（上海：上海古籍出版社，1987 年），卷 1，頁 18。

的。〔註6〕

　　唐宋之際不少士大夫熟知佛學並且不排斥以佛老爲內在的精神價值，例如白居易（772～846）、柳宗元（773～819）、劉禹錫（772～842）、李商隱（812？～858？）、楊億（974～1020）、范仲淹（989～1052）等士大夫，不枚勝舉。對那些親近佛教的士大夫而言，除了佛學在思想上有種「方外」的魅力，「佛教常能利用文學美術吸引智識分子」〔註7〕恐怕也是佛教在文學界能大受歡迎的重要因素。至於佛門亦有出家前就曾通習儒家經典的僧人，如天台宗九祖湛然（711～782）「家本習儒」，〔註8〕其見識在孩童時代就已超越同儕。宋代的天台宗山外的孤山智圓（976～1022）更是深究《中庸》，而自號中庸子；雲門宗禪僧契嵩（1007～1072），因熟稔儒家的經書章句，以至於在歐陽修（1007～1072）、李覯（1009～1059）等古文家力倡闢佛時，猶能以古文與之進行學術論辯。〔註9〕

　　宋代初期的部分士大夫也承繼前代韓愈等對於佛教排拒甚力的思想家，提倡儒家的道統，例如古文家柳開（948～1001）將韓愈置於孔、孟、揚雄等人之後，認爲主張古文的韓愈是近世最了解聖人之道的文學家。相反地，柳開對於自己的先祖柳宗元評價不高，他說：「吾祖多釋氏，於以不迨韓也。」〔註10〕說明柳宗元對聖人之道的體認不如韓愈。稍晚於柳開的北宋古文家多半也持類似的看法，不過態度和焦點各有不同。例如王禹偁（954～1101）和歐陽修主要攻擊佛教僧尼對國計民生的弊害；排佛態度激烈的石介（1005～1045）則在學理上攻擊佛家甚力；同時也有如范仲淹這樣的士大夫對於佛理之研究甚深，或晚年一心參禪的富弼（1004～1083）等人。

　　綜合以上所述，宋代初期的儒學發展，其動力除來自士大夫階層內部，以

〔註6〕此段說法參考自以下論著：吳雁南，《中國經學史》（福州：福建人民出版社，2001年），頁262～267；張分田，〈隋唐儒家政治哲學與政治批判思想〉，收入於劉澤華主編，《中國古代政治思想史（修訂本）》（天津：南開大學出版社，2001年），頁378～381；陳弱水，〈柳宗元與中唐儒家復興〉，《新史學》5:1（臺北，1994年3月），頁1～49。

〔註7〕鄺士元，《中國學術思想史》（臺北：里仁書局，1995年），頁336。

〔註8〕釋志磐，《佛祖統記》（揚州：江蘇廣陵古籍刻印社，1992年），卷7，頁386。

〔註9〕契嵩在曾自言：「余昔以五戒十善，通儒之五常爲原教，急欲解當世儒者之訾佛。」見釋契嵩，〈輔教篇中〉，《鐔津文集》，卷2，《大正新修大藏經》第52冊（臺北：世樺，1990年），頁654。

〔註10〕柳開，〈東郊野夫傳〉，《河東集》，卷2，《景印文淵閣四庫全書》第1085冊（臺北：臺灣商務印書館，1983年），頁246。

天台、禪宗爲主流的佛教學界動向，似也帶給新興儒家思想上的影響。由此引發筆者的研究興趣，故選擇經學爲主要焦點，以探討北宋儒佛交涉的歷史脈絡。

第二節　研究回顧

早在陳寅恪爲馮友蘭審查《中國哲學史（下冊）》一書時，曾提到過智圓倡《中庸》於司馬光（1019～1086）闡《中庸》廣義之前，他認爲「新儒家產生之問題，猶有未發之覆在。」〔註11〕陳氏此段文字可說是本研究產生之契機之一。下述將促成本論文形成的各個相關問題，逐一回顧過去的學術成果。

一、唐宋之際的儒學與佛教

除了陳寅恪之外，同時代的其他史家也注意到佛教與宋代儒學的關係。謝無量的《朱子學派》曾提到禪宗之南宗諸派在宋代蓬勃的發展，其僧徒與北宋名士交遊甚密，儒家士人自得其佛學淵源。〔註12〕對於佛典、佛學考證甚力的錢穆，則進一步指出在宋明理學發展之前，當時的學術思想只存在於「道院」、「禪林」之間；而欲重振儒家教化之功的理學家，正是因襲於那些儒家之外的學術文化。然而他也強調宋代前期已有士人欲重整儒家的舊傳統，並藉著復興儒學以取代佛家作爲人生指導。錢氏對於宋代前期儒學的觀點，除了在《宋明理學概述》一書中有所闡述，亦散見他的其他著作中。〔註13〕

自民國初期的史家之後，關於北宋早期的儒學研究，現今學界之論著多未脫宋明理學之論述，很少以晚唐至宋代初期的儒學爲中心進行全面的探討。由於抱持著「以宋初儒學爲淵源，重點則是理學的發展」觀點，以致一般儒學史或思想史的論著對於唐宋之際的儒學，都直接置於理學或道學的脈絡去討論，使得這段時期的儒學多少喪失鮮明的意義。儘管如此，若干對於宋代儒學進行全面性論述的著作，仍舊能夠給予宋初儒學一個概括面貌。漆

〔註11〕陳寅恪，〈馮友蘭《中國哲學史》下冊審查報告〉，《金明館叢稿二編》（臺北：里仁書局，1981 年），頁 252。

〔註12〕謝無量，《朱子學派》（上海：中華出版社，1932 年）。

〔註13〕參見錢穆，《宋明理學概述》（臺北：中國文化大學出版部，1980 年）、《國學概要》（臺北：蘭臺出版社，2001 年）、《經學大要》（臺北：蘭臺出版社，2000年）、《中國學術思想史論叢》第 5 冊（臺北：東大圖書公司，1976 年）等諸本專著。

俠的《宋學的發展與演變》是其中代表之一。〔註14〕該書以唯物史觀爲立場，認爲唐代中葉以後社會經濟關係的變化是導致儒學轉變的重要因素。此外，在「宋學的形成階段」中，漆氏以釋智圓和晁迥之兩名對於儒釋道三教會通致力頗深的佛、儒學者爲例，說明當時知識份子對儒釋道三教思想的認識。接著，並以歐陽修、宋初三先生的胡瑗（993～1059）、孫復（992～1057）、石介，以及李覯等爲人中心，敘述宋學的奠基時期。漆氏這部晚年集大成之作對於本研究提供最基本的面向。張躍在《唐代後期儒學的新趨向》則對於中唐以後的儒學階段有較完整的論述。他從天人關係、三教關係與性情論等問題探討出唐代後期儒學的基本樣式：力求擺脫兩漢經學的束縛、推翻傳統經學的天命觀、排斥異端與三教合一等。〔註15〕

二、宋代前期的儒釋調和

唐宋之際一直有知識分子不斷主張儒釋調和，直到整個北宋時期，學術界持續出現這樣的論調。蔣義斌的《宋代儒釋調和論及排佛論之演進——王安石之融通儒釋及程朱學派之排佛反王》指出宋初儒釋交涉的主流是調和二教，王安石（1021～1086）承接此種學風，並特別探討「性」、「情」關係。以儒釋融合思想爲起點，該研究繼續討論兩宋理學家，尤其程朱學派因王安石而起的批判與排佛，而陸象山（1139～1193）則予以平反。由此可一窺以理學爲中心的宋代學術史的其中一面。〔註16〕

在宋代前期主張儒釋調和的人物當中，天台宗的孤山智圓是佛教的代表人物之一。學界有少數論文針對智圓與儒釋關係專文研究。蔣義斌〈孤山智圓與其時代——佛教與宋朝新王道的關係〉指出，智圓主張除了儒、道以外，佛教也能成爲王道建立的基礎。基本上，智圓仍體認到儒、釋之間的差異，並不力主儒釋調和或三教會通的論點。然而，智圓確實對於儒家六經涉入甚深，也認爲佛教於「治心」的功用在當時是強於儒家的。〔註17〕劉貴傑〈從智圓思想看佛法與儒學之交涉〉一文則傾向傳統的論述，認爲智圓向儒家士

〔註14〕漆俠，《宋學的發展和演變》（石家莊：河北人民出版社，2002 年）。

〔註15〕張躍，《唐代後期儒學的新趨向》（臺北：文津出版社，1993 年）。

〔註16〕蔣義斌，《宋代儒釋調和論及排佛論之演進——王安石之融通儒釋及程朱學派之排佛反王》（臺北：臺灣商務印書館，1988 年）。

〔註17〕蔣義斌，〈孤山智圓與其時代——佛教與宋朝新王道的關係〉，《中華佛學學報》第 19 期（臺北，2006 年），頁 233～270）。

大夫強調佛法與儒學的相通處，倡導儒釋合一，對於佛家思想的「儒學化」功業頗有貢獻。〔註18〕

　　除了智圓，契嵩也出入於佛、釋二家。黃啓江在〈從范仲淹的釋教觀看北宋眞、仁之際的儒釋關係〉一文，注意到范仲淹這位在政壇與學界舉足輕重的人物，對佛教有獎掖保護的功勞，可說是佛教發展史上的重要外援。〔註19〕另一方面，雲門宗的禪僧契嵩是北宋佛教史上的傑出人物，他遍讀儒家經典，對於儒學也自有一番獨到的見解，並爲同時代的儒家人士所贊嘆。因此，黃啓江以契嵩的《夾註輔教編要義》爲主要研究材料，說明契嵩融會儒家的觀點。契嵩重新詮釋佛家的基本教義，並爲當時被士大夫抨擊的佛教辯護。〔註20〕張清泉的《北宋契嵩的儒釋融會思想》透過契嵩的思想研究，以探討儒佛二學的相融性與差異性。除了說明契嵩對抗與回應排佛論的外在表現，張氏主要集中研究契嵩在儒學與佛學的理論基礎，並且討論契嵩在會通儒釋思想之後，所提倡的各種理論與實踐方式。〔註21〕

　　智圓與契嵩對於儒家的認識，還涉及到同時期的儒學復興運動。魏鴻雁的兩篇論文〈宋代僧人對儒家經學的認識與回應——從釋智圓和釋契嵩談起〉與〈宋代僧人對北宋文學革新的認識與回應——以釋智圓和釋契嵩爲中心的考察〉，將這兩位宋代初期最重要的高僧放置儒學復興的脈絡上，做一淺顯的考察。例如他們對經學注疏有不受傳統儒家束縛的立場，進而強調「微言大義」的重要性；同時，他們站在佛教的角度，對宋初「文」與「道」提出批評。〔註22〕魏鴻雁的研究對於本論文具有相當大的啓發，儘管筆者認爲還需要對於此前的經學流變以及唐代佛教（特別是禪宗與天台）的轉型進行歷史的考察。洪淑芬的〈論儒佛交涉與宋代儒學復興——以智圓、契嵩、

〔註18〕劉貴傑，〈從智圓思想看佛法與儒學之交涉〉，收入於《佛教的思想與文化：印順導師八秩晉六壽慶論文集》（臺北：法光出版社，2002 年），頁 237～254。

〔註19〕黃啓江，〈從范仲淹的釋教觀看北宋眞、仁之際的儒釋關係〉，收入氏著，《北宋佛教史論稿》（臺北：臺灣商務印書館，1997 年），頁 133～152。

〔註20〕黃啓江，〈論北宋明教契嵩的《夾註輔教編要義》〉，收入於氏著，《北宋佛教史論稿》，頁 153～200。

〔註21〕張清泉，《北宋契嵩的儒釋融會思想》（臺北：文津出版社，1998 年）。

〔註22〕魏鴻雁，〈宋代僧人對儒家經學的認識與回應——從釋智圓和釋契嵩談起〉，《青海民族學院學報》2005 年第 2 期（西寧，2005 年 4 月），頁 38～41；〈宋代僧人對北宋文學革新的認識與回應——以釋智圓和釋契嵩爲中心的考察〉，《青海民族研究》17 卷第 4 期（西寧，2006 年 9 月），頁 68～72。

宗杲爲例〉，則分別從智圓、契嵩與宗杲（1089～1163）三位宋代高僧爲出
發點，探討他們在宋代儒佛交涉的階段當中扮演的角色。該研究認爲三僧分
別在宋初的「尊儒復古」、北宋「心性之學」初開以及雜佛學的南宋理學三
個階段中，皆以其深厚的儒學素養回應當代的儒學發展。就「儒佛交涉」的
具體行動而言，洪氏指出智圓的「尊儒復古」態度對儒學復興具有相當大的
貢獻；契嵩抗儒護法的行動則體現出其儒釋會通的思想體系；宗杲則透過與
理學家的交遊，以禪法吸收儒家的義理，同時將其影響力滲入理學家群體。
〔註 23〕

　　心性之學在宋代以後被作爲儒釋融合的其中一座橋樑。但在宋代之前，
心性之學雖是佛教諸宗派共同的思想體系，卻不是士大夫熱烈探討的話題，
即便本來也就是孔孟學說的一部份。對於唐代大部分的士大夫而言，「仕途」
顯然是淑世濟民最重要的途徑。至於內在世界的終極價值，他們可以藉由修
行佛法而體認到。不過也有少數儒家份子對於此風相當不滿，並力主以傳統
儒家的心性觀，取代佛家在士人心中的內在價值。陳弱水在〈柳宗元與中唐
儒家復興〉一文對中唐士人的兩種典型進行了廣泛的討論。當時已有儒士欲
以儒代佛，成爲士子的信仰依歸，代表人物即是韓愈。然而。當時儒士最普
遍的價值觀仍以「外儒內佛」或「外儒內道」爲基礎，柳宗元是其中的典型
人物。他並不排斥佛教教義，而是更關心儒家應該如何重建倫理秩序，以達
成士人濟世的任務。相對的，韓愈積極以儒家取代釋老的觀念在當時顯得特
立獨行。〔註 24〕張蓓弓在《漢傳佛教與中古社會》一書中，也花了不少篇幅
說明唐代士人在儒佛調和學風之下的轉變。在他劃分的數個時期當中，在中
唐後期以柳宗元、劉禹錫、白居易等人爲例，他們參習禪法而得到心靈歸宿
的最終理想，並實踐「和合儒釋」的思想。〔註 25〕張氏指出唐代士人「始儒
終佛」的特色，與陳氏的「外儒內佛」說法大體上是一致的。

〔註 23〕洪淑芬，《論儒佛交涉與宋代儒學復興——以智圓、契嵩、宗杲爲例》（臺北：
　　　　國立臺灣大學中國文學研究所博士論文，2007 年）。

〔註 24〕陳弱水，〈柳宗元與中唐儒家復興〉，《新史學》5:1（1994 年 3 月），頁 1～49。
　　　　此文發表於《新史學》之前，陳氏已有英文專著之研究，見 Jo-shui Chen, Liu
　　　　Tsung-yuan and Intellectual Change in T'ang China, 773-819（ New York:
　　　　Cambridge University Press, 1992）.

〔註 25〕張蓓弓，《漢傳佛教與中古社會》（臺北：五南圖書出版公司，2005 年），頁
　　　　242～254。

三、宋代前期的儒學發展：以經學為中心

佛教帶給儒家的影響不僅是在思想層面的心性論，文本上的經典注疏也可能是佛教在大量翻譯注解佛經之後，給予兩漢以降的傳統經學一種新學風，而非特儒家內部的自省力量。關於此一課題，文史學界幾乎沒有論著予以專門討論，但史家們仍普遍同意，最晚到了宋代，經學已有明顯的轉變。皮錫瑞在《經學歷史》一書中指出，經學到了宋代已是「變古時代」，尤其到了慶曆（1041～1048）年間，學界的解經風氣丕變。〔註26〕皮氏的論點在學界可謂開先河，其後研究著作，大抵不出此等見解，至多是在細部進行更進一步的研究。〔註27〕

儘管經學確實到了宋代產生變化，但並非意味著唐代的經學一味承襲漢代的傳統經學。在《五經正義》編纂之後，唐代仍有知識份子在經學的領域企圖力闢新徑，使得中唐以後的經學風氣有所突破。稻葉一郎在〈中唐新儒學運動的一種考察——劉知幾的經書批判和啖、趙、陸氏的《春秋》學〉一文中指出，自《五經正義》編纂之後，以王元感為首的經學家批判其註釋。以此為基礎，劉知幾對於經書及其注疏，尤其是《春秋》，也表明他的疑惑與批判。他以及之後的啖助、趙匡、陸淳（？～825）等人針對《春秋》三傳的批判，正是欲跳脫六朝時代經學思想的表現。與他們的研究相通，韓愈與李翱二人直接以《大學》、《中庸》揭示出儒學的道統，而奠定宋學的基礎。〔註28〕張國剛〈略論唐代學術史的時代特徵〉一文則就經學、史學、宗教等方面分別探討，在唐代三教合流的趨勢下，當時學術已呈現出鮮明的注疏學特徵，並逐漸趨向心性之學。〔註29〕此外，經學史學者也有不少研究同意中晚唐以啖、趙、陸《春秋》學為主，儒家形成一股不守舊注的新思潮。〔註30〕職是之故，唐代的學術應該也有其獨特的地位。

〔註26〕皮錫瑞著，周予同注，《經學歷史》（北京：中華書局，2004年）。

〔註27〕見吳雁南，《中國經學史》（福州：福建人民出版社，2001年）；姜廣輝，《中國經學思想史》第2卷（北京：中國社會科學出版社，2003年）；葉國良，《宋人疑經改經考》（臺北：國立臺灣大學，1980年）等著作。此外，細部的研究則可參見以人物為中心的經學研究，茲不一一列舉。

〔註28〕稻葉一郎，李甦平譯，〈中唐新儒學運動的一種考察——劉知幾的經書批判和啖、趙、陸氏的《春秋》學〉，收入林慶彰主編，《啖助新《春秋》學派研究論集》（臺北：中央研究院中國文哲研究所，2002年），頁305～338。

〔註29〕張國剛，〈略論唐代學術史的時代特徵〉，《史學月刊》2003年第6期（天津，2003年6月），頁80～87。

〔註30〕學界這方面的研究不少，可參考林慶彰，〈唐代後期經學的新發展〉，收入於

第三節 研究取徑與章節架構

基於以上研究課題的背景，本研究以學術史爲基本面向，在唐宋之際的儒家與佛教交會的歷史脈絡中，抉擇出經學此一課題爲研究對象。

儘管經學原本是「解釋、闡明和研究儒家經典的學問」，但佛教的譯經事業自東晉六朝大盛，進而開展解釋佛典的學風。〔註31〕佛教的譯經與解經的活動是造成佛教宗派林立的直接原因，例如《法華經》的漢文本在中國流傳之後，成爲日後天台宗的指導原則。〔註32〕再者，佛搭乘著東晉六朝的玄學之風，以此打入士大夫階層，儒釋兩界的交涉很早就已經展開。俟原本南北分立的經學因北學消失而歸於一統，儘管經學仍因襲舊風，但又成爲儒家的學術主流。〔註33〕同時佛教在唐代達到極盛，面對這樣的現象，儒家士大夫大部分接受佛法的薰陶，只有少部分人士仍與之抗拒。當時影響士大夫最深刻的宗派無非是強調理論與實際並重的天台宗，以及主張成佛無須依靠文字的禪宗。

佛教的版圖因禪宗的流行而發生變動，儒家則因少數對傳統經學不滿的學者而開始產生新學風。因此本研究希望透過儒釋發展的歷史背景，以考察眞正的核心問題：宋代初期儒學新動向與佛教的關係。智圓與契嵩固然有其儒學的基礎，但天台宗與禪宗在唐代也成爲許多士大夫內心的信仰。儒佛二教的彼此之間的思想聯繫，必須從隋唐的轉變期開始考察。兩位北宋高僧所

林慶彰編，《中國經學史論文選集》上冊（臺北：文史哲出版社，1992年），頁670～677；劉乾，〈論啖助學派〉，收入於林慶彰編，《中國經學史論文選集》上冊，頁678～701；葛煥禮，〈論啖助、趙匡、陸淳《春秋》學的學術轉型意義〉，《文史哲》2005年第5期（濟南，2005年9月），頁40～45；章群，〈啖、趙、陸三家《春秋》之說〉，收入於林慶彰、蔣秋華編，《啖助新《春秋》學派研究論集》（臺北：中央研究院中國文哲研究所，2002年），頁73～88；劉光裕，〈唐代經學中的新思潮——評陸淳《春秋》學〉，收入於林慶彰、蔣秋華編，《啖助新《春秋》學派研究論集》，頁89～111。

〔註31〕 吳雁南，《中國經學史》（福州：福建人民出版社，2001年），〈導論〉，頁1。

〔註32〕 許理和（Erich Zurcher）強調西晉來華的僧人竺法護（228～306）的譯經事業中，《法華經》具有最重大的意義。因爲《法華經》揭示了佛陀永恆的生命力，它善用譬喻的寓言，呈現詩歌的文學手法，成爲在漢傳佛教中最受尊崇且最爲基本的經典之一。同時，它也是天台宗最根本的學理基礎。見許理和（荷），李四龍、裴勇譯，《佛教征服中國》（南京：江蘇人民出版社，1998年），頁68～69。

〔註33〕 皮錫瑞著，周予同注，《經學歷史》，頁137。

以積極參與儒家復興運動及其論辯，置於佛教的歷史脈絡，似乎不是偶然。再者，儒家士大夫對於佛教的認識，事實上也影響到他們要如何重新看待儒家的任務與定位。

本研究除了緒論與結論之外，共分爲三章。第二章論述兩大主題，一爲天台宗與禪宗在中唐的發展。天台的九祖湛然與禪宗六祖慧能（638～713）可以說是兩宗派的中興之祖，他們都爲宗派本身的教義擴大理論基礎。湛然爲《法華經》注疏而有《法華經玄義釋籤》、《法華文句記》等書。相反地，禪宗因不立文字而沒有規定教義的經典，但慧能的門人記下其事蹟與言教而編成《六祖大師法寶壇經》，是禪宗最重要的著作。貫通儒釋思想的湛然與吸引儒家士大夫的禪宗，在唐代是儒釋調和之下的具體象徵。在隋唐佛教盛行之下，士大夫的思想表現出他們沾染佛法的特徵，尤其當他們以儒士的面貌試圖建構政治社會秩序，卻以佛家思想形塑內心世界。第二個主題則是儒家內部的發展，劉知幾與新《春秋》學派開啓中唐以降「疑古惑經」的風氣。再者，王通（584～617）力圖重振儒學，並且尊崇孟子的地位。儘管王通至中晚唐才受到重視，但是韓愈、皮錫瑞等人都想踐行孔、孟、揚雄、王通以來的「聖賢之道」。此外，鑑於佛教的法統之爭，儒家內部的「道統」體系逐漸發展，最終由宋儒完成。以上爲北宋儒學發展的歷史背景。

第三章分別探討宋初的儒學發展與天台宗的智圓。首先在文壇方面，有柳開、王禹偁、穆修（979～1032）等風格與對佛教立場稍有不同的古文家，較爲親近佛教的西崑派，是北宋最初數十年間較鮮明的文學群體。至於經學方面，胡瑗、孫復、石介等士大夫再次對經典進行詮釋的工作，以求經世教化與王道之治的效用。然而較宋初三先生稍早，與穆修、楊億同世代的智圓肯定儒家思想的價值，而且不管是有助於建立外在世界的倫理價值的六經，還是講究個人修身立德的《中庸》，他都對其有所深入的研究。智圓甚至認爲沙門若能兼通儒家經典，有裨於佛學。透過對於智圓的認識，我們將瞭解到在儒學復興運動全面開展之前，智圓已有相當透徹的體悟。

第五章的主題則是慶曆以後的儒學復興，與契嵩面對排佛論的回應。筆者將儒學復興的焦點擺在經學，因爲由宋儒對經學的研究，可以考察他們出排佛的背景與理論基礎。當然，宋代初期的儒家不同於理學以哲學思維闢佛，他們較關心佛教對人間秩序的弊害，此外當時諸儒也有從不同的角度來申辯佛教之弊。智圓處於排佛尚未形成浪潮的時期，而契嵩則正好面臨排佛的顛

峰期。爲了對抗儒家的排佛浪潮，契嵩與以歐陽修爲代表的闢佛人士抗衡，並且特別以宋代古文家所宗的韓愈爲批判對象，重新詮釋「聖人」的觀點，大談佛教角度的王道教化。透過對智圓與契嵩的研究，我們將發現他們兩人都會通儒、釋二教的思想，而試圖闡釋佛教合乎人間秩序之處。另一方面，由於兩人所屬的宗派與身處的學術環境不同，兩人論述的著眼點與對儒家的態度都有所不同。

第二章　中晚唐佛教與儒學的動向

第一節　前　言

　　漢傳佛教在進入唐代以後達到鼎盛。最初，東漢末年有西域僧人將其隨身攜帶的佛典譯爲漢文。本爲安息國太子的安清（世高；97～170），在東漢桓帝（146～167）時到達洛陽，開始中國最早期的譯經事業。他甚至「遊化中國宣經事畢，值靈帝（168～189）之末關洛擾亂，乃杖錫江南」。〔註 1〕比他稍晚入華的外來僧，如支讖（147～？）、安玄、支謙、康僧會（？～280）等人都在洛陽或孫吳（222～280）統治的江東地區建立起略具規模的譯經團。儘管根據文獻記載，東漢初由攝摩騰與竺法蘭翻譯的《四十二章經》是中國第一部漢譯佛典，但安清以降的譯經事業才眞正對漢傳佛教的發展造成直接的影響。〔註 2〕

　　佛教的譯經事業在西晉竺法護（228～306）之後逐漸興盛，並在東晉釋道安（314～385）與鳩摩羅什（334～413）先後於長安主持之下，形成以譯場爲中心的學僧團體。〔註 3〕原本在早期西域僧人翻譯的佛典中，以小乘經典居多，

〔註 1〕　僧祐，《出三藏記集》，卷 13，收入日本東京大藏經刊行會編，《大正新修大藏
　　　　　經》第 55 冊（臺北：世樺，1998 年），頁 95。

〔註 2〕　據《高僧傳》所載：「明皇帝夢金人飛空而至，乃大集群臣以占所夢。……即
　　　　　遣郎中蔡愔、博士弟子秦景等，使往天竺，尋訪佛法。愔等於彼遇見摩騰，
　　　　　乃要還漢地。……騰譯《四十二章經》一卷。……騰所住處，今雒陽城西雍
　　　　　門外白馬寺是也。」見釋慧皎，《高僧傳》（北京：中華書局，1992 年），卷 1，
　　　　　頁 1～2。

〔註 3〕　梁啓超：「大柢西晉以前之譯業，皆由一二私人口傳筆受。符秦時道整、道安

竺法護以後大乘經典在中土才大行其道。由於早期譯經都存在不少問題，道安曾經就譯經工作提出「五失本」與「三不易」。〔註4〕針對佛經的重譯、注疏以及佛教的目錄學皆在六朝時代應運而生。佛教的學術作品增多，中土僧侶的思想內涵也隨之豐富，因此關於佛學的私人論著在六朝逐漸增多。

　　中土人士撰述佛經，並非皆依其原典的本意創作，因而產生「疑經」或「疑偽經」。佛教疑經的定義，簡言之，即「所謂的疑經即中國人撰述的佛經，無論是在印度或西域，其原典完全不存在的經典。」〔註5〕此外，被佛教經錄家認定為疑經的另一理由，乃是這些佛經往往雜夾著佛教以外的思想——最常見混雜於早期的佛教著述中的是道教思想——以及民間信仰等等。當然在六朝時期，玄學思想也常混雜於疑經當中。〔註6〕道安在《新集安公疑經錄》（收入於《出三藏記集》）中曾指出《寶如來經》、《定行三昧經》、《毘羅三昧經》、《惟務三昧經》、《普慧三昧經》、《阿丘那經》等為國人所撰述的疑經。

　　在六朝時期，由於佛典的傳譯與講學，產生出依各種不同的佛經理論而成立的學派，諸如成實學派、地論學派、毘曇學派、涅槃學派等。此時佛學也有南北分立的現象。南方佛學與玄學結合，學風重義學而多議論；北方佛學沿襲早期外來僧所傳禪法，因此具有濃厚的實踐色彩。隋統一中國之後，南北佛學

在關中，網羅學僧，創譯中增二舍及阿毘曇，譯場組織起源於此。」見梁啟超，〈佛典之翻譯〉，《佛學研究十八篇》（臺北：中華書局，1956 年），頁 63。道安在長安的譯場中，實際上並未參與譯經的工作，他主要擔任「譯主」和校勘的工作。俟佛經初步譯為漢文之後，他針對翻譯的問題進行裁決，並在文字上稍作潤飾。整部經典完成之後，道安為之作序。見許理和、李四龍、裴勇譯，《佛教征服中國》（南京：江蘇人民出版社，1998 年），頁 252。

〔註4〕　道安曾在〈摩訶缽羅若波羅蜜經抄序〉一文敘及：「一者胡語盡倒而使從秦，一失本也。二者胡經尚質，秦人好文，傳可眾心非文不合，斯二失本也。三者胡經委悉至於嘆詠，丁寧反覆，或三或四，不嫌其煩，而今裁斤，三失本也。四者胡有義記正似亂辭，尋說向語文無以異。或千五百刈而不存，四失本也。五者事已全成，將更傍及，反騰前辭已乃後說而悉除此，五失本也。然智經三達之心，覆面所演聖必因時，時俗有易，而刪雅古以適今時，一不易也。愚智天隔聖人叵階，乃欲以千載之上微言傳使合百王之下末俗，二不易也。阿難出經去佛未久，尊大迦葉令五百六通迭察迭書，今離千年而以近意量裁。彼阿羅漢乃兢兢若此，此生死人而平平若是，豈將不知法者猛乎，斯三不易也。涉茲五失經三不易，譯胡為秦，詎可不慎乎？」見僧祐，《出三藏記集》，卷8，頁 52。

〔註5〕　鎌田茂雄，《中国仏教史第四卷：南北朝の仏教》下冊，頁 169。

〔註6〕　參考姚長壽，〈《淨度三昧經》與人天教〉，《中華佛學學報》第 12 期（臺北，1999 年 7 月），頁 79～95。

出現會通的情形，在唐宋之間頗具影響力的宗派也逐漸興起，天台宗、三論宗、華嚴宗、唯識宗等是唐代佛教的代表宗派。此外，不立文字且講究修行甚於誦經的禪宗，也在中土歷經相當久遠的發展，而在唐代進入興盛期。

第二節　天台宗的發展

一、始建期

　　天台宗尊梵僧龍樹為初祖，其詮釋《大品般若經》的著作《大智度論》被認為是天台宗創立學說的來源，同時也是三論宗在《中論》、《百論》、《十二門論》以外的另一部重要經典。〔註7〕《大智度論》得鳩羅摩什翻譯之後，在北朝魏齊年間活動的慧文得其譯本，並悟出「一心三智」、「一心三觀」的禪法，後來將其佛法傳予慧思（515～577）。〔註8〕

　　真正對於早期天台宗思想具有基礎性貢獻的，當屬被奉為天台三祖的慧思（515～577）。《佛祖統紀》記述他「兒童時見梵僧，勸令入道，或見朋類讀《法華經》，樂法情深，得借本於空冢獨觀，無人教授，日夜悲泣。」〔註9〕這是天台宗在始建期初次與《法華經》聯繫的因緣。天台宗的禪法固然來自於北方，也兼容南方重視義理的學風。此時南方正盛行研究《般若》義理的三論宗，並且與玄學相得益彰。因此《佛祖統紀》稱讚慧思「以此承北齊一心三觀之道，傳之天台，其為功業盛大，無以尚矣。」〔註10〕近代佛教史家也多認為慧思在佛教南北統一的過程中扮演過渡的角色。〔註11〕

　　被尊為天台宗開山之祖的智顗（538～590）繼承慧思的禪法，以《法華

〔註7〕　在龍樹針對《般若經》的注疏中，《大智度論》乃解釋文句的著作，三論則是疏通義理之作。呂澂，〈天台宗——隋代佛家兩宗學說略述之二〉，《中國佛學源流略講》（北京：中華書局，1979年），頁325。

〔註8〕　關於慧文與慧思的師承關係，《續高僧傳》言：「時禪師慧文，聚徒數百，眾法清肅，道俗高尚。（思）乃往歸依，從受正法。」見道宣，《續高僧傳》，卷17，《大正新修大藏經》第50冊，頁563。釋志磐在《佛祖統紀》記載慧文事蹟時也敘道：「師以心觀，口傳南岳（慧思）。岳盛弘南方；而師之門人在北者，皆無聞焉。」見釋志磐，《佛祖統紀》（揚州：江蘇廣陵古籍刻印社，1992年），卷6，頁315。

〔註9〕　釋志磐，《佛祖統紀》，卷6，頁316～317。

〔註10〕　釋志磐，《佛祖統紀》，卷6，頁329～330。

〔註11〕　郭朋，《隋唐佛教》（山東：齊魯書社，1980年），頁106。

經》立教,並力主「止觀雙修」的原則。〔註12〕少時便居住於荊州的智顗,佛教活動都在南方,年十八即「投湘州果願寺沙門法緒而出家焉。緒授以十戒導以律儀。」他也到北方「詣慧曠律師,地面橫經具蒙指誨,因潛大賢山,誦《法華經》及《無量義》、《普賢觀》等。」他年未滿二十,已能通究此三經。他在光州大蘇山首次謁見慧思,並得其心觀的禪法。在學得《法華》三昧的要義之後,智顗得慧思的指示前去陳朝的國都金陵弘揚佛法。〔註13〕賴陳朝皇室的支持,智顗獲得建立寺院的經費。陳宣帝(530~582)於太建九年(577)下敕:「智顗禪師,佛法雄傑時匠所宗,訓兼道俗國之望也。宜割始豐縣調,以充眾費;蠲兩戶民用供薪水。主者施行。」隔年又下敕允智顗「創立天台宴坐名嶽。宜號修禪寺也。」〔註14〕足見陳朝對智顗重視的程度。

　　智顗的政治活動延續到隋朝。隋文帝(541~604)曾向智顗致書言:

朕於佛教敬信情重。往者周武之時毀壞佛法,發心立願,必許護持。及受命於天,仍即興復,仰憑神力,法輪重轉。十方眾生,俱獲利益。比以有陳虐亂殘暴東南,……朕尊崇正法,救濟蒼生欲令福田永存津梁無極。師既已離世網,修己化人,必希獎進僧伍,固守禁戒,使見者欽服,聞即生善。方副大道之心,是爲出家之業。若身從道服,心染俗塵。非直含生之類無所歸依,仰恐妙法之門更來謗讟。宜相勸勵,以同朕心。……。〔註15〕

由於隋文帝有心招徠,智顗便與隋朝產生政治關係。當時的晉王楊廣是朝中與智顗最親近的人士,向智顗致書皆自稱弟子。楊廣代秦王爲揚州總管,遣使奉迎智顗時,後者嘆道:「我與晉王深有緣契。」〔註16〕憑藉著與政府的良好關係,智顗不僅在教義上樹立天台宗,也爲天台宗尋得經濟基礎。寺院經濟的規模,以及能否配合政府的統治,可說是日後佛教各派創立的重要條件。智顗一手創立天台宗的過程可說是將以上兩種條件深刻地表現出來。〔註17〕

〔註12〕雖然智顗被奉爲天台宗的創教始祖,但他未曾有自立宗派的意圖。天台宗法統的形成,大致可以說是起於智顗之弟子灌頂,完成於九祖湛然之儒門高足梁肅。見曾其海,《天台佛學》(上海:學林出版社,1999年),頁170～174。

〔註13〕道宣,《續高僧傳》卷17,頁564。

〔註14〕灌頂,《國清百錄》,卷1,《大正新修大藏經》第46冊,頁799。

〔註15〕灌頂,《國清百錄》,卷2,《大正新修大藏經》第46冊,頁802。

〔註16〕釋志磐,《佛祖統紀》,卷6,頁346。

〔註17〕郭朋即強調政治及經濟因素是往後佛教各派產生的共同條件。見郭朋,《隋唐

　　再者，就南北朝佛學發展的脈絡而言，北方得自安世高以降所傳的禪法，學風偏向實踐；南方則與自東晉興起的玄學結合，重視經論的義理，因而南方僧徒講論的風氣要甚於北方。天台宗也確實展現出兼容南北學風的趨向。隋唐以後，佛家這種理論與修行合一的觀念便成爲主流。〔註18〕以天台宗爲例，智顗依《法華經》而提出「五時八教」的教判。五時即「華嚴時」、「鹿苑時」、「方等時」、「般若時」、「法華涅槃時」；八教則分爲形式的「化儀」——頓、漸、秘密與不定四教，以及內容方面的「化法」——藏、通、別、圓四教。尤其最後的「圓教」，具不偏而圓滿之意，以智顗自己的解釋，「此教明不思議因緣。二諦中道事理具足不偏不別，但化最上利根之人，故名圓教也。」〔註19〕於是而成天台的圓教系統，而不同於華嚴宗以別教爲圓教。智顗在發展「五時八教」之說時，即採納南北各家對佛經的不同解釋，並在具有批判意味的情況下得出綜合性的判教理論。〔註20〕因此，天台宗在慧思到智顗這段理論發展時期，將南北相異的佛學做出一番統整，並提出「心」爲本體的宗教思想。

　　關於智顗時期的思想學說以及政治活動，均由其弟子灌頂（561～632）記錄下來，包括天台宗最重要的經典之一，《法華玄義》。此外，尚有《天台八教大意》、《智者別傳》、《國清百錄》等等。事實上，被尊爲天台五祖的灌頂最大成就也就是在文字上。如《佛祖統紀》作者釋志磐所言：

　　　昔在智者爲佛所使，以靈山親聞《法華》之旨，惠我震旦，乃開八
　　　教、明三觀，縱辨宣說，以被當機可也。至於末代傳弘之寄，則章
　　　安侍右以一徧記之才，筆爲論疏，垂之將來，殆與慶喜集同功而比
　　　德也。微章安，吾恐智者之道將闇於今日矣。〔註21〕

智顗完成的天台教觀由灌頂傳承下去，並且開啓天台傳法的世系。

佛教》，頁 115。

〔註18〕鄭士元，〈隋唐之佛學〉，《中國學術思想史》（臺北：里仁書局，1995 年），頁
　　　　300。

〔註19〕智顗，《四教義》，卷 1，收入於《大正新修大藏經》第 46 冊，頁 722。

〔註20〕關於智顗的教判內容，筆者主要參考釋慧嶽，《天臺教學史》（臺北：中華佛
　　　　教文獻編撰社，1974 年），頁 95～109。見呂澂，〈天台宗——隋代佛家兩宗
　　　　學說略述之二〉，《中國佛學源流略講》，頁 331～334。此外，亦參考《佛光大
　　　　辭典》對「圓教」的解釋，見釋慈怡主編，《佛光大辭典》（高雄：佛光出版
　　　　社，1989 年），頁 5406。

〔註21〕釋志磐，《佛祖統紀》，卷 7，頁 376。

二、湛然的中興

　　天台宗在九祖湛然（711～782）時又進入另一階段。佛教史家認為天台在進入唐代以後失去創建期的活力，而使它在其他相繼成立的佛教宗派當中開始黯然失色。例如華嚴宗在武后（624～705）扶持之下迅速發展，並且提出「性起」思想，說明「事」、「理」乃由「一心」而起，在當時佛教界頗受重視。到了八世紀中葉，為了回應華嚴宗的心性論，湛然將智顗的「性具」說進一步發揮，並借用了華嚴的「真緣隨起」思想.〔註22〕湛然並提出「無情有性」之說，即萬物雖無「情」，但依然有「性」而得以成佛。〔註23〕至此，天台宗的「性具圓教」可說是大功告成。〔註24〕湛然的理論在佛教界頗具影響力，甚至儒家的李翱（774～836）作《復性書》，談性命的起源，與湛然的「無情有性」以及禪宗的「見性成佛」不無關聯。湛然對於天台「心學」的擴充，使得天台宗得以短暫的復興。他在文字上亦有等量的成就，尤其是針對本宗經典的注疏，如《法華玄義釋籤》、《法華文句記》、《維摩經略疏》、《維摩經疏記》、《止觀輔行傳弘決》、《止觀搜要記》、《止觀大意》、《始終心要》、《金剛錍論》等作品。

　　由於湛然除了佛門傳人之外，尚有梁肅（753～793）此位儒家高足。透過梁肅在士人當中的地位，湛然的學說也在士大夫階層產生影響力。更有甚者，日本僧人最澄（766～822）赴華求法，受業於湛然的門人，並且將包含天台宗著作的佛教經論攜回日本，爾後成為日本佛教重鎮比叡山的創立者。於是，湛然的天台教義在中土之外得以傳播。〔註25〕

　　就在湛然復興天台宗之前，禪宗於唐玄宗在位（712～756）時期發生南北兩派爭取正宗的事件。〔註26〕這樁佛教界的一大盛事正值湛然的青壯年時

〔註22〕 參見 Peter N. Gregory, "The Vitality of Buddhism in the Sung," in Peter N. Gregory and Daniel A. Getz, Jr., eds. Buddhism in the Sung （Honolulu: University of Hawaii Press, 1999）, pp.5-7. 以及賴永海，《湛然》（臺北：東大圖書，1993 年），頁 75～100

〔註23〕 關於湛然的「無情有性」說，見賴永海，《湛然》，頁 35～74。

〔註24〕 關於天台宗的「性具圓教」的整體討論，茲僅列數本參考著作。山口益，釋演培譯，《天台性具思想論》（臺北：慧日講堂，1967 年）；牟宗三，《牟宗三先生全集第 4 冊——佛性與般若（下）》（臺北：聯經，2003 年）；尤惠貞，《天台宗性具圓教之研究》（臺北：文津出版社，1993 年）。

〔註25〕 賴永海，《湛然》，頁 189～191。

〔註26〕 據《景德傳燈錄》所載，慧能「滅後二十年間，曹谿頓旨沈廢於荊吳，嵩嶽漸門盛行於秦洛。（慧能弟子神會）乃入京。天寶四年方定兩宗（南能頓宗北秀漸教）乃著《顯宗記》盛行于世。」見釋道原，《景德傳燈錄》，《大正新修

期，而後，天台宗內部也開始建立祖統。湛然的門人已有將龍樹至湛然奉爲天台九祖的說法。〔註27〕儘管現存史料無法確切說明天台宗是否受到禪宗影響而有定祖之事，但湛然與天台宗應當感受過禪宗勢力的壯大。畢竟在禪修的方法上，主張頓悟見性的禪宗南宗在中唐以後盛行之後，會使得講究「漸修」禪法的天台宗面臨到壓力。

第三節　禪宗的興起

一、中國禪宗的初立

在安世高譯經的時期，中國開始流傳小乘的禪修佛典，漢僧也認識了「止觀」之法。直到鳩摩羅什、佛陀跋陀羅（359～429）翻譯《坐禪三昧經》、《達摩多羅禪經》之後，中國開始流行大乘禪法。南朝以後佛教各宗派也因其尊奉的經典不同，而各有不同的禪定，天台宗即以「止」、「觀」爲其代表的禪法。然而，根據慧能（638～713）以後所形成禪宗南宗之說法，在原先流傳的禪法之外，尚有因「不立文字，直指心源，不踐楷梯，徑登佛地」而能進入佛陀境地的「教外別傳」。〔註28〕依據唐宋之後的禪宗經典所記載的傳說，「教外別傳」的源頭即是菩提達摩（？～532）所傳的「祖師禪」。即令如此，與天台宗的止觀之法相同，禪宗亦以「坐禪」爲悟道的主要方式。因此，早期禪宗當與天台宗有密切關係，學界亦有禪宗吸收天台禪學的說法。〔註29〕

菩提達摩（？～532）被奉爲禪宗初祖，在梁武帝時來到中國。他向武帝說法，但兩人卻話不投機。此後達摩「一葦渡江」而嵩山少林寺，並在寺中留下面壁九年的千古奇談。於是，達摩以求那跋陀羅（394～468）所譯的《楞伽經》四卷在中土傳授禪法。自達摩到二祖慧可（487～593）、三祖僧璨（？～606），皆以《楞伽經》爲實踐禪法的重要經文，並代代傳授予弟子。關於這段以《楞伽經》爲中心的禪學世系，與其貼上「禪宗」的標記，毋寧以「楞伽宗」稱之較合乎實情。

隋唐之際，僧人在研習《楞伽經》時逐漸偏重文句的義解，而同時《般

　　　　大藏經》，第 51 冊，頁 245。
〔註27〕湯用彤，《隋唐佛教史稿》（臺北：木鐸出版社，1988 年），頁 174～175。
〔註28〕釋道原，《景德傳燈錄》，《大正新修大藏經》，第 51 冊，頁 196。
〔註29〕曾其海，《天台佛學》，頁 48～52。

若經》在禪宗的地位逐漸提高。道信（580～651）提倡一行三昧，主要依賴的就是《文殊說般若經》，在《楞伽師資記》中有如此記載：

> 其信禪師再敲禪門，宇內流布。有《菩薩戒法》一本，及制《入道安心要方便法門》，爲有緣根熟者，說我此法。要依《楞伽經》諸佛心第一，又依《文殊說般若經》一行三昧。即念佛心是佛，妄念是凡夫。〔註30〕

一行三昧的禪法爲道信傳人弘忍（602～675）光大，並以《金剛般若經》爲傳習的主要經典。因此早期禪宗也由《楞伽》轉而傾向《般若》學說。弘忍立「東山法門」，聚徒講習之後，禪宗才眞正在中國流行。慧安（582～709）、神秀（605～706）、玄賾、智詵（609～702）、慧能、法如（638～589）等都是弘忍門下的傑出僧徒。〔註31〕

二、慧能以後禪宗的發展

被尊爲禪宗六祖的慧能在中國禪學史上是關鍵性角色，尤其在他的弟子們紹承其學而壓倒北宗之後，禪宗成爲「頓悟」法門的代表宗派，並主張「了見本性」、「即心是佛」的思想。《六祖大師法寶壇經》是唯一留下慧能思想的資料，儘管某些部分文字有可能爲後人所增添，但《壇經》的核心思想基本上就是所謂的「見性成佛」。〔註32〕例如慧能對弟子道：

〔註30〕 釋淨覺，《楞伽師資記》，《大正新修大藏經》，第 85 冊，頁 1286。

〔註31〕 《楞伽師資記》記載弘忍在圓寂之前，曾提到能夠傳他佛法的十位弟子：「傳吾道者，只可十耳。我與神秀，論《楞伽經》，玄理通快，必多利益；資州智詵、白松山劉主簿，兼有文性；莘州惠藏、隨州玄約，憶不見之；嵩山老安，深有道行；潞州法如、韶州惠能、揚州高麗僧智德，此並堪爲人師，但一方人物。越州義方，仍便講說。」並且將後事囑附另一位弟子玄賾。

〔註32〕 今日在《大正大藏經》所收的《壇經》包括兩種版本。其一《南宗頓教最上大乘摩訶般若波羅蜜經—六祖惠能大師於韶州大梵寺施法壇經》一卷（以下簡稱爲《壇經》敦煌本），並云「兼受無相戒弘法弟子法海集記」，這是古寫敦煌本，原本爲大英博物館所藏；其二《六祖大師法寶壇經》（以下簡稱爲《壇經》丘寶本），云「風幡報恩光孝禪寺住持嗣祖比丘宗寶編」。關於《壇經》作者與版本的問題，自 1923 年日本學者矢吹慶輝在倫敦博物館發現《壇經》的敦煌寫本，至引起中日學界的熱烈討論。胡適就敦煌寫本推論此即《壇經》的古本，並據古本《壇經》與《神會語錄》，斷定《壇經》實乃神會或其門人所作。錢穆反對此說，並同樣根據《壇經》與《神會語錄》說明前者顯現六祖精神，而《神會語錄》則不脫文字障，是因爲神會是通習儒釋經典的學僧，因此《壇經》基本上仍是經由後代增改過的「慧

心開何物，開佛知見。佛猶覺也，分爲四門：開覺知見，示覺知見，
悟覺即見，入覺知見，開、示、悟、入上一處入，即覺知見，見自
本性，即得出世。〔註33〕

這段話直接向眾人說明只要能夠「見自本性」，就能出世成佛。慧能還將道信
以來所強調的一行三昧重新賦予「直求本心」的意涵：

一行三昧者，於一切時中行住座臥常眞，眞心是。《淨名經》云：「眞
心是道場，眞心是淨土。」莫心行諂典，口說法直；口說一行三昧，
不行眞心。非佛弟子，但行眞心，於一切法上無有執著，名一行三
昧。迷人著法相，執一行三昧，眞心坐不動，除妄不起心，即是一
行三昧。若如是此法同無清。卻是障道因緣。〔註34〕

慧能此說乃針對原本禪修的方式，認爲其執著於形式，反而有礙於直求本心
的精神，無法達成眞正的一行三昧。

至於「頓」、「漸」之分，慧能尚未如同後來南宗那般堅持頓教。他曾言：
「本來正教，無有頓漸，人性自有利鈍。迷人漸修，悟人頓契。自識本心，
自見本性，即無差別，所以立頓漸之假名。」〔註35〕可見慧能的立場基本上
是頓漸兼修，並無刻意要人頓契而棄漸修。此外，慧能尚在世之時，也未曾
與神秀別分宗派。〔註36〕慧能不過是弘揚其師弘忍《般若》禪法，並重新詮
釋禪修方式。

在慧能辭世之後，神秀門人普寂（651～739）、義福（658～736）等人在
京師受到敬重，「兩京之間皆宗神秀，若不淰之魚鮪附沼龍也。」一直到慧能

能語錄」。日本學界方面，鈴木大拙、宇井伯壽、關口眞大、柳田聖山等學
者，也在考據《壇經》各版本之後，對胡適的說法也都各持部分贊同與質
疑的意見。此外，印順也提出特別的見解，認爲《壇經》原型應在「大梵
寺說法」的部分，並與錢穆同樣認爲《壇經》的思想仍源於慧能而非神會。
關於胡適、鈴木大拙、宇井伯壽、關口眞大、柳田聖山與印順的《壇經》
研究，可參見邱敏捷，《壇經》的作者——與版本印順與胡適及日本學者
相關研究觀點之比較〉，《人文研究學報》41 卷 2 期（台南，2007 年 10 月），
頁 13～41，該文將上述學者的研究做出整理。另外，錢穆的觀點見〈神會
與《壇經》（上）〉，《中國學術思想史論叢》第 4 冊（臺北：東大圖書公司，
1991 年），頁 91～110。
〔註33〕慧能，《壇經》敦煌本，《大正新修大藏經》，第 48 冊，頁 342。
〔註34〕慧能，《壇經》敦煌本，《大正新修大藏經》，第 48 冊，頁 338。
〔註35〕慧能，《壇經》宗寶本，〈定慧第四〉，《大正新修大藏經》，第 48 冊，頁 353 上。
〔註36〕錢穆，〈神會與《壇經》（下）〉，《中國學術思想史論叢》第 4 冊，頁 113～114。

的弟子神會（668～760）前往洛陽行禪法之際，「會明心六祖之風，蕩其漸修之道矣。南北二宗時始判焉，致普寂之門盈而後虛。」〔註37〕神會在滑臺大會爲南宗贏得一場具關鍵性的論戰，此後南宗成爲禪宗的主流。〔註38〕然而，這並未使得他禪宗世系獲得等重的地位。因爲在中唐以後，神會開創的荷澤宗，已經不是具有影響力的派門。以青原行思（？～740）與其弟子石頭希遷（700～790）所傳衍的曹洞、雲門、法眼三宗，以及歷經南嶽懷讓（677～744）、馬祖道一（709～788）、百丈懷海（720～814）三代法系所演化的臨濟與溈仰二宗，是唐宋之際傳播最廣的「五家」，並且合臨濟宗在北宋分立的黃龍、楊岐二支爲「七宗」。〔註39〕

第四節　隋唐佛教對士大夫的影響

　　部分佛學界以外的學者認爲佛教在中唐以後進入衰退期，除了與政治因素（如唐武宗廢佛）相關以外，也與禪宗的興起不無關連。例如梁啓超、鄺士元等學術史家對此都有相近的看法。〔註40〕

　　禪宗興起之後，佛教勢力版圖發生變化，此後受到佛法影響的士人逐漸增多，正如宋人周必大（1126～1104）所云：「自唐以來，禪學日盛，才智之士往往出乎其間。」〔註41〕此段文字顯示自唐代以後，士人往往與禪宗糾纏

〔註37〕釋贊寧，《宋高僧傳》（北京：中華書局，1987年），卷8，頁179。

〔註38〕據《神會語錄》記載，神會於開元二十二年（734）正月十五日在滑臺大雲寺設無遮大會，以立南宗宗旨，並與崇遠論辯。見獨孤沛，〈菩提達摩南宗定是非論〉，收入於神會，胡適校寫，《神會和尚遺集》（臺北：中央研究院胡適紀念館，1968年），頁160～162。這次大會並不是神會唯一一次爲了定南宗是非而召開的無遮大會。至少在天寶八年還有一次無遮大會，「東京荷澤寺神會和上每月作檀場，爲人說法。破清淨禪，立如來禪。……開元中滑臺寺爲天下學道者定其宗旨，會和上云：『更有一人說。會終不敢說。』爲會和上不得信袈裟。天寶八載中，洛州荷澤寺亦定宗旨，被崇遠法師問。」見《歷代法寶記》，《大正新修大藏經》，第51冊，頁158。不過胡適推斷神會與崇遠的交鋒僅在開元二十二年的無遮大會上。見，胡適〈跋〈南宗定是非論〉殘卷〉，《神會和尚遺集》，頁168～174。

〔註39〕參見湯用彤《隋唐佛教史稿》，頁233～234；郭朋，《隋唐佛教》，頁544～568。

〔註40〕可參考梁啓超，〈中國佛法興衰沿革說略〉，《佛學研究十八篇》，頁13～14；鄺士元，〈隋唐之佛學〉，《中國學術思想史》，頁318。

〔註41〕周必大，〈寒巖升禪師塔銘〉，《文忠集》，卷2，收入於《景印文淵閣四庫全書》第1147冊（臺北：臺灣商務印書館，1983年），頁437。

不清。學界不乏關於禪宗與士大夫群體互動關係的研究，並指出前者爲士大夫提供具有新意的哲學世界，相對地，具有政治和經濟實力的士大夫則給予禪師們強力的物質支持。〔註42〕

禪宗不僅打入十大夫階層，在下層的民俗文化之中也間接地產生影響力。以飲茶風俗爲例，封演在《封氏見聞錄》中〈飲茶〉一條曾提到：

> 開元（713～741）中，泰山靈巖寺降魔師大興禪教。學禪務於不寐，
> 又不夕食，皆許其飲茶。人自懷挾，到處煮飲，從此轉相倣效，遂
> 成風俗。自鄒、齊、滄、棣，漸至京邑，城市多開店鋪煎茶賣之，
> 不問道俗，投錢取飲。〔註43〕

封演在此處所提到的降魔禪師正是北宗神秀的弟子普寂。

對於原先以研究佛理爲中心的宗派而言，新興的禪宗壓縮到其發展空間。再者，幾乎捨棄戒律而直求本心的禪宗也常被視爲不純正的佛學。部分與天台宗或其他教派親近的士人也參與批判的行列。例如柳宗元曾經感慨佛門異端四起，唯天台宗最接近佛之道。〔註44〕柳氏更暗示禪宗「異律於定慧」、「小律而去經」，導致「浮圖之道衰」。〔註45〕柳宗元的例子說明士人對佛教的興趣到達了教理的層級。

然而，禪宗在中晚唐的影響無遠弗屆，即使是較親近天台宗的柳宗元，也十分瞭解禪宗的源流與演變。他與劉禹錫爲慧能、法融等禪師以及新建的禪院所撰寫的碑記，清楚顯示他們都掌握了禪宗的訊息，絕非單純的一知半解。〔註46〕比柳宗元更早寫作古文的先驅當中，就有禪宗的支持者，例如李華與其弟子獨孤及（725～777）出入於禪門。然而，稍有不同的是，李華支持北宗的立場昭然，強調戒律的重要；獨孤及則並不受限於門派之見。

即使面臨禪宗的風行，天台宗仍是士大夫階層中具有影響力的教派之

〔註42〕 可參考潘桂明，《中國居士佛教史》（北京：中國社會科學出版社，2000年），
　　　　尤其是第六章第一節與第二節，頁368～430。
〔註43〕 封演，《封氏見聞錄》（北京：中華書局，2005年），卷6，頁51。
〔註44〕 柳宗元，〈岳州聖安寺無姓和尚碑〉，收入於柳宗元，《柳宗元集》（北京：中
　　　　華書局，1979年），卷6，頁156。
〔註45〕 柳宗元，〈南嶽大明寺律和尚碑〉，《柳宗元集》，卷7，頁170。
〔註46〕 見柳宗元，〈曹溪第六祖賜諡大鑒禪師碑〉、〈龍安海禪師碑〉，《柳宗元集》，
　　　　卷6，頁149～151；頁159；161，以及劉禹錫，〈大唐曹溪第六祖大鑒禪師第
　　　　二碑〉、〈佛衣銘〉、〈牛頭山第一祖融大師新塔記〉，《劉禹錫集》（北京：中華
　　　　書局，1990年），卷4，頁51～53；55～56。

一。另一位早於韓愈、柳宗元的古文家梁肅（753～793）就是最具代表性的
人物。梁肅也是湛然的俗家弟子，他對天台學說的涵養，亦非一般崇佛的士
人可及。觀梁肅談止觀之法：

> 夫止觀何為也？導萬法之理而復於實際者也。實際者何也？性之本
> 也。物之所以不能復者，皆與動使之然也。照昏者謂之明，駐動者
> 謂之靜。明與靜，止觀之體也。〔註47〕

梁肅此言頗得其師萬物無情有性之說。另一方面，梁肅借《禮記》之言談古
文，他說：「文章之道，與政通矣。世教之污崇，人心之薄厚，與立言、立事
者，邪正臧否，皆在焉。」〔註48〕亦即士人如何作文與行道，都是影響教化
人世的關鍵。

比梁肅更早一輩的蕭穎士「儒釋道三教，無不該通。」〔註49〕儘管由現
存史料無法確知蕭穎士對佛教的態度為何，但基本上可以知道他不排斥閱讀
佛典，並同時與親佛的古文家李華交往甚密。觀察中晚唐古文家之立場，他
們所謂的文章之道與佛法並無衝突之處。〔註50〕

古文家以外的唐代士大夫參與佛教的情況自不待言，他們介入佛教活動
的管道與形式也不一而足。大體上，為寺院撰寫碑記、塔銘、頌贊等文章是
士大夫親近佛教最常見的管道，佛寺也可因名家所作之文沾光。即使作者不
諳佛法，只需瞭解作為傳主的高僧行誼，即可寫成傳頌一時的碑記、塔銘。
若士大夫較具佛學涵養，則可進入官方的譯經機構擔任潤文官，參與翻譯佛
典的工作。早在玄奘（602～664）至天竺求法而歸國以後，唐代的譯經活動
即蓬勃發展。此外，與高僧交遊並互相贈答詩文，以及在思想上為佛教進行
護法行動，也常是親佛的士大夫與佛教交流的管道。至於尚未晉身於宦海的
士人，在科舉應試時，也可向寺院花錢租下房舍以作為書齋之用。寺院清幽
的環境適合考生埋首讀書或準備行卷，以圖中舉的機會。若士人不幸落第，

〔註47〕梁肅，〈止觀統例議〉，收入《全唐文》（臺北：匯文書局，1961 年），卷 517，
頁 6664。

〔註48〕梁肅，〈祕書監包府君集序〉，收入《全唐文》，卷 518，頁 6669。

〔註49〕錢易，《南部新書》（北京：中華書局，2002 年），頁 113。

〔註50〕參見何寄澎，〈唐代古文家與佛教之關係〉，收入於何寄澎，《唐宋古文新探》
（臺北：大安出版社，1990 年），頁 1～32。何氏在該文分別論述蕭穎士、
李華、獨孤及、梁肅、韓愈、李翱、皇甫湜與柳宗元等八位古文家同佛法
的關係，其中韓愈排斥佛教甚篤，但他指出韓愈也有無法堅守立場的情況。

更有可能因為受到挫折而尋求佛教在心靈上的慰藉。〔註51〕

　　由於佛家在思想上影響士大夫尤深，在他們所作的詩文當中便常出現寓合佛理的文句。例如柳宗元在〈禪堂〉說：「萬籟俱緣生，窅然暄中寂。心境本同如，鳥飛無遺跡。」〔註52〕其意旨頗得華嚴宗的萬法皆「因緣生起」之說。此外，佛教的出世精神也往往與士大夫受到挫折時的消極態度產生共鳴，坐禪問佛是他們企圖沈澱心靈的方式。如白居易自稱「余早棲心釋梵，浪跡老莊，因疾觀身，果有所得。何則？外形骸而內忘憂恚，先禪觀而後順醫治。」〔註53〕因此在他年近七十苦於臥病之時，「日昏思寢即安眠，足軟妨行便坐禪。」〔註54〕他在晚年的許多詩作表現出以佛理體悟人間的生老病死。與其說白居易消極看待人世，毋寧說他以達觀的態度積極面對人生。事實上，當唐代士大夫為護法而力挺佛教，或者依據佛理以求善去惡時，也顯現出積極入世的一面。因此，士大夫依他們所處的不同情況，而各自從佛法當中領悟到不同的處世方針。〔註55〕

第五節　中晚唐的經學發展

　　「經」在先秦時代並不單指儒家書籍，它含括諸子百家的著述，同時也可指稱官府典藏的文書。〔註56〕在漢武帝（公元前 156～前 87）時，原本在秦朝受到頓挫的儒家，基於統治集團的需要而被提升為官方學術。經書成為士人晉身仕途的學識基礎；官府並且設立「五經博士」以向士子講習。此後，經學依附於儒學而得到空前的發展。由於經學博士在講習經典時各有不同的解釋，因此經學的規模也開始擴大。漢宣帝（前91～前49）時就曾舉行過一次重要的經學討論會，並擴編了經學博士的組織。他「詔諸儒講五經同異，

〔註51〕關於唐代士大夫參與佛事的形式，參考自潘桂明，《中國居士佛教史》，頁 434～445；郭紹林，《唐代士大夫與佛教》（臺北：文史哲出版社，1993 年），頁 103～228。

〔註52〕柳宗元，〈禪堂〉，《柳宗元集》，卷 43，頁 1236。

〔註53〕白居易，〈病中詩序〉，收入於白居易，《白居易集》（臺北：漢京文化，1984 年），卷 35，頁 787。

〔註54〕白居易，〈病中五絕〉，《白居易集》，卷 35，頁 789。

〔註55〕關於唐代士大夫消極或積極的處世態度，可參見郭紹林，《唐代士大夫與佛教》，頁 253～267。

〔註56〕吳雁南，《中國經學史》，頁 2～3。

太子太傅蕭望之等平奏其議，上親稱制臨決焉。乃立《梁丘易》、《大小夏侯尚書》、《穀梁春秋》。」〔註57〕於是，在西漢時代經學與儒學緊密相扣。

具有「讖諱」思想的今文經學在宣帝之後成爲經學主流。然而，由於今文經學過份重視章句訓詁，並且嚴守家法，以致於研究經書的士子在思想上受到束縛。在西漢末到東漢初，揚雄（前 53～18）、桓譚、王充（27～97）、張衡（78～139）等經學家批判讖諱之學，對其重天命而輕人事的態度感到不滿。於是，在這段期間，講究簡明的訓詁，並注重微言大義的古文經學興起。今古經學的爭論持續到東漢後期，兩者在集漢代經學大成的鄭玄（127～200）之下匯流。他「括囊大典，網羅眾家，刪裁繁誣，刊改漏失，自是學者略知所歸。」〔註58〕鄭玄學通今古文，採集各家諸說，爲漢代經學進行全面性的整理。此即皮錫瑞所言，「經學至鄭君一變。」〔註59〕

經學在魏晉時代並未衰亡，但是當時朝野士大夫更看重新興的玄學。玄學家與經學依然無法完全將關係切割，《周易》是這個時代中唯一較被看重的儒家經典，王弼（226～249）的《周易注》是經學的代表著作之一。到了南朝，儒學非但不同於漢代具有獨尊的地位，並且與玄學、文學、史學並列爲官方的四種學科。宋明帝於泰始六年（470）頒佈詔令：「以國學廢，初置總明觀，玄、儒、文、史四科，科置學士各十人，正令史一人，書令史二人，乾一人，門吏一人，典觀吏二人。」〔註60〕玄學也躍居四門學科的首位。

然而，必須注意的是，自漢末魏晉經學有逐漸被世族門第獨佔的傾向，並且因爲內部傳承的形式而成爲「家法」或「家學」。「家法」因爲經過世家大族轉化爲規範家族成員的禮法，於是形成六朝隋唐士大夫儒學的特徵。〔註61〕

另一方面，由於大量的佛經在東晉六朝被譯爲漢文，在佛門高僧以及部分士大夫研習佛理的同時，儒學與佛學開始交涉。一些名僧如道安（314～385）、慧遠（334～416）都在年少時通曉儒家經書，或者像支遁（314～366）

〔註57〕班固，〈宣帝本紀〉，《漢書》（臺北：鼎文書局，1979 年），卷 8，頁 272。在經學史上，原本注重法制觀念的《公羊春秋》轉向重視宗法人倫的《穀梁春秋》，若以儒學派門的觀點來看，則是由「齊學」而入「魯學」。見吳雁南，《中國經學史》，頁 88～92。

〔註58〕范曄，〈鄭玄列傳〉，《後漢書》（臺北：鼎文書局，1979 年），卷 35，頁 1212。

〔註59〕皮錫瑞，《經學歷史》（北京：中華書局，2004 年），頁 101。

〔註60〕蕭子顯，〈百官志〉，《南齊書》（臺北：鼎文書局，1975 年），卷 16，頁 315。

〔註61〕此段論述參考自張國剛，〈中古社會變遷筆談〉，《史學月刊》2005 年第 5 期（開封，2005 年 5 月），頁 5～7。

精通儒學和玄學，爲同樣喜好清談的士大夫所敬重。此外，爲了使中國人士易於瞭解佛經當中關於禪修與佛法的意涵，出現了竺法雅首創的「格義」，以《老子》、《莊子》、《易經》中的術語來指稱佛經部分難解的文字。用來闡述佛經觀念的「格義」，也曾被道安、鳩羅摩什（343～413）使用。〔註62〕因此在佛經不斷地被努力漢譯之下，經學與佛學彼此交涉的機會就更多了。經學史家認爲在整個魏晉南北朝時期，經學有「玄化」與「佛化」的傾向，並表現出儒、釋、道三教合流的趨勢。〔註63〕

一、官方經學的統一

　　如同佛學在天台宗創立之前有南北分立的現象，經學也是如此。然而，在隋統一中國之後，經學統一成爲學術的趨向。到了唐初，孔穎達（574～648）奉太宗之命編纂《五經正義》，這部集合南北朝經學各家之說而成的大著，建立了經學統一的基礎工作。《五經正義》本在貞觀十六年（642）完成，但太學博士馬嘉運（？～645）「以穎達所撰《正義》頗多繁雜，每掎摭之，諸儒亦稱爲允當。」〔註64〕於是延至高宗永徽四年（653）正式頒行全國，「每年明經依此考試。自唐至宋，明經取士，皆遵此本。」「以經學論，未有統一若此之大且久者。」〔註65〕足見《五經正義》在經學史上具有重大的意義。

　　官方注疏除了《五經正義》之外，部分參與編纂者，也各有其經學著作。如賈公彥著有《周禮疏》、《儀禮疏》以及《禮記正義》，楊士勛著有《春秋穀梁傳注疏》，他們在經學統一的道途上，進行補充與延續的工作。然而，即令因爲《五經正義》的出現，官方的經學注疏得以統一各種異說，《五經正義》本身卻也存在著經注繁雜的問題，以及諸多前後矛盾的說法。更諷刺的是，正由於官方注疏定於一，在中唐以後不少經學家對此提出質疑，表達他們對於傳統注疏的不滿。武后長安三年（703）年邁的經學家王元感，「表上其所

〔註62〕許理和（Erich Zurcher）強調「格義」是一種爲了解釋「名數」的翻譯策略，也是早期漢譯佛經的特色。見許理和，《佛教征服中國》，頁235～236。

〔註63〕參見吳雁南，《中國經學史》，頁193～199；姜廣輝主編，《中國經學思想史》第2卷（北京：中華社會科學出版社，2003年），第四十二章〈正始時期經學的玄學化〉及第四十三章〈玄學爲統領，漢學佛學爲輔弼〉，頁670～700；701～723。

〔註64〕劉昫，《舊唐書》（臺北：鼎文書局，1979年），卷73，頁2603。

〔註65〕皮錫瑞，《經學歷史》，頁139。

撰《尚書糾謬》十卷、《春秋振滯》二十卷、《禮記繩愆》三十卷,贈所注《孝經》、《史記》稿草,請官給紙筆,寫上祕書閣。」然而幾位在朝的學士「深譏元感掎摭舊義,元感隨方應答,竟不之屈。」最後武后下詔言:「(元感)掎前達之失,究先聖之旨,是謂儒宗,不可多得。可太子司議郎,兼崇賢館學士。」〔註66〕這是唐代較早對於官方經注予以辯駁的事例。至於第一位對官方經注發出全面性挑戰的是《史通》的作者劉知幾。

在《史通》這本具有「批評史學」特色的著作中,〔註67〕劉知幾寫下〈疑古〉、〈惑經〉、〈申左〉等文,強烈批判《尚書》、《論語》、《春秋》等儒家經籍。他不僅批駁《春秋》等作品內容本身的問題,甚至直言不諱地提出質疑,指出《春秋》有十二處不明的地方,都暗示了孔子本人並未依照所謂據實直書的史學方法。劉知幾也對官方採用《孝經》鄭注感到不滿,他同樣對該注提出十二條線索,表明「不可示彼後來,傳諸不朽。」〔註68〕對於孔子及其著述的批判精神,劉知幾可說是近似於東漢王充。〔註69〕由於劉知幾直接批判聖人的著述本意,不管在當時或後世的儒林,都引發正反兩方的爭議。即使到了清代,皮錫瑞也大力駁斥劉氏「詆毀聖人,尤多狂悖。」〔註70〕

二、新《春秋》學派的誕生

劉知幾之後,中唐的學術界逐漸醞釀疑古惑經的風氣,並出現一個學術團體對《春秋》三傳加以批判。這些經學家由啖助開先河,其友人趙匡和弟子陸淳,則整理並闡揚啖助的學說。

啖助等人的《春秋》學具有以下與傳統經學相異的研究特點:第一,雜採並比較《春秋》三傳,將專門變為通學。原本研究《春秋》的漢唐經學家,若

〔註66〕劉昫,《舊唐書》,卷189下,頁4963。

〔註67〕杜維運曾評述《史通》:「唐以前的史書與史家,知幾皆察及其細微,瞭然其優劣得失,以致他創寫了史學史,也開闢了史學方法論;配合其『工訶古人』的個性,且上臻批評史學(Critical historiography)的境界,求真的史學,於是變成他在史學上最高的成就。」見杜維運,《中國史學史》第2冊(臺北:三民書局,2002年),頁251。

〔註68〕劉知幾,《史通》,

〔註69〕稻葉一郎,李甦平譯,〈中唐新儒學運動的一種考察——劉知幾的經書批判和啖、趙、陸氏的《春秋》學〉,頁318～319,

〔註70〕皮錫瑞,《經學歷史》,頁154。

非專研《穀梁》，即專治《公羊》，然而啖助與趙匡打破藩籬，會通三傳。陸淳沿用啖、趙二人對《春秋》三傳的研究法，「考三家得失，彌縫漏闕」，[註71]將三傳嚴謹比較之後，採取其中的精華之處，並捨去那些「不近聖人夷曠之體」[註72]的傳注。

第二，不為傳注的章句所束縛，回歸經義本身。啖助等人堅持孔子《春秋》的本意應是「以權輔正，以誠斷禮，正以忠道，原情為本」、「救時之弊，革禮之薄」。[註73]三傳中尤其《左傳》頗有縱橫家之言，敘事多而釋經少，已失去《春秋》本身的微言大義。[註74]因此，直接對《春秋》進行解經，探求孔子作《春秋》的本意有其必要性。

第三，在寫作體裁上，為了要解經而創立的新方法──「義例」，使傳注得以擺脫「家法」而獲得自主性。陸淳在《春秋集傳纂例》中便大量列舉義例以釋明經文。[註75]這種不拘於舊說的解經方式影響到宋代治《春秋》的學者。例如，崔子方在《春秋本例例要》中將三傳予以排除，並以「義例」為中心，直接對經文進行解釋，可說是宋代《春秋學》的代表經解之作。[註76]

啖助等人兼採《春秋》三傳之說，並主張回歸經文本身的研究精神對後世《春秋》學影響甚大。皮錫瑞指出，「宋儒治《春秋》，皆此一派，如孫復、孫覺、劉敞、崔子方、葉夢得、呂本中、胡安國、高閌、呂祖謙、張治、程公說、呂大圭、家鉉翁，皆其著者。」[註77]宋儒程顥（1032～1085）即稱陸淳所留之《春秋集傳纂例》、《春秋微旨》、《春秋義統》等著「今之學者莫

〔註71〕永瑢，《四庫全書總目提要・經部・春秋類》（臺北：臺灣商務印書館，1965年），卷6，頁522。

〔註72〕陸淳，《春秋集傳纂例》，卷1，收入於《景印文淵閣四庫全書》第146冊，頁381。

〔註73〕陸淳，《春秋集傳纂例》，卷1，頁379。

〔註74〕陸淳，〈三傳得失議第二〉，《春秋集傳纂例》，卷1：「左氏得此數國之史，以授門人，義則口傳，未形竹帛。後代學者，乃演而通之，總而合之，編次年月，以為傳記。又廣采當時文籍，故兼與子產、晏子及諸國卿佐家傳，并卜書及雜占書、縱橫家、小說、諷諫等，雜在其中。故敘事雖多，釋意殊少；是非交錯，混然難證。」頁381。

〔註75〕葛煥禮，〈論啖助、趙匡、陸淳《春秋》學的學術轉型意義〉，《文史哲》2005年第5期（濟南，2005.年9月），頁42～43。

〔註76〕橫山健一，〈宋代における義例說の展開──崔子方の春秋學について〉，《東方學》第115期（東京，2008年1月），頁73～87。

〔註77〕皮錫瑞，〈論啖趙陸不守家法未嘗無扶微學之功宋儒治春秋者皆此一派〉，《經學通論》（北京：中華書局，1954年）第三，〈春秋〉，頁59。

不觀焉。」並稱讚得啖、趙二人其學的陸淳「絕出於諸家外；雖未能盡聖作之蘊，然其攘異端，開正途，功亦大矣。」〔註 78〕包括程顥，理學家在啖助等人捨傳求經的過程中，看到他們強調「理通」的一面，因此理學家對中唐《春秋》學普遍給予高度的評價。〔註 79〕

除了啖、趙、陸三人以外，同時代還有其他學風相近的經學家。「大曆時，助、匡、質以《春秋》，施士匄以《詩》，仲子陵、袁彝、韋彤、韋茞以《禮》，蔡廣成以《易》，強蒙以《論語》，皆自名其學，而士匄、子陵最卓異。」〔註 80〕這批經學家不滿意自唐初以來被官方所認定的傳統經注，所謂的「捨傳求經」也成為當時經學研究的特徵。〔註 81〕

三、經學家的「道」

啖助等人研究《春秋》的目的不外乎探尋儒家士人所謂的「道」，尤其強調以仁義為本的「王道」。陸淳便明言《春秋》的宗旨在於「尊王室，正陵僭，舉三綱，提五常，彰善癉惡，不失纖芥。」又說《春秋》有「撥亂反正，歸諸王道」的功能。〔註 82〕因此新學風也吸收了《孟子》的思想，並對古文家有所啟發。最直接的影響來自於參與「永貞革新」的陸淳，呂溫（771～811）、劉禹錫（772～824）、柳宗元等人皆蒙其直接或間接的傳授。他們質疑過去的章句之學，並力主儒學當具經世致用的精神。〔註 83〕另一方面，有志於排佛、

〔註 78〕 程顥，〈南廟試策第二道〉，《河南程氏文集》，卷 2 收入於《二程集》上冊（北京：中華書局，2006 年），頁 466。

〔註 79〕 姜廣輝主編，《中國經學思想史》第二卷（北京：中華社會科學出版社，2003年），頁 798～799。

〔註 80〕 宋祁、歐陽修，〈啖助傳附傳〉，《新唐書》（臺北：鼎文書局，1979 年），卷200，頁 5707。

〔註 81〕 《四庫全書總目提要》評論中唐《春秋》學對後世的影響：「蓋捨傳求經，實導宋人之先路。生臆斷之弊，其過不可掩；破附會之失，其功不可沒也。」見永瑢，《四庫全書總目提要‧經部‧春秋類》，卷 6，頁 523。

〔註 82〕 見陸淳，〈春秋宗指議〉，《春秋集傳纂例》，頁 380 與 383。陸淳也說：「其有事或反經，而志協乎道。」以表明治經者研究《春秋》的用意。見陸淳，〈春秋集傳微旨序〉，《春秋集傳微旨》，卷上收入於《景印文淵閣四庫全書》第 146冊，頁 538。

〔註 83〕 關於中唐《春秋》學與永貞革新集團的關係，見寇養厚，〈中唐《春秋》學對柳宗元與永貞革新集團的影響〉，《東嶽論叢》21 卷 1 期（濟南，2000 年 1 月），頁 114～117。該文也談到柳宗元受到中唐《春秋》學的影響，對周朝的分封制度有所批判，其言論主要表現於柳氏的〈封建論〉一文。

老並「設法發展出儒家自己的心性論」〔註84〕的韓愈，儘管不像研究《春秋》學的學者強烈抨擊漢唐經學的弊端，但他對於《論語》的新詮釋，主張「以心解經」的精神也近似「捨傳求經」的主張，〔註85〕儘管韓愈本人對孔、孟等子學的興趣要大於經學。

在此，需要稍微釐清韓愈與柳宗元對經學相異的態度。韓、柳二人同是中唐最具代表的古文家，不過他們探求「道」的源頭卻稍有不同。韓愈十分看重文學的作用，認爲藉由學習古人的寫作方式，才能夠理解古人的價值觀；反之，理解到「道」也就能寫作眞正的古文，從而實踐古道。〔註86〕

相較於韓愈，柳宗元則強調「道」當取於儒家經典，方能使「文」具有明道的效用。他自言由五經當中求得「道」的本源，並且參覽《穀梁》、《孟子》、《荀子》、《莊子》、《老子》、《國語》、《離騷》、《史記》等古人著作，以寫作古文。〔註87〕柳宗元對古代經典的熱情使得他更接近於一名經學家，而韓愈在求道的過程中則本於文學家的身份，他研究子學的興致也甚於經學。在同時代的士人開始對儒家內部進行自省時，韓愈選擇心性之學、強調士人修身立德的重要，與柳宗元、劉禹錫等人主張將外部的政治實踐置於優先的地位有所不同。〔註88〕職是之故，我們可以理解到韓愈看重《孟子》、《大學》

〔註84〕 陳弱水，〈柳宗元與中唐儒家復興〉，《新史學》5 卷 1 期，頁 46。

〔註85〕 關於韓愈在其著《論語新解》中所闡發的經學思想，見王宏海、曹清林，〈韓愈、李翱的經學思想透析〉，《河北師範大學學報：哲學社會科學版》28 卷 2 期（石家莊，2005 年 3 月），頁 35～38。

〔註86〕 關於韓愈如何強調文學的價值，以尋求聖人之道，包弼德對此有深刻的論述。見包弼德，劉寧譯，《斯文：唐宋思想的轉型》（南京：江蘇人民出版社，2001 年），頁 138～143。

〔註87〕 柳宗元，〈答韋中立論師道書〉，《柳宗元集》，卷 34，頁 873：「「本之《書》以求其質，本之《詩》以求其恒，本之《禮》以求其宜，本之《春秋》以求其斷，本之《易》以求其動，此吾所以取道之原也。參之《穀梁氏》以屬其氣，參之《孟》、《荀》以暢其枝，參之《莊》、《老》以肆其端，參之《國語》以博其趣，參之《離騷》以致其幽，參之太史公以著其潔，此吾所以旁推交通而以爲之文也。」

〔註88〕 中唐士人群體在形成自省的風氣之下，產生「修身」與「理物」的兩種儒學面向，而韓愈與柳宗元各自走上不同的路線，包括他們對佛教的態度。韓愈強烈批判並排斥佛老，主張儒學才是士人的精神價值所在；柳宗元、劉禹錫等人則接納佛老，不認爲三教在心性的理論方面有所衝突，士人最需要重視的是處於政治、社會領域的秩序。柳宗元等人呈現出東晉至中唐之間，士人「外儒內佛（道）」的一種面貌。相關論述見張躍，《唐代後期儒學的新趨向》，頁 97～123；王德權，〈修身與理物——中唐士人自省之風的兩個面向〉，《臺

與《中庸》甚於五經的理由；那些儒家典籍能提供韓愈較完整的心性理論，而無須仰賴時下流行的佛學。

四、晚唐的經學家

在政治秩序進入崩解時期的晚唐，精通經學的儒士以皮日休（？～883）與陸龜蒙（？～881）為代表。皮日休受到隋末碩儒王通與中唐韓愈的影響，也致力於彰顯孔孟在儒家的地位，並且主張重視民生經濟的社會改革。皮日休從孔子作《春秋》的本意，獲得排佛老的理論基礎：

> 夫仲尼修《春秋》，君有僭王號者，皆削爵為子，況戎狄之道，不能少抑其說耶。孟子曰：『能以言拒楊墨者遠矣。』不能以言抑者，收也，亦聖徒之罪人矣。謂史必直歟，則《春秋》為賢者諱之，為尊者諱之；筆削與奪在手，則收之為，是媚於僑齊之君耶！不然，何不經之如是？〔註89〕

以《春秋》筆法為出發點，皮日休認為撰寫《魏書・佛老志》的魏收不能抑斥佛老之說，乃是儒家的罪人。為了提高孟子在儒家的地位，他也曾向朝廷請願將《孟子》列為明經科，「去莊、列之書，以《孟子》為主。有能精通其義者，其科選視明經。」〔註90〕皮氏的意見當時並未受到採納。

陸龜蒙對於儒家經典的看法與先儒有所不同。他認為所謂的「六經」當中，「獨《詩》、《書》、《易象》、魯《春秋》經聖人之手耳。《禮》、《樂》二記雖載聖人之法，近出二戴，未能通一純實，故時有齟齬不安者。」而且更要仔細區別，「《詩》、《易》為經，《書》與《春秋》實史耳。學者不當渾而言之。」同時，在他看來，敘事為主的《左傳》並不影響《春秋》本身即為史書的定義，「《春秋》，大典也。舉凡例而褒貶之，非周公之法所及者。酌在夫子之心，故游夏不

灣師大歷史學報》第 35 期（臺北，2006 年 6 月），頁 1～47；陳弱水，〈柳宗元與中唐儒家復興〉，頁 1～49。此外，張弓在其著《漢傳佛教與中古社會》則側重唐代士人浸淫佛法的一面，指出他們具有「始儒終佛」的特色，並且分為初唐、盛唐、中唐初期、中唐後期與晚唐五個時期。然而張氏針對唐代士人早年多銳意仕途，但在宦海中受到的挫折使得他們晚年轉而參禪。因此張氏的「始儒終佛」說與前述「外儒內佛」的說法略有不同。參考張弓，《漢傳佛教與中古社會》，頁 216～255。

〔註89〕 皮日休，〈題後魏書魏老志〉，《文藪》，卷 8，收入於《景印文淵閣四庫全書》第 1083 冊，頁 205。

〔註90〕 皮日休，〈請孟子為學科書〉，《文藪》，卷 9，頁 213。

能措一詞。若區區於敘事，則魯國之史官耳。孰謂之《春秋》哉？」〔註91〕由皮、陸二人對《春秋》經、傳的看法，可以看出他們仍舊持續中唐經學基調。

　　大抵而言，中晚唐經學的特點，大致可以歸爲三點。一者跳脫傳統注疏，以己意解經，試圖返歸「聖人之意」；二者對經書的作者和內容提出質疑，考證其章句或記載史事正確與否，這點特色在劉知幾身上最能表現出來；三者以《春秋》學爲主的尊君思想萌發，新興的經學家希望回歸三代的王道之治，宋代《春秋》學蓬勃發展即源於此。

第六節　孟學與道統的建立

　　身爲孔子（前551～前479）在儒家的繼承者之一，孟子（前372～前289）在司馬遷（前135～前90）撰《孟子荀卿列傳》時，已經被認爲具有相當重要的地位。他和荀子被視爲儒家兩種路線的代表者，而司馬遷認爲比起荀子，孟子在思想上與孔子有更高的一致性。〔註92〕

　　先秦之後，對《孟子》的研究大抵起於東漢。最早對《孟子》進行注疏且見於史載的有程曾的《孟子章句》、鄭玄的《孟子注》、高誘的《孟子章句》、劉熙的《孟子注》以及趙岐（108～201）的《孟子章句》。這群經學家的《孟子》研究不僅超越漢代以前，即使到了隋唐，其風氣也未如此之盛。〔註93〕

　　與漢代相比，六朝時期的士人甚少言及孟子，主要也是因爲儒學不如玄學與佛學發達。因此，其他的儒家代表人物，也並沒有受到特別的重視。在這段儒學相對消沈的時代，孟子在儒家的地位至多也與荀子並列。〔註94〕

一、孟子地位的提升與道統的初立

　　孟子的地位眞正獲得提升的時期是在中唐韓愈、李翱建立儒家道統之

〔註91〕陸龜蒙，〈復友生論文書〉，《笠澤叢書》，卷2，收入於《景印文淵閣四庫全書》第1083冊，頁244～245。

〔註92〕司馬遷：「太史公曰：『余讀《孟子》書，至梁惠王問，「何以利吾國？」未嘗不廢書而嘆也。』曰：『嗟乎！利誠亂之始也！夫子罕言利者，常防其原也。故曰：「放于利而行，多怨。」』」司馬遷認爲孔、孟對仁義與利益的看法是一致的。見司馬遷，〈孟子荀卿列傳〉，《史記》（北京：中華書局，1982年），卷14，頁2343。

〔註93〕周淑萍，《兩宋孟學研究》（北京：人民出版社，2007年），頁23。

〔註94〕周淑萍，《兩宋孟學研究》，頁37～39。

後，而韓愈本人也在晚唐到北宋之間成爲道統系譜的一人。

上節已提及皮日休曾向朝廷請願將《孟子》列入爲明經的科目，但皮氏並不是在唐朝提出此議的第一人。楊綰於唐代宗寶應二年（763）即上疏言：「《論語》、《孝經》、《孟子》兼爲一經。」〔註95〕但楊綰的意見並沒有受到重視。

在中唐士大夫當中，韓愈是最讚揚孟子的思想與地位的人士。據韓愈的說法，孟子的地位不僅應當在長久以來與他並稱的荀子之上，而且他更是孔子之道的繼承者，在他之後就沒有人能夠傳承聖人之道，即使是荀子與揚雄也沒有可與之比擬的地位。〔註96〕非但如此，韓愈甚至認爲孟子在傳承孔子之道的成就上，更甚於孔子親傳的諸弟子。「孟軻師子思，子思之學蓋出曾子，自孔子沒，羣弟子莫不有書，獨孟軻氏之傳得其宗。」〔註97〕於是，韓愈一方面否定兩漢經學家在儒家的地位，〔註98〕一方面將儒家的道統建立起來。

儘管韓愈努力提升孟子的地位，但多數的中唐士人仍未將孟子視爲傳承周孔之道的第一人，反而強調孔、孟之間的差異。例如柳宗元曾就「義」、「利」之論，指稱「孟子好道而無情，其功緩以疏，未若孔子之急民也。」〔註99〕依柳氏的觀點，孟子及其信徒過份強調士人當爲追求道而注重修身養性，反而失去孔子主張尋求公共利益以經世濟民的本意。再者，唐代士人普遍以佛法作爲內在的精神基礎，不一定要仰賴《孟子》或《中庸》所揭示的性命之學。縱使他們承認孟學所弘揚的修身養性之說，仍是士人求道的工具，但「修身」與「治民」之間的邏輯關係，前者不過是後者的必要條件而非充分條件。〔註100〕

〔註95〕宋祁、歐陽修，〈選舉志上〉，《新唐書》（北京：中華書局，1975 年），卷 44，頁 1167。

〔註96〕韓愈對孟子、荀子、揚雄三人做出以下評價：「曰：『斯道也，何道也？』曰：「斯吾所謂道也，非向所謂老與佛之道也。堯已是傳之舜，⋯⋯孔子傳之孟軻，軻之死，不得其傳焉。荀與揚也，擇焉而不精，語焉而不詳。」「孟氏醇乎醇者也；荀與揚，大醇而小疵。」見韓愈，馬其昶校注，〈原道〉、〈讀荀〉，《韓昌黎文集校注》，卷 1，頁 18；頁 37。

〔註97〕韓愈，馬其昶校注，〈送王秀才序〉，《韓昌黎文集校注》，卷 4，頁 261。

〔註98〕張躍對韓愈試圖建構道統的過程做出這樣的描述：「（道統）其間雖有『大醇而小疵』的荀子、揚雄，但他們『擇焉而不精，語焉而不詳』，所以，不足以接續儒家的道統。這樣，他實際上就把兩漢以來經學的正統地位一筆勾銷了。」見張躍，《唐代後期儒學》，頁 79。

〔註99〕柳宗元，《柳宗元集》，卷 20，〈吏商〉，頁 564。

〔註100〕劉禹錫曾言：「脩身而不能及治者有矣，未有不自己而能及民者。」他承認士人不修己則無法治民，卻也存在著只修己而無法生民的士人。劉禹錫，《劉禹錫集》，卷 10，〈答饒州元使君書〉，頁 124。

在「揚孟」的事業上，晚唐的皮日休亦是孤獨的提倡者。皮氏曾向中央請求將《孟子》列為明經科，因為他認為在最合乎聖人之道的子學，非《孟子》莫屬。倘若「捨是子者，必戾乎經史。」又言「夫孟子之文，粲若經傳。天惜其道，不燼於秦。自漢氏得其書，常置博士，以專其學。故其文繼乎六藝，光乎百氏，真聖人之微旨也。」〔註101〕與韓愈的看法相同，皮日休也認為孟子之文，最能夠闡明周、孔的微言大義，即使是荀子、揚雄亦不能及。

韓、皮二人對孟子的讚揚，與其排佛的立場一致。他們目睹佛老在社會上的勢力逐日興盛，並認為民生所以凋蔽，儒學所以衰微，皆因佛老之說肆行於世。以下韓愈與皮日休的兩段話都指明他們將當世的「佛老之害」聯想至孟子曾經面對的「楊墨之亂」。

> 釋老之害過於楊墨，韓愈之賢不及孟子。孟子不能救之於未亡之前，而韓愈乃欲全之於已壞之後，嗚呼！其亦不量自力且見其身之危，莫之救以死也！雖然，使其道由愈而粗傳，雖滅死萬萬無恨！天地鬼神臨之在上，質之在傍，又安得因一摧折，自毀其道以從於邪也？
>
> 〔註102〕
>
> 古者楊墨塞路，孟子辭而闢之，廓如也。故有周孔，必有楊墨，要在有孟子而已矣。今西域之教，岳其基，溟其源，亂於楊墨也甚矣。如是為士，則孰有孟子哉？千世之後，獨有一昌黎先生，露臂嗔視，詬之於千百人內，其言雖行，其道不勝。苟軒裳之士，世世有昌黎先生，則吾以為孟子矣。〔註103〕

韓愈之抗佛老與孟子之拒楊墨，二者之間被聯繫起來。同時，韓愈、皮日休力倡自堯、舜、禹、湯、文武、周公、孔子以至孟子的儒家道統。當時正值佛教諸宗汲汲於豎立祖統，以顯其傳法之正當性，尤其禪宗的南北二宗爭取傳承之正統已久，南宗別派亦漸漸形成。佛界之傳承法統正好可作為韓愈建立道統的現實對照。就這點而言，儘管韓愈排拒佛教的教義，但也可能接受了佛教的部分形式。〔註104〕此外，正如同皮日休指出佛教終是「西域之教」，

〔註101〕皮日休，〈請孟子為學科書〉，《文藪》，卷9，頁212。
〔註102〕韓愈，〈與孟尚書書〉，馬其昶校注，《韓昌黎文集》，卷3，頁215。
〔註103〕皮日休，〈原化〉，《文藪》，卷3，頁172。
〔註104〕陳寅恪從韓愈成長的地理環境推論他受禪宗「教外別傳」的影響而生道統之說。何儁則在〈論韓愈的道統觀及宋儒對他的超越〉一文指出，就道統建立的意義而言，韓愈與朱熹反而對佛教展現開放的精神。見陳寅恪，〈論韓愈〉，

韓、皮等人的排佛確實也是基於夷夏之別的意識，正如陳寅恪論韓愈「呵抵釋迦，申明夷夏之大防」。〔註105〕綜上所述，韓愈的儒學事業實際上難以與佛教劃定界線。

二、儒家道統的確立

韓愈致力於宣揚孟子的心學與確立道統，然「其言雖行，其道不勝」。到了宋初，柳開、孫復、石介等人皆深受韓愈的影響，他們都承認孟子也是傳承聖人之道的關鍵人物。例如，前述曾引柳開之言，他將孟子、揚雄、王通、韓愈並為「明夫子之道」的傳承者，〔註106〕並且坦承韓愈對他所產生的影響。柳開對韓愈的敬慕之心甚至超過自己的祖先柳宗元：

> 東郊野夫，肩愈者，名也；紹元者，字也。……或曰退之、子厚優劣。曰：「文近而道不同。」或人不諭。野夫曰：「吾祖多釋氏，於以不迨韓也。」……東郊野夫，謂其肩，斯樂古道也；謂其紹，斯尚祖德也。退之大於子厚，故以名焉；子厚次之，故以字焉。〔註107〕

後來柳開又自言「既著野史後，大探六經之旨。已而有包括揚孟之心，樂為文中子王仲淹。」〔註108〕他在深研六經之後，似乎對於具有重振經學之功的王通更為折服，因此自比為王通。儘管柳開在晚年讚頌王通的學術成就，但他仍是最早肯定韓愈「道統觀」的宋儒。〔註109〕

宋初三先生之一的孫復曾將孟子、荀子、揚雄、王通、韓愈併為儒門五賢，是承繼道統的重要人物。不過他也曾另外舉出董仲舒，認為身處漢武之世的董氏，「於時大教頹缺，學者疏闊，莫明大端。仲舒煜然奮起，首能發聖

《金明館叢稿初編》（臺北：里仁書局，1981 年），頁 285～286；何儁，〈論韓愈的道統觀及宋儒對他的超越〉，《孔孟月刊》第 33 卷第 3 期（臺北，1995 年 3 月），頁 31～32。

〔註105〕陳寅恪指出韓愈因六事而在唐代文化史具有特殊的地位，分別是：（一）建立道統，證明傳授之淵源；（二）直指人倫，掃除章句之繁瑣；（三）排斥佛老，匡就政俗之弊害；（四）呵抵釋迦，申明夷夏之大防；（五）改進文體，廣收宣傳之效用；（六）獎掖後進，期望學說之流傳。見收入陳寅恪，《金明館叢稿初編》（臺北：里仁書局，1981 年），頁 285～297。

〔註106〕柳開，〈補亡先生傳〉，《河東集》，卷2，頁247。

〔註107〕柳開，〈東郊野夫傳〉，《河東集》，卷2，頁246。

〔註108〕柳開，〈補亡先生傳〉，《河東集》，卷2，頁247。

〔註109〕市川勘，《韓愈研究新論：思想與文章創作》（臺北：文津出版社，2004 年），頁 24～25。

道之本根，新孝武之耳目。」「暴秦之後，聖人之道晦矣。晦而復明者，仲舒之力也。」〔註110〕不過荀子的地位在宋儒的道統中卻逐漸淡化。

實際上孟子在宋初的道統中，仍未明顯凌駕於其他傳道者，但在漢唐時期向來並列的「孟荀」實際上已有變化。前述韓愈在評論孟、荀時就已將兩人分出高下，稱孟子「醇乎醇者」，荀子則與揚雄同樣是「大醇而小疵」，且認為道統在孟子之後已斷絕。到了宋初，石介則將荀子摒除於他所認定的道統之外。例如他在〈怪說〉說道：「周公、孔子、孟軻、揚雄、文中子、韓吏部之道，堯、舜、禹、湯、文武之道也。」〔註111〕〈尊韓〉一文亦有言：「自孔子來二千餘年矣，不生聖人。若孟軻氏、揚雄氏、王通氏、韓愈氏，祖述孔子而師尊之，其智足以為賢。」〔註112〕孟子、揚雄、王通、韓愈是石介所認為能得孔子之道的四賢。

韓愈受到宋儒推重的熱潮大致在仁宗之世（1023～1063）得到全面的拓展，〔註113〕除了前述的柳、孫、石等學者，與柳開關係匪淺的古文家穆修（979～1032）也致力於推廣韓文。當然，北宋前期的文壇領袖歐陽修（1007～1072）對韓愈的肯定與讚賞，亦是韓愈在北宋獲得崇高地位的重要因素。隨著韓學在北宋受到熱烈討論，其力主的孟子心性論，在宋儒之間也終於引起側目。他們注意到儒家長期以來缺乏對內心世界的關懷，並且反而由佛家所談的明心見性所填補，唐代許多士人對禪法的興趣要大於儒家的性命說。到了宋代，越來越多的士大夫興起對《中庸》的研究，包括胡瑗（993～1059）、石介、范仲淹、李覯、司馬光（1019～1086）、蘇軾（1037～1001）等人——儘管後三人曾對孟子的性善論提出批判和質疑，例如司馬光著有《中庸廣義》。對儒家士大夫而言，倘若要從儒家在政治文化領域的理論，轉向抽象的心性學說，《大學》、《中庸》是最適合的古典著作。〔註114〕到了南宋理學大成的時代，

〔註110〕孫復，〈董仲舒論〉，《孫明復小集》，頁 162。此外，賈誼也曾出現在宋儒的道統之中，例如祖無擇有言：「孔子沒千有餘祀，斯文衰蔽。其間作者，孟軻、荀卿、賈誼、董仲舒、揚雄、王通之徒，異代相望。」見祖無擇，〈李泰伯退居類編稿序〉，《全宋文》第 22 冊，卷 935，頁 295。

〔註111〕石介，〈怪說〉，《祖徠先生集》，卷 5，頁 216。

〔註112〕石介，〈尊韓〉，《祖徠先生集》，卷 5，頁 227。

〔註113〕楊國安，《宋代韓學研究》（北京：中國社會科學出版社，2006 年），頁 24～37。

〔註114〕還需要注意到的是，也有像歐陽修這樣的儒學大師，如同唐代多數的士大夫關心經術甚於《中庸》所揭示的性命之學。他並且質疑《中庸》非出於聖人

此二書連同《論語》、《孟子》終於合爲「四書」。

大抵而言，基於排斥佛、老的立場，以及對於儒家心性之學的需求，孟子以及其重要的信徒韓愈都在宋代獲得空前的重視。《孟子》一書終於在神宗熙寧年間被定爲科考的學科，[註115] 成爲受到官方認可的經書，孟子的地位正式在制度上獲得提升。另一方面，周敦頤（1017～1073）、張載（1020～1077）、程顥、程頤（1033～1107）等理學家先驅，開始將《孟子》、《大學》、《中庸》等書納入他們的思想體系當中。

第七節　小　結

大抵隋唐佛教，包括天台、禪宗以及本文略過不談的華嚴等宗派，都極度傾向唯心主義的思維，只是主觀或客觀的立場不同。爲了探尋造成這種傾向的原因，就不能忽略南北佛學統一的過程中，被涵納進來的玄學所起的作用。隋唐佛學中的「實相」、「本無」、「性情」等概念，可以說是與玄學中討論現象與本體時的概念相近，並且受士大夫的歡迎，即令當中有部分人士試圖抗拒，同時開始追溯心學在儒家的源頭。這種儒家士大夫接受佛學的現象持續到宋代，並對宋儒以及後起的理學產生啓發性作用。[註116]

佛學並不是單向輸入於儒家，許多佛門高僧亦通曉儒學，而且多半在出

之手：「禮樂之書散亡，而雜出於諸儒之說，獨《中庸》出於子思。子思，聖人之後也，所傳宜得真，而其說異於聖人。」他指出《中庸》雖言「誠誠者不勉而中，不思而得」，但堯、舜、禹、湯、孔子皆曾承認自己常有過失，怎能依《中庸》的標準，此五人就不能稱得上是聖人，也與孔子所謂「苟有過，必改之」有所衝突。因此「《中庸》　誠明不可及，則怠人而中止，無用之空言也。」見歐陽修，〈問進士策〉，《歐陽修全集》（北京：中華書局，2001 年），卷 48，頁 675～676。歐陽修還主張君子只需修身治人，無須言性。分辨性之善惡，「非學者之所急，而聖人之罕言也。」見歐陽修，〈答李詡第二書〉，《歐陽修全集》，卷 47，頁 668～670。

[註115] 熙寧四年（1071）二月王安石向神宗建言：「今定貢舉新制，進士罷詩賦、帖經、墨義，各占治《詩》、《書》、《易》、《周禮》、《禮記》一經，兼以《論語》、《孟子》。」此議受到採納。見李燾，《續資治通鑑長編》（北京：中華書局，2004 年）第 9 冊，卷 220，頁 534。孟子更在元豐六年（1083）十月被封爲「鄒國公」，元豐七年五月則得以配享從祀於孔廟。見李燾，《續資治通鑑長編》，卷 340，頁 8187 及卷 345，頁 8291。

[註116] 侯外廬，《中國思想通史》第 4 卷上冊（北京：人民出版社，1959 年），頁 156～163。

家前已遍覽儒家經典。例如受禪宗四祖道信頓教法門而開立牛頭宗的法融（594～657），「少爲儒，博極群書，既而嘆曰：『此仁誼言耳，吾志求出世間法。』遂入句曲，依僧炅，改馮掖而緇之。」〔註117〕天台九祖湛然出身自業儒世家，他能夠以經學注疏的方式闡釋《法華經》與止觀之法，自然亦不足爲怪。

　　大多數的唐儒內心既皈依佛法，但他們爲了實踐外在的政治理想，仍將經術視爲重要的志業，並且在中唐以後對經學進行改造工作。新《春秋》學派的出現，是基於士人需要重新闡釋古典經籍，以實現他們所認定的「道」。古文家蕭穎士曾自言「有識以來，寡於嗜好。經術之外，略不嬰心。」〔註118〕頗有大抒此等胸懷之意。對他們而言，「道」就存在於六經，這也是柳宗元、劉禹錫等人提倡古文的基本價值。

　　然而，韓愈、李翱、皮日休等人於唐代中後期出現，也預告了儒家陣營將重新檢視修身立德的內學，企圖反制佛家爲世人所構築的內心世界。他們不僅努力宣揚孔孟的仁義思想，並開始建立屬於儒家的道統。韓愈將揚雄、王通等前輩放入道統之中，而皮日休以及宋儒也將韓愈置入道統體系。同時，《孟子》、《中庸》等闡述內學的重要作品也在宋代更受到重視。

　　正當理學家開始紹承前人的志業，思考如何將佛、道兩教對於宇宙萬物的觀念，轉化爲儒家的性理之學時，北宋前期已有佛門高僧大談儒家的人倫教化之道，甚至對《中庸》的研究興趣不下於宋儒。

〔註117〕劉禹錫，〈牛頭山第一祖融大師新塔記〉，《劉禹錫集》，卷4，頁55。
〔註118〕蕭穎士，〈贈韋司業書〉，收入《全唐文》，卷323，頁4145。

第三章　宋初儒學與智圓

第一節　前　言

　　在廣義的「宋學」形成以前，儒學在尚未呈現出一個固定的基調。所謂的「宋學」，依錢穆的說法，宋學具有兩種面向，一為至王安石為止的「革新政令」，二為至朱熹而大成的「創通經義」；書院則是傳承宋學的場所。書院風氣直至明末東林才衰竭，因此可以說「宋學」從北宋延伸到明代。〔註1〕錢穆界定「宋學」的觀點深刻地影響到現今對於所謂「新儒家」的研究。然而由於過去的研究常將「宋學」直接與「理學」之間劃上等號，使宋學的概念混淆不清。鄧廣銘曾經為此提出修正的建議，主張將理學與宋學區別開來，原因是理學到南宋前期才真正形成，如果因為輕易地將兩者之間劃上等號，而直指理學是支配兩宋時代的主流思想，便有違實情。他指出形成宋學的儒學家都有探求經學的義理，一改傳統章句訓詁的學風，以及以經世致用為理想的兩大特色。〔註2〕鄧氏的觀點後來為其學生漆俠所繼承，並主張宋學形成於慶曆新政（1041～1048）的前後。〔註3〕然而漆俠的「宋學」研究並沒有指

〔註1〕　「宋學精神，厥有兩端，一曰革新政令，二曰創通經義，而精神之所寄則在書院。革新政治，其事至荊公而止；創通經義，其事至晦菴而遂。而書院講學，則其風至明末之東林而始竭。東林者，亦本經義，推之政事，則仍北宋學術眞源之灌注也。」見錢穆，《中國近三百年學術史》上冊（臺北：臺灣商務印書館，1996年），頁7。

〔註2〕　鄧廣銘，〈略談宋學〉，《鄧廣銘治史叢稿》（北京：北京大學出版社，1997年），頁163～165。

〔註3〕　漆俠，《宋學的發展與演變》，頁3～16。

涉到宋初太祖、太宗、真宗三朝（960～1022）時的儒學。

相較於慶曆以後的宋學，宋初文尚並未凝聚出復興「古道」和「古文」的力量。他們對於文章創作的觀點頗見分歧，並且多以駢文寫作，包括早期的古文家。例如，早期古文健將之一的王禹偁即以善寫駢文著稱。〔註4〕對當時的儒家士大夫而言，即使堅持寫作須「文以載道」的古文，也不會同被視為有「文采」意味的駢文衝突。縱然古文創作到了歐陽修（1007～1072）、蘇軾（1037～1101）等人的時代，他們也並非完全捨棄駢文。在不背離「道」的情況下，他們對駢文予以改良，而創作兼具文、質的駢文。〔註5〕大抵宋初文風延續晚唐五代的駢麗風格，駢文仍是主流文體，並且在真宗朝（997～1022）出現「西崑體」；而古文的風格也經過轉變的時期，至慶曆後由歐陽修等人主導文壇之後，才反客為主。〔註6〕

儘管五代時已將官方經書增列至「九經」，基於朝代更迭、戰亂頻仍，致使時局未安，未建立起完善的科考制度，加之佛法盛行，學子研究經書的風氣式微。〔註7〕經學在宋初也未明顯轉變，對於經文的詮釋仍多沿用漢唐經注。然而，由於王朝初建，並鑑於唐末五代上下相伐的人倫悲劇，基於「尊王道」或「經世致用」的目的，宋初儒學家尤其對《春秋》抱持強烈的研究熱情，並且在研究方法上延續中唐的新《春秋》學。因此，部分經學家不惑於傳統經注，直求經文的聖人之意。此論將於第三節陳述。

另一方面，歷經唐武宗（814～846）滅法與周世宗（921～959）禁抑的佛教，仍盛行於崇尚佛法的吳越、南唐等國，並且在宋初得到趙宋王室的獎

〔註4〕 據宋人筆記所載：「王禹偁尤精四六，有同時與之在翰林而大拜者，王以啟賀之曰：『三神仙上，曾陪鶴駕之游；六學士中，獨有漁翁之嘆。』以白樂天嘗有詩云『元和六學士，五相一漁翁』故也。」見吳處厚，《青箱雜記》（北京：中華書局，1985年），卷6，頁59。

〔註5〕 關於以歐陽修為首的古文家，如何看待駢文的寫作，參見東英壽，〈歐陽修文章中「文」的含義與他的駢文觀〉，收入於東英壽，王振宇、李莉譯，《復古與創新──歐陽修散文與古文復興》（上海：上海古籍出版社，2005年），頁142～158。

〔註6〕 據《雲麓漫鈔》載：「本朝之文，循五代之舊，多駢儷之詞，楊文公（億）始為西崑體，穆伯長（修）、六一先生（歐陽修）以古文唱，學者宗之。」見趙彥衛，《雲麓漫鈔》（北京：中華書局，1996年），卷8，頁135。

〔註7〕 五代「九經」始於後唐長興三年（932），唐明宗准中書門下奏請「依石經文字刻九經印版」。見王溥，《五代會要》（上海：上海古籍出版社，2006年），卷8，頁128～129。

勵而得以中興，求法傳經以及譯經事業漸盛。〔註8〕宋初甚具儒學素養的僧人
亦受士大夫敬重，如贊寧（919～1001）爲當時最知名的僧人之一。至於自幼
熟習儒典的孤山智圓則對《中庸》有深刻的研究。他將《中庸》的觀念運用
在天台的性具圓教思想，同時站在佛教的立場評論當時的古文，與古文家同
樣支持「文以載道」的主張。〔註9〕

　　本章將試圖闡述在古文運動全面開展之前，宋代最初八十年左右的儒學
發展，而著重的焦點在於文學與經學的部分。接著，筆者將以智圓爲主題，
論述這位兼通釋儒的僧人如何運用二教的觀念，以及回應儒家陣營的思路。

第二節　士人的「文」及其對佛教的態度

一、柳開與其繼承者

　　就在宋儒於慶曆前後展開古文運動之前，柳開試圖紹述韓愈的志業，並
全盤接受韓愈關於「文」與「道」的理念。柳開曾稱讚韓愈：「先生于時作文
章諷詠規戒，答論、問說淳然一歸於夫子之旨，而言之過於孟子與揚子雲遠
矣。」〔註10〕觀察柳開所作〈應責〉一文，其所表達之中心思想可說是與韓
愈的〈原道〉是一致的。韓愈在〈原道〉中說：

> 夫所謂先王之教者，何也？博愛之謂仁；行而宜之之謂義；由是而
> 之焉之謂道；足乎己，無待於外之謂德。其文《詩》、《書》、《易》、
> 《春秋》，其法禮樂刑政，其民士農工商，其位君臣、父子、師友、
> 賓主、昆弟、夫婦、其服麻絲，其居宮室，其食粟米果蔬魚肉：其
> 爲道易明，而其爲教易行也。是故以之爲己，則順而祥；以之爲人，
> 則愛而公；以之爲心，則和而平；以之爲天下國家，無所處而不
> 當。……曰：斯道也，何道也？曰：斯吾所謂道也，非向所謂老與
> 佛之道也。〔註11〕

〔註8〕　關於五代至宋初的佛教概況，可參見湯用彤，〈五代宋元明佛教史略〉，收入
　　　　於氏著，《隋唐佛教史稿》，頁354～367。
〔註9〕　關於天台宗的圓教思想，見本文第二章第二節。
〔註10〕　柳開，〈昌黎集後序〉，《河東集》，卷6，頁318。
〔註11〕　韓愈，〈原道〉，韓愈撰，馬其昶校注，《韓昌黎文集校注》（上海：上海古籍
　　　　出版社，1987年），卷1，頁18。

對此，柳開的說法則是：

> 今之世與古之世同矣；今之人與古之人亦同矣。古之教民以道德仁
> 義；今之教民亦若以道德仁義，是今與古胡有異哉？古之教民者，
> 得其位則以言化之，是得其言也，眾從之矣。不得其位則以書於後
> 傳授於人，俾知聖人之道易行，尊君敬長，孝乎父、慈乎子。大道，
> 斯道也，非吾一人之私者也，天下之至公者也。〔註12〕

韓愈與柳開認為要尋求所謂的「道」，就必須要古人學習仁義，這是他們主張
文章復古的理由。繼柳開之後積極鼓吹古文寫作的穆修（979～1032），也表
達於他對「古」與「今」的看法。他說：「夫學于古者，所以為道；學夫今者，
所以為名。道者仁義之謂也，名者爵祿之謂也。」〔註13〕穆修為了將古文傳
統不絕於宋，進而刊行韓愈與柳宗元的文集。〔註14〕穆修在為《柳集》作序
時感嘆：

> 嗚呼！天厚予者多矣，始而饜我以《韓》，既而饜我以《柳》，謂天
> 不吾厚，豈不誣也哉！世之學者如不志于古則已，苟志于古，則求
> 踐立言之域，舍二先生而不由，雖曰能之，非余所敢知也。〔註15〕

在他們看來，「古道」會淪喪，與當時盛行的佛老之說關係甚大。正如韓愈所
憂慮的，佛法成為人們精神世界的依歸，致使許多人出家為僧尼，國家的徵
課賦役因而減少，嚴重影響到國計民生。因此，韓愈闢佛以「匡救政俗之弊
害」。〔註16〕柳開抱持著同樣的理念，認為由於王公大臣的支持，佛教在民間
取費甚鉅，甚至感嘆為重修孔廟所募得之財用，不及佛教修建寺院的萬分之
一。〔註17〕

〔註12〕 柳開，〈應責〉，《河東集》，卷6，頁244。

〔註13〕 穆修，〈答喬適書〉，《穆參軍集》，卷中，收入於《景印文淵閣四庫全書》第
1087冊，頁13。

〔註14〕 「穆修伯長在本朝為初好學古文者，始得韓、柳善本，大喜。」朱弁，《曲洧
舊聞》（北京：中華書局，2002年），卷4，頁142。此文也透露宋代有穆修是
當朝「初好學古文」者的說法，儘管在他之前已有徐鉉、柳開等知名的古文
家。

〔註15〕 穆修，〈唐柳先生集後序〉，《全宋文》第8冊，卷322，頁423～424。

〔註16〕 陳寅恪，〈論韓愈〉，《金明館叢稿初編》，頁288～293。

〔註17〕 柳開，〈重修孔子廟垣疏〉：「余入吾先師之宮，不覺涕下。用之者不知其力，
反趨於異類乎。視其垣墉圮毀，階廡狼籍，痛心釋氏之門莊如王室；吾先師
之宮也，反如是哉！聞斯言者，得不媿於心乎？將令責按舊圖速修是陋。庶
先達與後進輩出金帛，用資其費，況不迨釋氏之取萬分之一也。崇吾師之宮

　　柳開的觀察有其依據，實際上宋初僧尼向民間索利的情形相當常見。例如，眞宗大中祥符六年（1013）天雄軍府周起上書言：「五臺山僧鏤木飾金爲冠，上設釋迦等象，誑民求錢。自今此類，請多禁止。」〔註 18〕同時亦有官員收購民田以供佛寺之用。仁宗明道二年（1033）有殿中侍御史段少連舉發：「頃歲，上御藥楊懷德至漣水軍，稱詔市民田三十頃給僧寺。按舊例，僧寺不得市民田。請下本軍還所市民田，收其直入官。」〔註 19〕可見儘管政府禁止寺院購田，但依舊存在佛寺因官僧相護的情事而獲取民田的現象。國家常爲此不得不強力介入，如景德二年（1005）眞宗下詔：「廬山太平興國、乾明寺田稅十之三充葺寺宇經像，令江州置籍檢校，選名行僧主之。」〔註 20〕

　　佛教之誘民、擾民，古文家並非不知其緣由。佛法講究果報，行善則積福，爲惡則致禍，對人民而言，魅力遠勝於儒家所主張的道德仁義。穆修對此有甚爲透徹的評析：

> 西佛氏法唱中夏，爲寺宇于中夏。先王之遺民，樂聞其法尊雄，一旦從而和之，棄世守常義邦顧，而爲其徒者，靡然傾天下。西人之業，胡其如是之盛耶？豈佛氏之法，爲能本生人惡欲之情而導之耶？不然，何以能鼓動羣俗之心如趨號令之齊一也？夫生民之情大矣，聖人知其不可充也，爲之著禮明義以節養之，使不流不窘。安其份、盡其常以生死焉，而不及他道者，三代之民也。今佛氏之法，後三代而作，極其說于聖人之外，因斯民所惡欲而喻以死生禍福之事，謂人享有于其身後者，皆由死生往復而取之。方于植物者，根夫善，善以之而生于今；種夫惡，惡以之而出于後。其爲貴、爲富、爲壽、爲康寧，皆根夫善者也，而統謂之福；爲賤、爲貧、爲疾、爲夭，皆種夫惡者也，而統謂之禍。福禍之報不移也。世聞其說甚懼，謂死且復生，則孰不欲其富貴康壽而惡其賤貧疾夭？雖君子小人，一情也。然何如即可以違所惡而獲所欲？曰：非去而爲佛之徒，讀佛之書，則不可。人所以悅其法而歸其門者，爲能所得己欲惡之心乎，佛亦安能強使人附之哉！如死生禍福之說，使禹、湯、文、武、周

以昭其德，吾先師享之亦無忝矣。」《河東集》，卷 3，頁 259。

〔註 18〕李燾，《續資治通鑑長編》，卷 81，頁 1854～1853。
〔註 19〕李燾，《續資治通鑑長編》，卷 113，頁 2632。
〔註 20〕李燾，《續資治通鑑長編》，卷 60，頁 1305。

公、孔子亦嘗言之，則人亦必從此六聖人而求之。如其聖人所不及，惟佛氏明言之，則人焉得不從佛氏而求之也？予謂世有佛氏以來，人不待聞禮義而後入于善者，亦多矣，佛氏其亦善導于人者矣。嗚呼！禮義則不競，宜吾民之皆奉于佛也，宜其佛之獨盛于時也。佛日益盛，徒日益繁，則當有異行之士奮臂而出，力樹塔廟，以廣弼其法之興。〔註21〕

穆修承認儒家聖賢不談生死禍福之說，吸引百姓的力量遠不及佛教。柳開對佛教抱持著強烈的反對意識，並痛恨寺院土木之事擾民甚鉅；穆修則看到釋氏導人爲善的社會性功用，是以對佛教建廟塔之事，皆樂見其所成，常應佛僧寫作記文。

柳開與向他學習創作古文的友弟欲圖紹述韓愈，在宋初隱然形成一個古文集團。然而，柳開與部分成員的文風卻逐漸流於艱澀怪僻。他們多半有孤高而狷介的性情，且鮮有在朝任高官的人士。因此，以柳開爲首的文學團體在當代文壇並未居主流地位。〔註22〕繼承柳開提倡古道的穆修與弟子尹洙（1001～1047）、祖無擇（1006～1085）、蘇舜欽（1008～1048），並沒有如柳開等人偏向怪誕的文風。尹洙力求文章簡明的風格甚至影響歐陽修從而學習古文。〔註23〕同樣提倡韓文的穆修等人所以沒有產生怪僻的流弊，或許因爲他們是兼學韓、柳之文，尹洙的「簡古」文風可能受到柳宗元之文的影響。〔註24〕相較於柳文，韓愈寫作散文時會偶而使用怪僻難解的文字，甚至引起同代士人的側目。〔註25〕

穆修、尹洙等古文家與慶曆後的古文關係匪淺。後人即認爲宋朝文風本傾向以綺麗辭藻爲務的駢文與西崑體，但穆修與歐陽修倡導古文，使得學者

〔註21〕穆修，〈蔡州開元寺佛塔記〉，《穆參軍集》，卷下，頁22。

〔註22〕副島一郎，〈宋初的古文和士風〉，收入於副島一郎，王宜瑗譯，《氣與士風——唐宋古文的進程與背景》（上海：上海古籍出版社，2005年），頁149～158。這個文學集團除了柳開，尚包含范杲與郭昱等人。《宋史》稱范杲「爲文深僻難解，後生多慕效之。」見脫脫，〈范杲傳〉，《宋史》，卷249，頁8797。

〔註23〕尹洙與歐陽修曾爲錢若水新建之閣作記，歐陽修修先寫成，文有數千字。尹洙說自己只需五百字，記文完成後，歐陽修欽服其文「簡古」，此後便開始寫作古文。事見邵伯溫，《聞見錄》，卷8，收入於《全宋筆記第二編之七》（鄭州：大象出版社，2006年），頁159。

〔註24〕關於穆修、尹洙與柳宗元的文學關係，可見副島一郎，〈宋人眼裡的柳宗元〉，收入於副島一郎，王宜瑗譯，《氣與士風——唐宋古文的進程與背景》，頁7～11。

〔註25〕王運熙，〈韓愈散文的風格特徵和他的文學好尚〉，收入於王運熙，《漢魏六朝唐代文學論叢》（上海：復旦大學出版社，2002年），頁226～234。

紛紛起而效尤。〔註26〕相較於上述柳開與其友弟，以王禹偁爲中心，包括與往來的文人與受他提攜的後進，由於擁有較高的政治社會地位，以及倡導平近明意的古文，在當時的文壇更顯重要。

二、王禹偁及其文友

　　王禹偁在宋初是一位具有地位與聲譽的古文家，同時也是宋初寫作「白體」的代表詩人。在他之前，徐鉉（919～991）與李昉（925～996）也是能夠寫作古文及仿效白居易、元稹詩風的前輩學者。對於佛教在社會上的作爲，王禹偁也反對佛教擾民而致生弊端。由於他「平居議論，嘗道浮圖之蠹人者。」且其晚生孫何（961～1004）著文抨擊佛教，因而使京城的高僧感到不滿。〔註27〕他曾先後勸諫太宗與眞宗勿事佛以耗國用，但也表示能理解皇帝事佛的目的。〔註28〕在不擾民害政的前提下，王禹偁還是對於能夠兼通佛、儒之學的高僧深感欽服，例如他曾寫詩寄贈受詔編修《宋高僧傳》的贊寧，表達自己的敬慕親近之意。〔註29〕在他看來，眞正的佛門「大師」不僅遍讀佛、儒之書，也能寫作詩文。〔註30〕然而，王禹偁所提攜的後進孫何則更進一步排斥儒家之外的諸子百家，當然也包括佛道思想。他諷刺班固（32～92）評司馬遷（前135～前90）論六家乃「先黃老而後《六經》」，自己卻在《漢書・藝文志》中增爲九流十家，而儒家不免與其餘九家等齊並列，又說儒家「出于司徒之官」。孫何認爲班固之尊儒不力，是「貶損大教」的作爲。〔註31〕與孫何立場相反，王禹偁的文友羅處約曾寫作〈黃老先《六經》論〉，認爲黃、老的「道」與儒家的「道」並無殊異。他說：

〔註26〕趙彥衛，《雲麓漫鈔》，卷8，頁135。

〔註27〕王禹偁，〈答鄭褒書〉，《小畜集》，卷18，頁173。

〔註28〕黃啓江，〈宋太宗與佛教〉，收入《北宋佛教史論稿》，頁55～56。

〔註29〕見王禹偁，〈贈贊寧大師〉、〈寄贊寧上人〉，《小畜集》，卷19，收入於《景印文淵閣四庫全書》第1086冊，頁54、56。

〔註30〕「釋子謂佛書內典，謂儒者爲外學。工詩則眾，工文則鮮。並是四者，其惟大師。」見王禹偁，〈右街僧錄通惠大師文集序〉，《小畜集》，卷20，頁196。關於將佛書視爲「內典」的說法，顧炎武言佛教入中國後兼採楊、墨之說，「後之學者遂謂其書爲內典。」準此，則儒家經典則被視爲外學，但顧氏對此深表不滿。見顧炎武，〈內典〉，《原抄本日知錄》（臺北：文史哲出版社，1979年），卷20，頁527。

〔註31〕孫何，〈尊儒〉，《全宋文》第5冊，卷186，頁180。

道者何？無之稱也，無不由也。混而成仙，兩儀至虛而應萬物，不可致詰。況名之曰「道」，道既名矣，降而爲聖人者，爲能知來藏往，與天地準，故黃、老、姬、孔通稱焉。……老聃世謂方外之教，然而與《六經》皆足以治國治身，清淨得之矣。漢文之時，未遑學校，竇后以之而治，曹參得之而相，幾至措刑。〔註32〕

羅處約舉史事爲例，說明黃、老之道術亦有「治國治身」之功，因此認爲儒者無須責詬司馬遷先黃老而後《六經》。

王、孫二人對於是否要摒棄百家雜學的想法有所差異，但他們的文學觀仍是相同的，即「文」是君子爲政與行道的首要工具。孫何即表明：「夫治世之具，莫先乎文；文之要，莫先乎理。文必理而方工者，惟論議爲最。」〔註33〕他們都同意文必須以《六經》爲本，王禹偁在寫給孫何的贈序中就表明捨棄《六經》而寫成的作品，無法具有被當作「文」的資格。〔註34〕王禹偁認爲文的基礎應當限定於《六經》，雜於百家之學的文學作品於治政無裨益。他認爲兩者的不同在於「文學本乎《六經》者，其爲政也，必仁且義，議理之有體也；文學雜乎百氏者，其爲政也，涉道之未深也。」〔註35〕

王禹偁與孫何都同意能夠議理的文章最具有治理國政的功能。他們關於文學的理念在宋初受到關注並且具有影響力。尤其王禹偁曾知制誥任翰林學士，許多年輕且有志參加省試的考生（當時稱爲「舉進士」），會將自己的作品以「行卷」的形式呈送給王禹偁，希望獲得後者的賞識。因此，王禹偁以自己的文學理念指導或提攜後進。〔註36〕《宋史》稱王禹偁「醇文奧學，爲世宗仰」，〔註37〕可見王禹偁在宋初文壇的地位。職是之故，以王禹偁爲中心，包含田錫（940～1003）、張詠（946～1015）〔註38〕等王禹偁的文友，以及孫何、孫僅（969

〔註32〕 羅處約，〈黃老先六經論〉，《全宋文》第4冊，卷164，頁698。

〔註33〕 孫何，〈評唐賢論議〉，《全宋文》第5冊，卷186，頁183。

〔註34〕 王禹偁在該文的開頭即寫道：「天之文，日月五星；地之文，百穀草木；人之文，六經五常。捨是而稱文者，吾未知其可也。」見王禹偁，〈送孫何序〉，《小畜集》，卷19，頁186。

〔註35〕 王禹偁，〈送譚堯叟序〉，《小畜集》，卷19，頁188。

〔註36〕 東英壽，〈從行卷看北宋初期的古文復興〉，《復古與創新——歐陽修散文與古文復興》，頁5～16。

〔註37〕 脫脫，〈王禹偁傳〉，《宋史》，卷293，9804。

〔註38〕 張詠同時也是曾與楊億等西崑派作家酬唱詩文的文人之一。然而他也主張「道」不應因古今文辭不同而有所差異。可見張詠並不在乎文章的形式，不管是創作古文、駢文甚至是詩賦，皆以「道」爲文之主體。見副島一郎，〈宋

～1017）兄弟、姚鉉（968～1020）等後輩所構成的文學群體，主張文學創作應以論理優先，並以雄健明快的文風，提供宋代前期古文運動的思想泉源。

三、西崑派文人

縱然上述的古文家或多或少有其影響力，但古文仍未能取代宋初所流行的駢文（或稱四六文）。一來在六朝隋唐爲主流文體的駢文仍延續至宋初，二來士大夫仍時常以駢文寫作制誥表啓或書信、碑記等應用文，即使是古文家也亦多逢書寫駢文的場合，如王禹偁也是擅寫四六的能手。然而至眞宗朝，文壇出現以李商隱（812或813～858）爲仿效對象的「西崑派」，其成員爲補救早先流行的「白體」與「晚唐體」的缺失，創作多用典故、講究音律的華麗詩歌，在文章上也多寫作駢文。〔註39〕儘管西崑派興起時，柳開、王禹偁已然辭世，但當時文壇仍多爲二人的文友與後學，而影響到慶曆後古文風格的穆修也與西崑派同時。穆修常被尊爲北宋倡導古文的先驅者之一，與其標榜簡明的古文，而隱然同西崑派分庭抗禮之勢不無關聯。〔註40〕另一位更強烈反對西崑派的古文家則是石介。他在〈怪說〉一文抨擊西崑體：「今楊億窮妍極態，綴風月，弄花草，淫巧侈麗，浮華纂組。」〔註41〕

西崑派以眞宗的文學侍從楊億、劉筠、錢惟演爲首，因其政治地位以及綺麗文風而盛行於世。與古文集團相比，西崑派文人顯然對提振道德仁義的議論文章並不甚感興趣，幾名重要成員更熱中於佛教相關的政治文學活動，最典型的代表即是領袖楊億。天才縱橫的楊億學通儒釋道三家，平時「留心釋典禪觀之學」，〔註42〕並曾擔任譯經院的潤文官。譯經潤文官自然都是能博

初的古文和士風〉，頁158～161。

〔註39〕西崑派的文學活動興於眞宗時，據宋僧文瑩的筆記：「眞宗深究詩雅，時方競務西崑體，礫裂雕纂。」見文瑩，《玉壺清話》（北京：中華書局，1984年），卷1，頁2。當代亦有學者指出，早在《西崑酬唱集》於大中祥符元年（1008年）編輯完成的十年之前，楊億等人已經開啓西崑體的詩風。參見曾棗莊，〈《西崑》十題〉，《唐宋文學研究》（成都：巴蜀書社，1999年），頁393～397。

〔註40〕《宋史》稱穆修：「自五代文敝，國初，柳開始爲古文。其後，楊億、劉筠尚聲偶之辭，天下學者靡然從之；修於是時獨以古文稱，蘇舜欽兄弟多從之游。修雖窮死，然一時士大夫稱能文者必曰穆參軍。」見脫脫，〈穆修傳〉，卷442，頁13070。

〔註41〕石介，〈怪說〉，《徂徠先生集》，卷5，頁216。

〔註42〕脫脫，〈楊億傳〉，《宋史》，卷305，頁10083。

綜儒釋之學的士大夫，才有足夠的學識擔任此職。〔註43〕另一位西崑派文人丁謂（966～1037）除了也擔任過潤文官，還曾經上疏請求皇帝賜食於僧人。〔註44〕錢惟演則是吳越王錢俶（929～988）之子。〔註45〕他極力獎勵與崇尚天台宗與法眼宗等佛教教派，因而惟演自幼耳濡目染。錢俶與吳越佛教的關係將在第四節續述。

被收入在《西崑酬唱集》的詩作中，也有出於晁迥（951～1034）這般並非純然寫作西崑體的作家之手。他早年與王禹偁是文友，也都是創作「白體」的詩人；到了真宗朝，為補救白體過於質樸而平直的風格，他學習以雕琢和用典為長的西崑體。晁迥學識上因「善吐納養生之術，通釋老書，以經傳傅致，為一家之說」而聞於當世。〔註46〕王禹偁另一位文友張詠也有詩作被收進於《西崑酬唱集》，但我們也很難將他歸為西崑體作家。大抵晁迥和張詠為求詩歌不斷精進，而吸收新的詩風。西崑派成員的非一致性也表現在政治主張上。例如，對於國家為求神事佛而大興土木之事，楊億雖甚解佛理，但不同意朝廷為這些無益於民生的工程鋪張浪費；反之，丁謂等臣僚則迎合宰相王欽若（962～1025）之意，慫恿真宗建造宮寺，所求者多為政治利益。〔註47〕

在宋代最初的半個世紀左右，文壇仍延續晚唐五代綺靡駢麗的文學風

〔註43〕 關於宋初譯經潤文官的相關討論，可見黃啓江的〈北宋的譯經潤文官與佛教〉，《北宋佛教史論稿》，頁68～92。該文並沒有特別強調西崑派成員與潤文官的關係。

〔註44〕 丁謂，〈飯僧疏〉，《全宋文》第5冊，卷208，頁609。原本丁謂與孫何同樣是最早受到王禹偁賞識的年輕文人，其古文的造詣曾令後者驚嘆。然而事實上丁謂只將古文作為晉身仕途的工具，也未曾應和王禹偁的文學理念。在他入朝為官後，即參與楊億為首的文學集團，成為西崑派的成員。對於立場反覆甚至作文以批判恩師的丁謂，王禹偁深感痛心，指責他「欲與世浮沈，自墮於名節」。見王禹偁，〈答丁謂書〉，《小畜集》，卷18，頁178。王禹偁初見孫何、丁謂之文，曾有詩言：「三百年來文不振，直從韓柳到孫丁。如今便好令修史，二子文章似《六經》。」可見當初他對二人的期盼甚高。見司馬光，《涑水記聞》（北京：中華書局，1989年），卷2，頁39。

〔註45〕 脫脫。〈錢惟演傳〉，《宋史》，卷317，頁10340。

〔註46〕 脫脫，〈晁迥傳〉，《宋史》，卷305，頁10086。

〔註47〕 關於西崑派成員在文學特點政治立場上的分歧，參見曾棗莊，〈論《西崑酬唱集》的作家群〉，《唐宋文學研究》，頁336～351。其他相關討論亦可見李朝軍，〈晁迥與宋初文學〉，《四川大學學報》2005年第3期（成都，2005年7月），頁98～104；王仲犖，〈前言〉，《西崑酬唱集注》（北京：中華書局，1980年），頁3～5。

格，但另一方面古文家仍試圖彰顯聖人之道。稍後西崑派興起，穆修繼柳開、王禹偁後續倡古文。古文集團的成員多半對佛教有所排拒，儘管當中也有士人接受佛教盛行於當世的現狀，甚至樂意爲佛寺寫作銘記。至於西崑派文人則積極參與佛事，雖其意見亦見紛雜，但多能通曉佛理，甚至熱中於佛事。大抵而言，宋初多數的古文家仍意圖避免與佛法交涉，因爲佛教思想對他們追求儒家聖賢的「道」是有所妨礙的。此外，柳開古文集團衍生出的「太學體」與西崑派的「西崑體」都在眞、仁之際產生流弊，可說是促成仁宗朝文學改革的近因。〔註48〕

第三節　宋初經學的變化

　　新《春秋》學在中晚唐爲經學開出一片新氣象，經學學風已稍見改變。然而，晚唐五代時局動盪，制度不彰，而佛法盛行於世，士人多不讀經以求仕，反務於儒家以外的學問或技藝。後唐天成五年（930）禮部貢院上奏表明當時求才之難：

　　　　進士帖經，本朝舊制，蓋欲明先王之旨趣，閱多士之文章。近代以來，
　　　　此道稍墜。今且上從元輔，下及庶僚，雖百藝者極多，能明經者甚少。
　　　　恐此一節，或滯群才，旣求備以斯難，庶觀光而甚廣。〔註49〕

宋初官方經學則沿襲嚴謹的學風，「篤守古義，無取新奇；各成師傳，不憑胸臆；猶漢唐注疏也。」〔註50〕然而，實際上民間仍多有不守傳統經注的士人，眞宗（968～1022）即對於士人擅自背離經義的現象感到不滿。景德四年（1007）他曾向臣子抱怨：「近見詞人獻文，多故違經旨以立說。此所謂非聖人者無法，俟有太甚者，當黜以爲戒。」〔註51〕參加科舉的考生所作的賦文，假使不合

〔註48〕以西崑風格爲主流的四六文先後經過歐陽修與蘇軾改革之後，成爲不求典工的駢文。據《邵氏聞見後錄》所載：「本朝四六，以劉筠、楊大年爲體，必謹四字六字律令，故曰四六。然其散類俳語可鄙。歐陽公深嫉之……俳語爲之一變。至蘇東坡於四六，……其力挽天河以滌之，偶儷甚惡之氣一除，而四六之法則亡矣。」見邵博，《邵氏聞見後錄》，卷16，頁124～125。

〔註49〕王溥，《五代會要》（上海：上海古籍出版社，2006年），卷22，頁359。

〔註50〕皮錫瑞，《經學歷史》，頁220。近代經學史家多認同此說，例如馬宗霍也說：「宋初經學，大都遵唐人之舊。」見馬宗霍，《中國經學史》（臺北：臺灣商務印書館，1968年），頁109。

〔註51〕李燾，《續資治通鑑長編》第3冊，卷66，頁1472。

官方經注的解釋，則有落第的危險。眞宗時賈邊的遭遇可說明這樣的現象：

> 李迪、賈邊有時名，舉進士，迪以賦落韻，邊以當仁不讓於師論以
> 「師」爲「眾」，與注疏異，皆不預。主文奏乞收試，旦曰：「迪雖
> 犯不考，然出於不意，其過可略。邊特立異說，將令後生務爲穿鑿，
> 漸不可長。」遂收迪而黜邊。〔註52〕

由於賈邊擅自以「異說」解釋試策題目，其試文最後不被收用。

　　儘管科考的經義仍然嚴守傳統注疏，宋初經學家也並非一味「篤守古義」。爲了使讀經者易於理解經義，講經者往往會徵引時事。例如，校正官方經注的邢昺（932～1010）在向皇帝講經時，「據傳疏敷引之外，多引時事爲喻。」並且要注意到能夠「各隨其事理以對」。〔註53〕總之，宋初經學的風氣可以張耒（1054～1114）的一段文字說明。他說：「前輩談經，重變先儒舊說，雖時有不同，不敢容易，非如近時學者，欲變則變，斷自胸臆，不復參考。」〔註54〕張耒所謂「近時學者」當指慶曆以後大規模疑經或改經的宋儒。但是在慶曆的儒學復興以前，基於新王朝創立的歷史背景，宋初經學家仍探求新取向。

　　胡瑗是引領經學新取向的重要人物之一。身爲州學講師，胡瑗分設「經義」與「治事」二齋。在「經義齋」挑選「其心性疏通，有器局，可任大事者，使之講明《六經》」；「治事齋」則各選一人，「各治一事，又兼攝一事。」其治之事包括民生、軍事、水利、算數等等。〔註55〕不同於後來歐陽修那種刻意避談性命之說的態度，胡瑗不僅希望士人必須具備治理政務的才能，還要時時修養心性。他的著作除了收入於《四庫全書》的《周易口義》和《洪範口義》，另有《易書》與《中庸義》等作。〔註56〕總括胡瑗的經學觀，他要求士子以追尋聖人之道目的，首重廣博學識，並強調經學「教化」的功效，希望能達成「體用一致」的境界。〔註57〕當然，胡瑗藉由分齋教學的具體措施，確實能夠將「明體達用」的觀念灌輸給他的門人。〔註58〕因此，他的門

〔註52〕脫脫，〈王旦傳〉，《宋史》，卷282，頁9550。

〔註53〕脫脫，〈邢昺傳〉，《宋史》，卷431，頁12800～12801。

〔註54〕張耒，《明道雜誌》，收入於上海師範大學古籍研究所編，《全宋筆記第二編之七》（鄭州：大象出版社，2006，頁22。

〔註55〕黃宗羲，〈安定學案〉，《宋元學案》（臺北：正中書局，1954年），卷1，頁7。

〔註56〕黃宗羲，〈安定學案〉，《宋元學案》，卷1頁7～8。《宋史》亦載胡瑗有《春秋口義》五卷，見脫脫，〈藝文志〉，《宋史》，卷202，頁5058。

〔註57〕吳雁南等，《中國經學史》，頁275～276。

〔註58〕關於胡瑗分齋教學的內容以及對北宋新學風的影響，可參考金林祥，〈胡瑗教

人後生被時人視爲具有類似的氣質。〔註 59〕與胡瑗相比，同是宋初三先生之一的孫復則選擇單一經典以進行專門研究，而他選擇的經典則是《春秋》。

孫復專治《春秋》，重要著作則爲《春秋尊王發微》。宋人對其已有「大得聖人之旨，學者多宗之」的評價。〔註 60〕孫復的研究取徑源自於陸淳，而自創之新義又甚於啖、趙、陸之說，且其尊王思想亦下開胡安國（1074～1138）的《春秋》學。〔註 61〕因此，與中唐的啖助學派同樣，他的《春秋尊王發微》也得到不囿於傳注的成見，且直求經之本義的讚辭。〔註 62〕如其書名所表明，孫復認爲孔子作《春秋》的終極目的在於尊王道，以實現儒家的政治理想。他甚且主張要摒除佛老，因爲佛老「去君臣之禮，絕父子之戚，滅夫婦之義。」此弊害將不利於上位者實行王道之治。〔註 63〕孫復的尊王思想影響到門人，例如祖無擇（？～1085）提過《洪範》談天時人事皆本於王道教化；〔註 64〕石介對經學的研究儘管不如其師之用心，但也曾就《周易》、《春秋》等經典予以批評與討論。

另一位在經學上也具有新思維的學者是范仲淹。他對於經學的看法接近於他所提攜的胡瑗，亦即注重經學的治道。范仲淹尤長於說《易》，曾著《易義》解說卦象。〔註 65〕他透過《易》體察聖人之道，認爲「聖人設卦觀象，『窮則變，變則通，通則久』非知變者，其能久乎？」治理天下之人需懂得變通而不拘泥於古法，但范氏反觀當代士人「患不稽古，委先王之典，宗叔世之文，詞多纖穢，士惟偷淺，言不及道，心無存誠。暨于入官，鮮於致化。」

育思想研究〉，《南通師範學院學報》（哲學社會科學版）第 16 卷第 2 期（南通，2000 年 6 月），頁 101～106；金榮官，〈胡瑗的分齋教學極其影響〉，收入於《宋史研究論叢》第 7 輯（保定：河北大學出版社，2006 年），頁 354～370。

〔註 59〕程頤稱出於胡瑗門下之士，「其醇厚和易之氣，一望可知。」「安定先生之門人往往稽古愛民矣，於從政乎何有？」見黃宗羲，〈安定學案〉，《宋元學案》，卷 1，頁 8。

〔註 60〕王得臣，《麈史》，卷中，收入於《全宋筆記第一編之十》（鄭州：大象出版社，2003 年），頁 42。

〔註 61〕參考牟潤孫，〈兩宋春秋學之主流〉，《大陸雜誌》第 5 卷第 4 期（臺北，1952 年 8 月），頁 1～4。

〔註 62〕永瑢，《四庫全書總目提要·經部·春秋類》，卷 6，頁 526。

〔註 63〕孫復，〈儒辱〉，《孫明復小集》，頁 176。

〔註 64〕祖無擇，〈刻經效方序〉，收入於《全宋文》，卷 935，頁 309。祖無擇不僅向孫復學經，年少時也向穆修學過古文，見邵伯溫，《聞見錄》，卷 16，頁 222。

〔註 65〕范仲淹，《范文正公文集》，卷 7，《范仲淹全集》（南京：鳳凰出版社，2004 年），頁 119～129。

因此他向朝廷請願，改定天下教育，培養務實的人才。〔註 66〕范仲淹重視國家利益的觀念，影響到李覯（1009～1059）以功利爲出發點而求得經義的風格，使後者在孟子逐漸受到重視的儒家學界中，反而傾向於荀子的政治主張。

自唐末五代因藩鎮之亂，武人專政篡弒，導致政權不斷迭替而處於極度不安定的狀態，人倫秩序陷入土崩瓦解的危機。歐陽修評論五代時期「世道衰，人倫壞，而親疏之理反其常，干戈起於骨肉，異類合爲父子。」〔註 67〕對繼起的趙宋而言，五代王權不彰和臣節不立的弊端仍是潛伏中的不安因子。《春秋》在宋代相當受到重視，正是因爲《春秋》明君臣上下，又辨夷夏之別，可供宋儒一套尊王攘夷的政治理論；尤其趙氏也自兵伍起家，建國以後邊防又受外族威脅。〔註 68〕不過北宋的《春秋》學，大抵要到劉敞（1019～1068）與胡安國之間才臻成熟，而劉敞則標誌著北宋解經新風氣的集大成者。〔註 69〕

《易》是另一部在宋初即受到重視的經典。前述的胡瑗、范仲淹皆曾針對此經下過功夫。在建國之初，陳摶（？～989）與王昭素都是研究《易》的權威人士。陳、王二人的易學都與其道教的知識背景有所關連。陳摶身爲宋初最具傳奇性的人物，被認爲「有經世之才」。〔註 70〕儘管陳摶的「神仙黃白之術」總是爲外人所貪慕的目標，但他研究《易》的目的很有可能是出於經世濟民的儒家理想。同樣的，王昭素也兼通易學與道教之學，同時代有不少學者向他學習易學。宋太祖也曾召王昭素以卦爻占事，並詢問治世養身的方法。〔註 71〕王昭素對自揚雄以下的漢唐易學抱持著懷疑的態度，指出王弼、孔穎達等人的注疏

〔註 66〕 范仲淹，〈上執政書〉，《范文正公文集》，卷 9，《范仲淹全集》，頁 183；190～191。

〔註 67〕 歐陽修，〈義兒傳序〉，《新五代史》（北京，中華書局，1974 年），卷 36，頁 385。

〔註 68〕 宋鼎宗將宋儒研究《春秋》以尊王的歷史背景歸爲四點。第一，「懲唐末五季藩鎮之禍」；第二，「祖趙氏之家法」；第三，「疾臣節之不立」；第四，「痛權姦之柄國」。見宋鼎宗，〈宋儒春秋尊王說〉，《成功大學學報》第 19 期（台南，1984 年 11 月），頁 3～7。蓋前三項歷史因素皆爲基於唐末五代之亂而生，彼此互有緊密關聯。第四項的權臣擅政，則爲自北宋後期至南宋的時代背景，是南宋《春秋》學盛行的主因。筆者在本文爲探討北宋學者治《春秋》的因素，是以不涉及大臣攬權的議題。

〔註 69〕 皮錫瑞：「宋人治《春秋》者多，而不治顥門，皆沿唐人啖、趙、一派。……以劉敞爲最優，胡安國爲最顯。」皮錫瑞，《經學歷史》，頁 179。

〔註 70〕 魏泰，《東軒筆錄》（北京：中華書局，1983 年），卷 1，頁 2。

〔註 71〕 李燾，《續資治通鑑長編》，卷 11，頁 243～244。

有違孔子本意，在《易》的研究上爲開疑經風氣的先河。〔註72〕

　　宋初除了陳、王二人，尚有以儒家的思想體系研究易學的馮元（975～1037），仁宗初即以講《易》著稱，「多識古今臺閣品式之事，尤精《易》。」〔註73〕這批易學家大半與穆修、范仲淹、胡瑗等古文家兼經學研究者直接或間接的傳承關係。易學在他們的研究之下，於宋初發展出具有尊君思想的理論基礎。這樣的特色並沒有在前代曾經被彰顯出來。爲了強調人間的上下秩序，於是宋儒對《春秋》、《禮》、《易》等經典進行努力的研究。〔註74〕例如，范仲淹由「乾」、「坤」兩卦得君臣的德位關係，以其行聖人之道。〔註75〕

　　大抵而言，宋初經學家承接中唐新《春秋》學派的思維，直接從經文而非傳注探求所謂的聖人之旨。由於前代社會秩序崩壞的殷鑑未遠，新王朝的儒家學者亟欲自經典得出尊王的理論基礎，以及經世致用之道。因此，基於政治性目的，宋初經學家尤其在《春秋》、《易》二經投下許多心力。此後宋儒繼續延續其成果，《春秋》與《易》仍是宋代相關論著最多的經典。儘管如王應麟評價兩漢至宋初的經學未曾大變，直到慶曆以後才有顯著變化，〔註76〕但宋初經學的變通特色不應受到忽視。誠然，和王安石以後的經學相比，佛家的心性之學仍未深植於宋初經學。在儒學復興運動之前，真正對心性之學有所體認的學者，反以天台宗孤山智圓爲代表。

第四節　天台宗的中興與智圓

一、天台宗與吳越政權的關係

　　天台宗的義理之學在湛然以後停滯不前，並因爲遭遇會昌（841～846）

〔註72〕相關討論可參考金中樞，〈宋代的經學當代化初探（上）〉，收入於金中樞，《宋代學術思想研究》（臺北：幼獅文化，1989 年），頁 56～58；馮曉庭，《宋初經學發展述論》（臺北：萬卷樓圖書公司，2001 年），頁 197～209。

〔註73〕脫脫，〈馮元傳〉，《宋史》，卷 294，頁 9822。

〔註74〕關於宋初易學的歷史脈絡以及與古文家的關係，可參見副島一郎，〈宋初的易學家與古文家〉，收入於副島一郎，王宜瑗譯，《氣與士風──唐宋古文的進程與背景》，頁 178～223。

〔註75〕范仲淹，〈易義〉，《范文正公文集》，卷 7，《范仲淹全集》，頁 119～120。

〔註76〕王應麟，翁元圻注，《翁注困學紀聞》（臺北：中華書局，1966 年），卷 8，頁 40。

滅佛以及晚唐五代的戰亂，教典流落而人物凋零。〔註77〕不過在這段天台宗的衰退期當中，兩名來自朝鮮的僧人諦觀與義通（927～988）爲天台宗開啓復興之契機。諦觀帶來了中土已亡佚的天台典籍；義通對天台義學貢獻良多，同時被尊爲天台宗十六祖，爲後來山家派四明知禮（960～1028）與慈雲遵式（964～1032）之師。

在五代時期，鑑於天台宗典籍多有散佚，吳越王錢俶受天台僧義寂（919～987）之勸，遣使至高麗求佛天台教籍。於是高麗令諦觀於宋太祖建隆年間（960～922）攜論疏至中國。諦觀於天台山謁見義寂，「一見心服遂禮爲師」，在螺溪道場一待十年。諦觀所著《天台四教儀》對天台宗中興事業甚有助益，因爲它「由是盛傳諸方。大爲初學發蒙之助云。」該書的中心教論來自於湛然的「八教大意」。〔註78〕

同樣是高麗僧人的義通則早於諦觀來到中國。儘管他在本國已修習華嚴、起信，但是聞義寂講述一心三觀之後，也受業於義寂門下。此後義通於寶雲寺「敷揚教觀幾二十年」，其下門人無數，而以知禮、遵式成就最高，開天台山家一派。〔註79〕有論者認爲天台宗山家、山外之爭，可謂始於義通。〔註80〕

天台宗所以分爲山家山外二派，就是因爲諦觀攜天台論疏自吳越後，天台僧人再次研究佛典反而產生不同的佛學見解。再者，如前一章曾述及，中唐時天台義學經過湛然的整合，他爲了延伸智顗的性具說，採用《大乘起信論》以及因之而生的「隨緣眞如」思想，以致於天台的圓教思想與華嚴相近，因爲華嚴義學研究《起信論》並講所謂的「法界緣起」。基於上述背景，於是出現以知禮、遵式爲代表的山家，他們批判在唐宋之際吸收華嚴宗「性起」之說的天台義學，認爲有必要與其他宗派分清思想界線；另一派則是繼續接

〔註77〕唐武宗繼位後即陸續施行打壓佛教的措施，最甚者爲會昌五年（945）頒佈〈拆寺制〉，言：「其天下所拆寺四千六百餘所，還俗僧尼二十六萬五十人，收充兩稅戶。拆招提、蘭若四萬餘所，收膏腴上田數千萬頃，收奴婢爲兩稅戶十五萬人。」見宋敏求，《唐大詔令》（上海：學林出版社，1992 年），卷 113，頁 543。

〔註78〕最初，錢俶讀《永嘉集》，見不曉其義的文句，於是召義寂詰問之。義寂回答說這是智顗之文，但因遭安史之亂與會昌毀佛，教藏幾近亡佚；高麗天台興盛，教典保全完整。此後諦觀至中國，從義寂學於螺谿。事見釋志磐，《佛祖統紀》，卷 10，頁 206。

〔註79〕釋志磐，《佛祖統紀》，卷 8，頁 191。

〔註80〕吳忠偉，〈智圓佛學思想研究〉，收入於佛光山文教基金會編，《中國佛教學術論典》第 16 冊（（高雄：佛光山文教基金會，2001 年），頁 12～14。

受湛然以來的性具論，主要人物即源清、慶昭、智圓師徒。〔註81〕

　　自唐末錢鏐（852～932）領有杭州八都，而於後梁受封爲吳越王，吳越成爲偏安江南一隅的政權。由於政權獨立，而天台山又座落於其境內，吳越遂成爲五代時期的佛教國度，具有聲望的禪師皆備受歷代吳越王禮遇。除前述義寂、諦觀等天台僧人之外，法眼宗二祖德韶（891～972）在錢俶任台州刺史時，就曾受後者之邀以問道；錢俶即位後，「遣使迎師伸弟子之禮，尊爲國師。」〔註82〕繼德韶衣缽的三祖延壽（904～975）也受到禮遇，因此法眼宗在吳越與天台宗同樣得到吳越王室的支持。〔註83〕此外，編修佛僧史傳而著稱的贊寧也曾受錢俶委之兩浙僧統，並受賜號爲「明義宗文大師」。他在宋朝一統江南之後也受詔入朝，並奉敕編修《宋高僧傳》、《大宋僧史略》等著。與智圓相同，這位曾經在天台山受具足戒的靈隱寺高僧也兼通釋、儒、道三教典籍，並善於辭辯。〔註84〕

　　由於吳越王室對佛教的虔誠，以及與天台山的地理關係，唐末五代的天台僧人因此與該政權一直保持著高度的政治關係。天台宗所以能復興，不能不說是得吳越之助。也因爲吳越以及閩、南唐等五代時期的東南諸國崇尚佛教，使得宋代位於兩浙路與福州路的佛寺蓬勃發展，規模較大的寺院甚至佔有千畝以上的寺田。因此，在包括吳越在內的東南政權之下，佛教有賴王室的獎勵與當地土豪的支持，而能夠持續布教傳法。〔註85〕

二、智圓與儒學的關係

〔註81〕關於天台山家、山外兩派的源起與論爭，可參考山口益，釋演陪譯，《天台性具思想論》，頁186～300；牟宗三，〈天台宗之分爲山家與山外〉，《牟宗三先生全集第4冊——佛性與般若（下）》，第3部第2分第4章，頁1131～1156；曾其海，《天台佛學》，頁160～169；賴永海，《湛然》，頁145～186。

〔註82〕釋覺岸，《釋氏稽古略》，卷3，收入於《大正新修大藏經》第49冊，頁855。

〔註83〕延壽受錢俶之請，於其國「行方等懺，贖物類放生。」事見釋贊寧，《宋高僧傳》，卷28，頁708。

〔註84〕據歐陽修所載，有位喜好嘲詠的詩人安鴻漸，在街上遇贊寧，其後有數僧跟隨，鴻漸見而譏笑：「鄭都官不愛之徒，時時作隊。」贊寧聞而對曰：「秦始皇未坑之輩，往往成羣。」時人皆認爲贊寧詩才敏捷。見歐陽修，《詩話》，《歐陽修全集》，卷128，頁1949。

〔註85〕關於宋代東南地區佛寺的佔地情況，黃敏枝教授撰有兩篇論文對此進行詳細的考證。二文收入於黃敏枝，《宋代佛教社會經濟史論集》（臺北：臺灣學生書局，1989年），頁119～199。（即該書的第四與第五章。）

　　雖然智圓自八歲起於錢塘江龍興寺出家，但直到二十一歲才得奉天寺的源清所傳之天台三觀。在此之前，智圓已具有多元的學術思想，對儒、道、墨等諸家經綸多有涉獵。〔註86〕智圓浸淫儒學最深，自幼「於講佛經外，好讀周、孔、揚、孟書，往往學爲古文，以宗其道。」〔註87〕

　　智圓學古文並非偶然，他很早就注意唐宋古文的歷史脈絡。智圓對於古文的看法主要見於〈送庶幾序〉一文。

> 吾於學佛外，考周孔遺文，究揚孟之言，或得微旨。……所謂古文者，宗古道而立言，言必明乎古道也。古道者何，聖師仲尼所行之道也。……要其所歸，無越仁義五常也，仁義五常謂之古道也。若將有志於斯文也，必也研幾乎。五常之道，不失於中，而達乎變。變而通，通則久，久而合道。既得之於心矣，然後吐之爲文章，敷之爲教化，俾爲君者如勛華，爲臣者如元愷，天下之民如堯舜之民。救時之弊，明政之失，不順非，不多愛。……古文之作，誠盡此矣，非止澀其文字，難其句讀，然後爲古文也。果以澀其文字、難其句讀爲古文者，則老莊楊墨異端之書亦何嘗聲律耦對邪？以楊墨老莊之書爲古文可乎？不可也。老莊楊墨棄仁義，廢禮樂，非吾仲尼祖述堯舜，憲章文武之古道也。故爲文入於老莊者謂之雜，宗於周孔者謂之純。……踐吾之言則道可至矣。或曰：「子佛氏之徒也，何言儒之甚乎？」對曰：「幾從吾學儒也，故吾以儒告之，不能雜以釋也；幾將從吾學釋也，吾則以釋告之，亦不能雜以儒也。不瀆其告，古之道也。」〔註88〕

身爲天台僧人，智圓寫作出這篇盡是儒家詞彙的文章並不尋常。實際上在天台山外派以至整個佛教界，智圓深厚的儒學涵養實乃少見。以與智圓同爲山外派代表的慶昭（963～1017）爲例，自幼出家並於十三歲時受具足戒，一生未曾有機會浸淫於儒家的浩瀚學海之中。

　　比起贊寧，智圓對於儒學也有更深刻的認識與反思。由前引的〈送庶幾序〉一文可知，智圓堅持儒學純粹化，必須完全排除「楊墨老莊」的這些「棄仁義、廢禮樂」思想。在這點上，他開始與韓愈以降的古文家產生共鳴。智

〔註86〕吳遵路，〈閑居編序〉，釋智圓，《閑居編》，收入於《卍新纂續藏經》第 101 冊（（臺北：新文豐，1976 年），第 56 冊，頁 53。
〔註87〕釋智圓，〈自序〉，《閑居編》，頁 54。
〔註88〕釋智圓，〈送庶幾序〉，《閑居編》，頁 137～139。

圓認為古文應當「宗古道而立言，言必乎古道」，正如同宋初古文家柳開、穆修等人所訴求的，古道即來自於孔子所行的聖人之道。

由前述引文中，智圓不雜佛學以教導隨他學儒的庶幾一事可知，縱使智圓以沙門的身份研習儒學，但實際上他並未主張會通儒釋之學，反而保持二學的分野。道家之學也同樣清楚地被智圓分離於儒釋二學之外，這是因為智圓認為三教之學在本質上就各有差異。在他看來，儒、道為外學，是「治乎身」；佛教為內學，是「治於心」，因此三教的理論可以互補但不可混同。「三教混同焉，或幾乎失矣；或謂三教碩異焉，亦未為得也。」〔註89〕三教各自鼎立才是智圓認為合乎宋初學術狀態的論述。〔註90〕

回顧智圓學習儒、佛的經歷，在他年方八歲於錢唐龍興寺出家，但已頗具儒士的氣質。他「微知《騷》、《雅》，好為唐律詩。」智圓在二十一歲時本欲「從師受周孔書，宗其道學，為文以訓世」，後來卻因染疾而自省不學釋而慕儒是「忘本背義」之事，才從源清學天台三觀之法。〔註91〕對智圓而言，他確實曾經認真考慮研習儒典。

那麼，智圓是如何看待儒學？事實上，智圓並不認同吳越此一偏安政權，理由是吳越政權背離了儒家正道，尤其晚期文人只著墨於四六文，不思探求古道，又「大夫士皆世及，故子弟恥服儒服，恥道儒言，而必以儒為戲。」〔註92〕相對地，智圓由宋太宗建造譯經院的作為，便認為宋朝是一個可以實現王道的政權。〔註93〕

中國的譯經機構在唐憲宗元和（806～820）以後即告終止。直到宋初，中天竺僧法天與河中學僧法進共同譯經，並將所譯經書上呈給太祖，太祖召見二僧後慰勞賜袍。太宗太平興國五年（980）又有北天竺僧天息災與施護來華，二人也皆通曉華語。崇尚佛教太宗召見法天、天息災等梵僧，令其翻閱建國以來所得西域梵文佛典，遂有意建立譯經事業。因此，太宗命人於太平興國寺建設譯經院。太平興國七年（982）七月譯經院落成，成為宋朝最早的

〔註89〕釋智圓，〈四十二章經序〉，《閑居編》，卷1，頁64。

〔註90〕蔣義斌先生指出，智圓對於三教的論點是視其為鼎之三足，而非所謂的「三教合一」或「儒釋融合」。參見蔣義斌，〈孤山智圓與其時代──佛教與宋朝新王道的關係〉，頁233～270。

〔註91〕釋智圓，〈中庸子傳中〉，《閑居編》，卷19，頁111。

〔註92〕釋智圓，〈佛氏彙征別集序〉，《閑居編》，卷10，頁84。

〔註93〕蔣義斌，〈孤山智圓與其時代──佛教與宋朝新王道的關係〉，頁236～237。

譯經機構。〔註 94〕如本章第二節所述，宋初文人楊億、晁迥等人擔任過譯經院的潤文官，使得士大夫與佛教之間出現另一條建立關係的管道。由於這件史事，智圓稱「我大宋太宗神功聖德文武皇帝欽承佛記，扶起墜風，由是象胥之學重光，能仁之道益振，闡揚之利，蓋不可得而思議焉。」並讚揚太宗對佛教有「繼絕存亡之道」。〔註 95〕

從智圓批評吳越古道淪喪，並認為宋朝有行王道的條件，可以看出智圓是以儒家的角度去評斷一個政權的正當性。為了更深入瞭解智圓是如何理解儒學，以及如何使用儒家的詞彙向當時的儒學家傳達他心中的「道」。

第五節　智圓的儒學研究

智圓對儒學的認識既深且廣，可分以下各點論述。

一、智圓對《六經》的看法

雖然智圓無意融合儒釋二學，但他研究儒學的主要目的也是為擴展佛學的內涵。他自言：「兼讀五經，以裨佛學。」〔註 96〕在〈謝吳寺丞撰閑居編序書〉〔註 97〕一文中，智圓概述了他覽讀《易》、《書》、《詩》、《春秋》之後的心得：

1. 《易》：智圓對《易》的看法是，「本乎太極，闢設兩儀，而五常之性韞乎其中矣。」因此《易》談「立天之道」，即所謂的陰與陽；言「立地之道」，即所謂的柔與剛；言「立人之道，即所謂的仁與義。至於五常，「其周孔之化源乎。」在他看來，五常是使天、地、人之道正常運作的基本工具。

2. 《書》：智圓讀過《書》之後，瞭解到「三皇以降，洪荒朴略，非百世常行之道，其言不可訓。」為此，聖人「以二帝三王之道作範於後代，尊揖讓，鄙干戈，故以二典首之也。」智圓從《書》中體察出湯、武有「救弊之德」，但他認為這終究「非仲尼之本志」。

3. 《詩》：智圓從《詩》之中則是得出人倫之大體。他說讀過《詩》之後，

<hr />

〔註 94〕李燾，《續資治通鑑長編》，卷 23，頁 522～523。
〔註 95〕釋智圓，〈佛翻經通紀序〉，《閑居編》，卷 10，頁 84。
〔註 96〕釋智圓，〈代元上人上錢唐王給事書〉，《閑居編》，卷 32，頁 145。
〔註 97〕釋智圓，〈謝吳寺丞撰閑居編序書〉，《閑居編》，卷 22，頁 119～120。

「乃知有天地然後有夫婦，有夫婦然後有父子，有父子然後有君臣。」夫婦象徵著陰陽兩儀，且爲三綱之首。因此智圓認爲這是《詩》第一首爲〈關雎〉的理由。

4. 《春秋》：智圓讀過《春秋》之後，知道「周室衰，狄人猾夏，平王東遷，號令不行，禮樂征伐，不出乎天子，而出乎諸侯也。」換言之，在王室衰微之後，「禮樂征伐」此等國家大事，竟由諸侯所把持而非周天子。職是之故，孔子「約魯史而修《春秋》，以賞罰貶諸侯討大夫，以正其王道者也。」

智圓也在其他的文章中談到他對《禮》、《樂》的看法：

5. 《禮》、《樂》：智圓認爲此二經同爲「安上治民，移風易俗之本。」至於二者相異之處，「禮主其減，樂主其盈，由禮檢而人所倦，樂和而人所歡。」所以「禮減而進，以進爲文；樂盈而反，以反爲文。」爲了使佛徒稍加明瞭，智圓說《禮》、《樂》的互補作用就如同佛家的禪慧與戒律。〔註98〕

由以上智圓的看法，可以知道他非常認同儒家經典對於重建社會秩序的功效。若依錢穆評論北宋初期儒士的理想，「即爲重整中國舊傳統，再建立人文社會政治教育之理論中心，把私人生活和群眾生活再紐合上一條線。」〔註99〕吾人也可在智圓身上感覺到相近的氣質。

二、智圓的《中庸》研究

中唐韓愈、李翱等人爲建立儒家的心性之學以對抗佛法，於是大談人之性情。如韓愈言性、情各有上、中、下三品，其中性有仁、禮、信、義、智，情則有喜、怒、哀、懼、愛、惡、欲。〔註100〕李翱承襲韓愈的性情論，並言及韓說未盡之處。他的《復性書》融合《中庸》的「性自誠明」與佛家的心性說，以下一段文字約可見其要旨：

> 聖人知人之性皆善，可以循之不息，而至於聖也。故制禮以節之，作樂以和之。安於和樂，樂之本也；動而中禮：禮之本也。……所以教人忘嗜欲而規性命之道也。道者，至誠也。誠而不息則虛，虛而不息

〔註98〕釋智圓，〈法濟院結界記〉，《閑居編》，卷13，頁93。
〔註99〕錢穆，《宋明理學概述》，頁21。
〔註100〕韓愈，〈原性〉，韓愈撰，馬其昶校注，《韓昌黎文集校注》，卷1，頁20。

則明，明而不息則照天地而無遺。非他也，此盡性命之道也。〔註101〕
李翱將《中庸》提升至空前的地位，為後世轉向內心世界開啟了重要的契機。
然而，《復性書》終究仍免除不了佛家之言，例如李翱說：「情者，性之邪也。
知其為邪，邪本無有，心寂不動，邪思自息。惟性明照，邪何所生又？」又
言：「無不知也，無弗為也。其心寂然，光照天地，是誠之明也。」〔註102〕
其說幾近佛家的禪定之法，是以朱熹評李翱「只是從佛中來。」〔註103〕

然而，《中庸》縱使如眾所皆知受到宋儒極大的重視，但在胡瑗的《中庸
義》以及范仲淹勸導後學研讀《中庸》之前，幾乎仍只是被視為《禮記》的
其中一篇。〔註104〕反之，智圓卻先於宋儒自《中庸》詮釋他的「中道」理論。

智圓《閑居編》卷 19 有〈中庸子傳〉。由智圓在該文的自序，可再次說
明他並不刻意強求儒釋融合，毋寧說儒釋「共為表裏」，因為「儒者飾身之教，
故謂之外典也；釋者修心之教，故謂之內典也。」〔註105〕儘管如此，智圓仍
試圖藉由《中庸》以尋找儒釋二學的共通之處。最後他找到龍樹的《中論》，
一部可以對照《中庸》的佛典。

智圓既自號「中庸子」，也常為佛門中人質疑。有人向他指稱佛家從未談
中庸之道，他卻回答：「中庸者，龍樹所謂中道義也。」接著他又說明所謂的
中道義，是「諸法云云，一心所變。心無狀也，法豈有哉。亡之彌存，性本
具也；存之彌亡，體非有也。非亡非存，中義著也。」〔註106〕於是他開始將
龍樹的《中論》與《中庸》裡頭的概念進行類比。

《中論》所揭示的是大乘佛教觀察一切現象的方法論，主張不偏執於有
或無。龍樹在開頭的一首偈說明《中論》的核心思想：「不生亦不滅，不常亦
不斷，不一亦不異，不來亦不出。能說是因緣，善滅諸戲論，我稽首禮佛，
諸說中第一。」〔註107〕關於對萬物的觀察，佛家本云：「若有色、無色、有形、

〔註101〕李翱，〈復性書上〉，《李文公集》，卷 2，收入於《景印文淵閣四庫全書》第
1078 冊，頁 107。
〔註102〕李翱，〈復性書中〉，《李文公集》，卷 2，頁 108～109。
〔註103〕朱熹，〈戰國漢唐諸子〉，黎靖德編，《朱子語類》，卷 137，頁 3276。
〔註104〕范仲淹曾勸「少喜談兵」的張載「儒者自有名教可樂，何事於兵？」並建議
他讀《中庸》，事見脫脫，〈張載傳〉，《宋史》，卷 427，頁 12723。
〔註105〕釋智圓，〈中庸子傳上〉，《閑居編》，卷 19，頁 110。
〔註106〕釋智圓，〈中庸子傳上〉，《閑居編》，卷 19，頁 110。
〔註107〕龍樹，鳩摩羅什譯，《中論》，卷 1，收入於《大正新修大藏經》第 30 冊，頁
1。

無形、有漏、無漏、有爲、無爲等諸法相，入於法性，一切皆空，無相無緣。」〔註108〕但所謂的色、形、漏、爲等仍是存在於世間的「實相」，爲免被誤解佛法將萬物皆視爲虛無，《中論》主張「爲引導眾生故，以假名說，離有無二邊，故名爲中道。」〔註109〕佛家向眾生說法即當離有離無，「若諸法中少決定有者，佛不應破有無；若破有，則人謂爲無。」〔註110〕此「非有非無」之說排除了二元化的極端，而成爲《中論》的中心思想。

　　中道義的精髓在於不受制於「無」或「有」兩個極端，是以智圓說：「非亡非存，中義著也。」這種不偏向二端，謹守中道的精神，相近於孔子的「過猶不及」之意。〔註111〕智圓以「中庸子」自居，自然力行中庸之道。因此，他曾經針對記鈔經文的問題，指出過去常有「失於煩」或「失於略」的情形。此二者都會使讀經的後學無法眞正理解經文。因此智圓希望「去斯二者，得乎中庸爲難能也。」〔註112〕

　　以此理解智圓的中庸思想，那麼當我們回到智圓同山家派的論爭中，山外主張一切觀心，卻遭到山家的問難。智圓說：「既了一切唯心，實無待對。唯心尚泯，內外豈存？」〔註113〕換言之，他認爲由於「心具」與「色具」之爭反而存在內與外的兩端。只有一切唯心，就會消融內外的偏見。由此可見，智圓將中庸的思維帶入了他對「心具」的詮釋。〔註114〕

　　實際上佛家與儒家對於中道的詮釋是存在於完全不同的語境。龍樹和智圓的中道是來自於「空」，當存在著「有」和「無」、「心」與「色」的對立，智圓認爲需要藉由中道予以消除。再者，既然以「空」爲出發，以天台義學來看，自然也不存在客觀的事實。這就與入世的儒家思想完全不同。但智圓試圖借用《中庸》的觀念，豐富了中道義的意涵。〔註115〕《中庸》是智圓建立「內學」的依據，他如此抬高《中庸》的地位，甚至高於儒家其他經典，

〔註108〕龍樹，鳩摩羅什譯，《中論》，卷1，頁3。

〔註109〕龍樹，鳩摩羅什譯，《中論》，卷4，頁33。

〔註110〕龍樹，鳩摩羅什譯，《中論》，卷3，頁20。

〔註111〕《論語・先進》：「子貢問：『師與商也孰賢？』子曰：『師也過，商也不及。』曰：『然則，師愈與？』子曰：『過猶不及。』」見朱子，《論語集註》，卷6，頁503～504。

〔註112〕釋智圓，〈盂蘭盆經疏摭華鈔序〉，《閑居編》，卷5，頁72。

〔註113〕釋智圓，《金剛錍顯性錄》，卷1，收入於《卍新纂續藏經》，第56冊，頁523。

〔註114〕參見賴永海，《湛然》，頁156～168；吳忠偉，〈智圓佛學思想研究〉，頁30～36。

〔註115〕漆俠，《宋學的發展與演變》，頁153。

不僅在佛門中實爲罕見，也有別於同時代注重《六經》之學的士大夫。〔註116〕

三、智圓對古文的見解

由〈送庶幾序〉一文可知智圓十分關注中唐以後的古文發展。在理論上他也接受了韓愈「文以載道」的主張。因此，他論文章寫作應當「宗古道而立言，言必明乎古道也。」道自然是指儒家的聖賢之道，與佛家甚無關聯。智圓對於古文的看法完全是從儒家的立場出發。同時，他也見到古文在宋初產生的一大弊端。

智圓說：「古文之作，誠盡此矣，非止澀其文字，難其句讀，然後爲古文也。果以澀其文字、難其句讀爲古文者，則老莊楊墨異端之書亦何嘗聲律耦對邪？」此言所指涉的正是宋初古文的流弊。

本章第二節曾敘及柳開一派的古文家因爲文風流於艱澀怪僻，並不被王禹偁等人所接受。柳開與其文章在宋初雖然不位於主流地位，但他仍受當代學者敬重，學子也盼得其美言。李迪（971～1047）曾經跟隨宋初另一位古文家种放（？～1015）學文，將到京師參加省試之前，种放便要李迪攜推薦書以及文卷訪見柳開。〔註117〕柳開爲宋初倡導古文的第一人也被宋儒所承認，故邵伯溫（1056～1134）言「本朝古文，柳開仲塗、穆修伯長首爲之唱，尹洙師魯兄弟繼其後。」〔註118〕因此，柳開的古文觀多少也影響到同時代的學者，尤其他崇尚揚雄《太玄》，使得當時古文有仿《太玄》晦澀深僻的情形。〔註119〕

智圓反對古文流於晦澀難讀的主張與王禹偁相近。王禹偁在閱讀張扶的行卷之後，便評論他學揚雄《太玄》之文並不是學習古文的正確途徑。他說張扶要舉進士，卻以「文比《太玄》，僕未之聞也。」又說張扶之文「語皆迂而艱也，義皆昧而奧也。」〔註120〕王禹偁對張扶之文的批評，和智圓論古文「非止澀其文字，難其句讀」有著相同的旨趣。

智圓對於文章之道的看法和古文家不謀而合。不管是關於古文或詩歌，

〔註116〕錢穆曾論：「自唐李翱以來，宋人尊《中庸》，似無先於智圓者。」在宋儒開始以四書建立起內聖之學以前，智圓已先一步自《中庸》踏進此一領域。見錢穆，〈讀智圓閑居編〉，《中國學術思想史》第5冊，頁30。
〔註117〕邵伯溫，《聞見錄》，卷7，頁149。
〔註118〕邵伯溫，《聞見錄》，卷15，頁218。
〔註119〕副島一郎，〈宋初古文和文風〉，頁152～153。
〔註120〕王禹偁，〈又答張扶書〉，《小畜集》，卷18，頁176。

他和古文家的都站在復古的路線上。〔註121〕因此，在儒家復興全面發展以前，智圓在古文這塊領域已經同士大夫相應和。

最後，值得注意的一點是，智圓有迥異於其他也對儒家友善的僧人之處，即他對韓愈的接受度。他對韓愈的闢佛表示理解，「浮圖之教果如洪水之為害也，而韓愈空言排斥且未聞掩其教，絕其嗣也。……韓愈〈諫佛骨〉忤主而斥逐遐荒，何能杜其源遏其流，以拯民之急耶？」〔註122〕韓愈闢佛的努力終究是以失敗收場。但智圓依舊不吝於給予韓愈讚美，稱他「口誦六籍之文。心味五常之道。乃仲尼之徒也。」他甚至鼓勵沙門應當向韓愈學習，以知忠孝禮義之道。〔註123〕智圓毫不掩飾自己對韓愈的認同與讚賞，其言論在當時的僧界中可說是相當罕見的。與智圓完全相反，在下一章當中，我們將見到契嵩如何力斥韓愈，甚至認為韓愈有違真正的聖賢之道。

第六節　小　結

宋初古文家與部分的經學家紹承中晚唐士大夫追尋「古道」的理想，而持續進行學術上的革新。韓愈的文學主張和排佛思想影響著宋初士人，柳開是其中一位代表。然而，儒家陣營並未一面倒地排斥佛教。以王禹偁為代表的古文家崇尚簡近的文體，而與柳開等人所造成的怪僻深澀的風格有所區別。這些古文家對於佛教的態度不一，但多半注意到佛教在社會上的設施反而產生經濟民生方面的弊害。此外，作為宋初具有影響力的文學集團，西崑派則相當親近佛教，幾位中心人物也擔任過譯經院的潤文官，而楊億、晁迥等成員也多能博綜儒釋二學。

宋初經學呈現過渡期的色彩。儘管官方注疏仍是多數學者堅持的標準本，但為了振興王道之治的理想，以及基於唐末五代武人政治的歷史經驗，中唐新《春秋》學派的經學思想也影響到宋儒，這點在孫復的身上可得到映證。此外，胡瑗與范仲淹也多留意經書的治道功能，且同時要求弟子修身正心，許多後學頗受其影響。《易》也是當時學者研究甚篤的另一部經典，並萌生新的研究取向，進而成為經學家主張尊君與明人倫的理論基礎。

〔註121〕魏鴻雁，〈宋初僧人對北宋文學革新的認識與回應——以釋智圓和釋契嵩為中心的考察〉，頁69～70。

〔註122〕釋智圓，〈駁嗣禹說〉，《閑居編》，卷28，頁135。

〔註123〕釋智圓，〈師韓議〉，《閑居編》，卷28，頁136。

在宋初的佛教界，智圓主張尊《中庸》、學韓文是顯得相當獨特的，如北宋吳處厚曾指出：「近世釋子多務吟詠，唯國初贊寧獨以著書立言尊崇儒術為佛事。」〔註124〕可知在智圓之前，贊寧以沙門的身份尊崇儒術即為少數的個案；也正因為對儒學有所認識，贊寧才會寫出〈駁董仲舒繁露〉、〈難王充論衡〉、〈非史通〉等駁論漢唐儒學的文章。至於智圓則進一步從經學與文學的角度理解當代儒學的發展，並且熱切研究《中庸》，儘管也是為解釋天台山外派的「心具」說。

智圓也與宋初的經學家有著相同的看法：實現王道是研究五經的目的之一。因此他指出孔子「約魯史而修《春秋》，以賞罰貶諸侯討大夫，以正其王道者也。」他主張古文應當「言必明乎古道」更與唐宋古文家立場一致。他還看到了因為過於講究古文的形式，而偏向晦澀難讀的文風。總括而言，雖然智圓身為一介沙門，但我們能在他身上見到唐宋之際儒學變化的縮影。

〔註124〕吳處厚，《青箱雜記》，卷6，頁61。

第四章　北宋前期的排佛論與契嵩

第一節　前　言

　　上一章已陳述天台僧智圓與當時儒學的關係。智圓接受《中庸》，並以此喻佛教的中道。他也對當時的古文進行評論，並贊同自韓愈以降「文以載道」的寫作精神。儘管面對部分士大夫對佛教挑戰，智圓並沒有積極地對抗排佛的言論。當然，智圓沒有採取反排佛的行動，或許也因爲當時士大夫並未凝聚出闢佛的共識有關。如上章所提及的，與智圓同時代的文人有如楊億、劉筠等西崑派作家出入佛法禪學，即使是秉持彰顯聖人之道的古文家，對佛教的態度也各不相同。

　　然而，接近十一世紀中葉，政治改革派的士大夫抬頭，他們希望以具體的政治措施實現重建人文秩序的理想。觀范仲淹的〈答手詔條陳十事〉，可以見其希望落實聖人教化萬民的理想。例如主張「精貢舉」，藉改善選人之制，使學子「知聖人治身之道，則國家得人，百姓受賜。」又談及「厚農桑」的基本精神即爲「聖人之德，惟在善政；善政之要，惟在養民；養民之政，必先務農。」范仲淹的十項改革政策正是重建人文秩序的具體方法。〔註1〕

　　由於佛教的影響已根深蒂固，一方面政府時而耗費國用以造佛寺，一方面底層人民也皈依佛教而是致使勞動人口減少。因此，儒家陣營不得不將佛教視爲重建人文秩序的阻礙。歐陽修、李覯等人皆著文以申明佛教的弊害。

〔註1〕　范仲淹，〈答手詔條陳十事〉，《范文正公政府奏議》，卷上，收入於《范仲淹全集》（南京：鳳凰出版社，2004年），頁473～486。

本章第三節將論及此一主題。

面對排佛人士的挑戰，和智圓同樣遍讀三教經典的雲門禪僧契嵩，挺身護法以對抗排佛聲浪。習讀內外之典的契嵩以自身對儒家中庸和禮義的理解，會通禪宗與華嚴的心性論，提出佛教以及百家亦有聖人的看法。此一主題將在第四節得以詳述。

無論是儒家士大夫的闢佛，或契嵩的護法，皆自慶曆後的儒學復興而起，因此以下從經學的角度論述儒學復興的展開。

第二節　排佛論的學理基礎：慶曆後的經學復興

慶曆（1041～1048）年間，一群有志改革的人士主導宋朝的政局。由於對西夏用兵不利，慶曆三年（1043）宋仁宗罷保守派的呂夷簡（979～1044），任范仲淹爲參知政事，富弼（1004～1082）、韓琦（1008～1075）爲樞密副使。儘管慶曆新政爲時一年便告終，但以范、富、韓三人爲首的新一代士人成爲儒家陣營在政壇上的首腦；在學術界最具影響的人物則是歐陽修，他對於宋代詩文風格的轉變扮演重要的角色。歐陽修成爲古文運動的領袖是自北宋中期以後就形成的共識。

儒學復興在許多方面同步發展，本節以經學爲例，敘述儒學復興的其中一種實態。筆者在上一章曾論述宋初經學家基於經世致用與尊王攘夷的理想，引發對《易》、《春秋》等經典的興趣。胡瑗的《周易口義》、《洪範口義》與孫復的《春秋尊王發微》皆是其中的代表著作。他們對漢唐傳注抱持著懷疑的態度，並試圖以自己的想法對所謂的「聖人之意」重新詮釋，如范仲淹在《易義》中即體現出這樣的特色。王洙（997～1057）便曾經如此評論當時治經的風氣：「學者解經，或有改字就義者，非先儒闕疑之旨，往往自取義。」〔註2〕

范仲淹與宋初三先生等碩儒都在仁宗朝持續著提攜或教導後輩的工作，如胡瑗在嘉祐初年（1056）「擢太子中允、天章閣侍講，仍治太學。既而疾不能朝，以太常博士致仕，歸老於家。」〔註3〕他們治學的精神與經世的理想爲下一個世代的儒生所繼承。

儘管宋初已有疑經的情況，然而直到慶曆以後，宋儒才大開疑經和改經

〔註2〕　王欽臣，《王氏談錄》，收入於《全宋筆記第一編之十》，頁177。
〔註3〕　脫脫，〈胡瑗傳〉，《宋史》，卷432，頁12387。

的風氣，治經不再墨守注疏。〔註4〕這些學者當中，歐陽修針對《詩》、《易》、《春秋》，李覯針對《周禮》與《易》，完全拋棄舊說，直接以己意探求聖人的意旨；劉敞則更全面地批評《書》、《毛詩》、《周禮》、《儀禮》、《禮記》、《公羊春秋》和《論語》等十部經書。

一、歐陽修質疑經傳

歐陽修在經學的研究成果，展現出北宋儒學復興運動最具創造性的一面，也說明何以他能成為北宋中期以前代表人物。正如劉子健所指出的，「歐陽修破除章句注疏的束縛，大膽主張從經文本身尋求經旨大義。」〔註5〕歐陽修疑經的治學精神，加上他在宋儒之間的影響力，即使他的經學著作不如劉敞眾多，但他在宋代經學史的重要性不下於後者。

關於歐陽修治經的特色大致可歸納為有三點，第一點是他認為研讀經典，無須過於遷就前輩學者的傳注與觀點，最重要的是以自己的想法探求古代聖賢的本意，而能提出新的見解。歐陽修指出後世學者過於鑽研章句之學問，卻失去聖人的意旨。在一封給友人的書信中，他感嘆：「世無孔子久矣，《六經》之旨失其傳，其有不可而正者，自非孔子復出，無以得其真也。」〔註6〕他認為過去經學研究者並未體悟到《六經》的意旨。因此，他認為跳脫傳統的傳注，以己意解經，才能夠把握住《六經》中的聖人之意。

他對於這種無師自通的解經方式頗有自信，說道：「若余者可謂不自量力矣，邈然遠出諸儒之後，而學無師授之傳，其勇於敢為而決於不疑者，以聖人之經尚在，可以質也。」〔註7〕歐陽修所以能完全不受傳注的束縛，可能與他並非出身於儒門世家的背景有關。他自言：「如脩之愚，少無師傅，而學出

〔註4〕　南宋以後許多學者即認為宋儒不守章句注疏，以己意創造經旨的風氣使於慶曆以後。見吳曾，《能改齋漫錄》（臺北：木鐸出版社，1982年），卷2，頁28；王應麟，翁元圻注，《翁注困學紀聞》，卷8，頁40；葉國良，《宋人疑經改經考》，頁139～146。

〔註5〕　劉子健，《歐陽修的治學與從政》（臺北：新文豐，1984年），頁3。另外，劉子健也指出儒學復興運動在政治改革的作為，使得新經學得以藉由科舉與學校制度而發揮影響力。歐陽修在這過程當中扮演重要的角色。見James T.C. Liu, Ou-yang Hsiu: An Eleventh-Century Neo-Confucianist.（Stanford: Stanford University Press , 1967），pp.85-99.

〔註6〕　歐陽修，〈答宋咸書〉，《歐陽修全集》，卷47，頁666。

〔註7〕　歐陽修，〈易童子問〉，卷3，《歐陽修全集》，卷78，頁1119。

己見。」〔註8〕可知歐陽修治經不受舊學之累，是以每當研究經義能得出新見解。尤其歐陽修對於《詩》的創見影響了宋代《詩》學，「自唐以來，說《詩》者莫敢議毛、鄭，雖老師、宿儒，亦謹守小序。至宋而新義日增舊說俱廢。推原所始，實發於修。」〔註9〕歐陽修對毛、鄭的詩學提出質疑，指出其不合理的謬誤，是宋代經學的一大突破。〔註10〕

歐陽修不僅認為傳注有違聖人之意，有時也懷疑經典本身的真實性。例如，站在史學的角度上，歐陽修認為《周禮》所記載的官制過於繁複，不可能出現於周代。〔註11〕在他之後，宋儒也相繼對《周禮》提出質疑。到了南宋，葉適對於《周禮》的考證，即來自歐陽修的觀點。〔註12〕

《中庸》則是另一部同樣受到歐陽修質疑的經典。對於這部衍生出儒家心性論的著作，歐陽修批評甚力。他的看法是，《中庸》既出於子思之手，儘管子思是孔子的後人，但其說「有異乎聖人者」。更重要的是，他說孔子主張必須學然後知，但《中庸》卻宣稱「自誠而明，不學而知之」，違背聖人之意。因此，他說：「若《中庸》之誠明不可及，則怠人而中止，無用之空言也。」〔註13〕在《中庸》逐漸受到宋儒重視的時代潮流中，歐陽修對該書的質疑是比較少見。正由於歐陽修排斥「道德性命」，也使得理學家對他的評價不如同時代的宋儒。〔註14〕

對於經傳的普遍懷疑是歐陽修治經的基本態度。他曾經感嘆「學者知守經以篤信，而不知偽說之亂經也。」所以當他以新解罷黜舊說，那些承襲傳注已久的學者皆為之駭然。〔註15〕歐陽修談及此事時不免略帶自負之意，但

〔註8〕 歐陽修，〈回丁判官書〉，《歐陽修全集》，卷58，頁993。

〔註9〕 永瑢，《四庫全書總目提要・經部・詩類一》，卷15，頁297。

〔註10〕 歐陽修認為，作為《詩》學權威的「毛、鄭二學，其說熾辭辯固已廣博，然不合于經者亦不為少，或失於疏略，或失於謬妄。」見歐陽修，〈詩解統序〉，《歐陽修全集》，卷61，頁884。

〔註11〕 歐陽修，〈問進士策三首之一〉，《歐陽修全集》，卷48，頁673～674。

〔註12〕 據葉國良的統計，質疑《周禮》部分或全部並非周公所作者，可考得三十一人。有人認為是劉向、歆父子所作，亦有人只確認並非是周公的著作。見葉國良，《宋人疑經改經考》，頁97～107。

〔註13〕 歐陽修，〈問進士策三首之三〉，《歐陽修全集》，卷48，頁675～676。

〔註14〕 余英時，《朱熹的歷史世界》（臺北：允晨文化，2003年），頁72。不僅理學家，北宋中期已有比歐陽修晚生一個世代的士人，認為他將因不言性命而遭後世非議。見王得臣，《麈史》，卷中，頁38。

〔註15〕 歐陽修，〈廖氏文集序〉，《歐陽修全集》，卷43，頁615。

可以想見在此之前即使胡瑗、范仲淹、孫復等學者已新創經旨，但疑經的風氣尚未完全形成。與宋初的古文家相同，歐陽修也追尋古代聖賢的「道」，只不過他在經學上建立起新的方法論。換言之，爲了尋求聖人的本意，歐陽修主張任何不是經由聖人所著述的典籍，都應該接受懷疑與批判。這就是爲何他會捨棄漢唐注疏，以自己的想法重新詮釋經典的原因。

歐陽修治經的第二點特色，則與他在散文上因尹洙的影響而提倡的「簡古」一致。他希望闡述聖人意旨的經文，必須是簡易且清晰的。在回應徐無黨的書信中，歐陽修說：「凡今治經者，莫不患聖人之意不明，而爲諸儒以自出之說汨之也。今於經外又自爲說，則是患沙渾水而投土益之也，不若沙土盡去，則水清而明矣。」〔註16〕歐陽修認爲，治經者若不以簡明的文字將經義闡述出來，後學則無法實踐聖人之道。舉例而言，歐陽修稱《繫辭》爲非聖之作。〔註17〕他所以如此認爲，是因爲其文可說是「繁衍叢脞之言」。反之，「孔子之文章，《易》、《春秋》是已，其言簡，其義愈深。」《繫辭》非孔子所作，無法達到經過孔子之手的《易》和《春秋》那般「言簡義深」。另一反例則是《中庸》。歐陽修質疑《中庸》的說法，不贊成人之道光是一味自求心性誠明即可達致的，這樣的經義不但失之明確且容易流於空談。同樣的問題也發生在《春秋》三傳，歐陽修評論《春秋》與三傳的差異：「經簡而直，傳新而奇，簡直無悅耳之言，而新奇多可喜之論，是以學者樂聞而易惑也。」〔註18〕歐陽修認爲春秋三傳少了《春秋》簡易的原則，卻多了新奇的見解，使得後學反而更感困惑。因此，他認爲在解釋經義的方法上，必須要推廣「簡易」的原則。歐陽修治經的這點原則，也影響到其他的宋儒。〔註19〕

歐陽修治經的第三點特色則是認爲經義必本於「人情」。他在〈縱囚論〉中的一段話可表明其想法：「不可爲常者，其聖人之法乎？是以堯、舜、三王之治，必本於人情，不立異以爲高，不逆情以干譽。」〔註20〕此言之意，一者爲聖人之道必爲常法，二者爲聖人之道必不逆於「人情」。同樣地，如果闡述聖人之道

〔註16〕歐陽修，〈答徐無黨第一書〉，《歐陽修全集》，卷70，頁1011。

〔註17〕「童子問曰：『繫辭非聖人之作乎？』曰：『何獨《繫辭》焉？《文言》、《說卦》而下，皆非聖人之作，而眾說淆亂。亦非一人之言也。……』」歐陽修，《易童子問》，卷3，頁1119。

〔註18〕歐陽修，〈春秋論上〉，《歐陽修全集》，卷18，頁306。

〔註19〕曾建林，〈宋代經學的轉型與歐陽脩經學的特點〉，收入《浙江大學學報》（人文社會科學版）第32卷第2期（杭州，2002年3月，頁158。

〔註20〕歐陽修，〈縱囚論〉，《歐陽修全集》，卷17，頁289。

的經文違這兩個原則，就應該懷疑經書的正當性，或者是傳注可能對經文本身有所誤解。歐陽修爲孔子著作的《春秋》的原則，就是「本於人情」。「孔子何爲而修《春秋》？正名以定分，求情而責實，別是非，明善惡，此《春秋》之所以作也。」〔註21〕經文既需有簡易的原則，那就意謂著必定合乎人情。倘若爲違逆人情，人們自然也無法實踐。以歐陽修的想法而言，唐宋古文家所探求的「道」不是存在於天地自然的循環中，而是眞實呈現在人情事理當中。

二、李覯講究經世致用

李覯是一位對政治社會改革提出許多建設性想法的學者。他並不空談性命之理，而認爲禮才是主導「性」之所向的原則。〔註22〕與歐陽修的看法相近，李覯也主張從經典推敲人事的常理，以求經世致用的功效。他以過去治《易》的學者爲例，指出：「聖人作《易》，本以教人，而世之鄙儒，忽其常道，竟習異端。」〔註23〕李覯的批評比之歐陽修又更直言不諱了，但這段話也表明他完全捨棄舊說，因爲過去的傳注忽略了《易》所要闡明的「常道」。

《禮》是李覯最注重的經典，原因正如他在〈禮論〉所說的：「夫《禮》，人道之準，世教之主也。聖人之所以治天下國家，修身正心，無他，一於禮而已矣。」〔註24〕《禮》的治道功能正是他所重視的部分。他通讀《禮》之後，提出其中的七項原則：樂、政、刑，爲「禮之三支」；仁、義、智、信，爲「禮之四名」。〔註25〕傳統儒家將仁、義、禮、智、信並列爲人之五常，李覯將「禮」獨立出來，主要是強調「禮」有化性爲仁、義、智、信的功用。李覯將「禮」的範圍包攝樂、政、刑以及仁、義、智、信等概念，將「禮」的地位抬高至建立人間秩序的最高法則。因此，他的重禮思想被認爲是延續

〔註21〕歐陽修，〈春秋論中〉，《歐陽修全集》，卷18，頁307。

〔註22〕李覯並非避談「性」，而是持荀子對性的看法。他說：「聖人率仁、義、智、信，會而爲禮，禮成而後仁、義、智、信可見矣。仁、義、智、信者，聖人之性也。禮者，聖人之法制也。性畜於內，法行於外，雖有其性，不以爲法，則曖昧而不章。」此說與荀子所謂「聖王以人之性惡，……是以爲之起禮義，制法度，以矯飾人之情性而正之，以擾化人之情性而導之也。」的說法相近。見李覯，〈禮論第四〉，《李覯集》，卷2，頁11；荀子，〈性惡〉，王先謙，《荀子集解》（北京，中華書局，1988年），卷17，頁435。

〔註23〕李覯，〈易論第一〉，《李覯集》，卷3，頁27。

〔註24〕李覯，〈禮論第一〉，《李覯集》，卷2，頁5。

〔註25〕李覯，〈禮論第一〉，《李覯集》，卷2，頁7。

《荀子》的概念。〔註26〕

　　李覯將他從《禮》得出的心得，寫成五十一篇的〈周禮致太平論〉，另有〈富國〉、〈強兵〉、〈安民〉等各十首，以及〈平土書〉，皆是富國養民的政治學說。〔註27〕基於佛老之說盛行於世，李覯與歐陽修同樣對此感到憂心忡忡，他向國家提出以《周禮》爲基礎的治國方策，不外乎希望宋朝能往禮教國家的理想邁進。基於經世濟民的理想，他與歐陽修相同，對於佛教擾民的現象感到憂心。然而，在合乎儒家仁義原則的情況下，他也會對佛教徒展現寬容的態度。在爲一位受士大夫敬重的僧人可栖所撰寫的〈撫州荼園院記〉，李覯如此評論當時的佛教和可栖：

> 浮屠人盡心於塔廟，固其職耳。能不以禍福誘脅，殫吾民之力者，
> 蓋未之見。今栖以醫書售其得財，乃自奉其法而不掠餘人，且厚其
> 弟以安乎母，不離吾孝友之道，言乎其黨，抑可尚已。〔註28〕

相對於希望佛徒能夠安份於社會秩序，李覯不以道德性命向佛教對抗。他並不是不知道這部份可以在儒家經典中獲得解答。他曾舉出《系辭》、《樂記》、《中庸》等書也有闡述性命旨趣的文字。〔註29〕然而，對李覯而言最重要的是，儒家陣營唯有推行禮、樂、刑、政的王政之道，才能成就以儒家爲本位的國家。

　　李覯也將議題觸及至「義利」之辨，認爲過去儒者將「義」無限上綱，卻避「利」唯恐不及。基於此一立場，他不贊成孟子反對「利」的傾向，並且說：「焉有仁義而不利者乎？」〔註30〕李覯認爲霸道亦有可取之處，而並非一定劣於王道。由於以上的觀點，加之他提出許多建設性的富民之論，因而被認爲是宋代功利學派的先驅者之一。〔註31〕他與歐陽修同樣是大膽挑戰就

〔註26〕見謝善元，《李覯之生平及思想》（北京：中華書局，1988 年），頁 116～120；夏長樸，〈李覯的重禮思想及其與荀子的關係〉，《臺大中文學報》第 2 期（臺北，1988 年 11 月），頁 265～282。

〔註27〕謝善元推測李覯可能於慶曆元年（1041）寫完〈富國〉、〈強兵〉、〈安民〉等策論。此外，李覯自己也表明在慶曆三年（1043）便已撰成〈周禮致太平論〉。見謝善元，《李覯之生平及思想》，頁 69～70、72。

〔註28〕李覯，〈撫州荼園院記〉，《李覯集》，卷 24，頁 266。

〔註29〕李覯，〈邵武軍學置莊田記〉，《李覯集》，卷 23，頁 252。

〔註30〕李覯，〈原文〉，《李覯集》，卷 29，頁 326。

〔註31〕參見胡適，〈記李覯的學說〉，《胡適文存二集》，卷 1，收入於歐陽哲生，《胡適文集》第 3 冊（北京：北京大學出版社，1998 年），頁 25～40；蕭公權，《中國政治思想史》（臺北：聯經出版事業公司，1982 年），頁 483～487；漆俠，《宋學的發展與演變》，頁 259～282；謝善元，《李覯之生平及思想》。

說的經學家，駁斥傳統儒家過份空談仁義的缺失，因此感嘆「孔子之言滿天下，孔子之道未嘗行。」〔註32〕

三、劉敞以己意解經

歐陽修與李覯的治經精神在劉敞的研究成果中則更是發揮到極致。他全面批判儒家經典，在其代表作《七經小傳》之中，不受傳統傳注的拘束，逕自以新意疑經、改經。經學史家對《七經小傳》給予相當高的評價，「在宋代經學發展中成為一代學風轉變的標誌」。〔註33〕劉敞的重要性在於他是第一位進行「改經」的宋儒，而其後王安石所作的《三經正義》即被認為是沿襲劉說。〔註34〕

《七經小傳》針對《書》、《毛詩》、《周禮》、《儀禮》、《禮記》、《公羊》與《論語》進行評論。劉敞另有《春秋權衡》和《易外傳》等著以剖析《春秋》三傳與《周易》。在這些作品當中，劉敞毫無保留地表現出他對前儒治經成果的不滿。以《春秋》為例，劉敞批評三傳「其善惡相反，其褒貶相戾，則是何也？非以其無準，失輕重耶。」三傳善惡褒貶的標準不一，會致使後人解讀《春秋》時產生誤解。他又抨擊董仲舒（公元前179～前104）和劉歆（公元前50～23）以降的學者「害公議」、「妨大道」，他們的看法也不能作為議論《春秋》的準則。〔註35〕對於《詩》，與歐陽修相同，劉敞也對〈詩序〉抱持懷疑的態度，認為〈詩序〉稱子夏（前507～？）改變風、雅的說法實為謬誤而不可信。〔註36〕此外，劉敞對於文本的訛誤多有指正。例如，他指出《古文尚書》中的〈九共〉，「共」應當「丘」字，蓋古文之「丘」形似「共」而致誤傳。〔註37〕

〔註32〕李覯，〈潛書〉，《李覯集》，卷20，頁220。

〔註33〕吳雁南，《中國經學史》，頁297。

〔註34〕南宋人吳曾有言：「國史云：『……至劉原父（敞）為《七經小傳》，始異諸儒之說。王荊公（安石）修經義，蓋本于原父云。』」見吳曾，《能改齋漫錄》（臺北：木鐸，1982年），卷2，頁28。又參見永瑢，《四庫全書總目提要‧經部‧五經總義類》，卷33，頁664～666。

〔註35〕劉敞，〈春秋權衡序〉，《公是集》（臺北：新文豐，1984年），卷34，頁409～410。

〔註36〕劉敞，〈毛詩〉，《七經小傳》，卷上，收入於《景印文淵閣四庫全書》第183冊，頁9。

〔註37〕劉敞，〈尚書〉，《七經小傳》，卷上，頁4。

　　對於性的看法，劉敞認爲孟子與荀子二人的說法皆有可議之處。如孟子主性善，言人之性皆可爲堯舜，但劉敞說無論是堯、舜、周公或孔子在世之時，也都各只有一個堯、舜、周公、孔子在世上，人若只是有善性，如何都能成爲堯舜。至於荀子談人性惡，其善者僞，劉的立場即認爲人性必善，因此古人不可能「教人反其性、背其眞而爲道」。是故，劉敞雖主性善，卻也無法贊同孟、荀任何一方對人性的觀點，而揚雄、韓愈等人的看法也被劉敞予以否定。〔註 38〕劉敞根據經典主性善說，以這點而言，就與避談性命之說的歐陽修及以太極五行說比喻人之性情的王安石有顯著的差異。〔註 39〕

　　劉敞的經學評論乃先立於文本與傳注的眞僞與得失，然後才以己意解讀群經。因此，劉敞是北宋諸儒中最能代表「總論群經」特色的學者，也是著有《六經論》的蘇洵（1009～1066）所不能及。〔註 40〕另一方面，劉敞以己意解經的風格被認爲是下開南宋「臆斷之弊」的主因。〔註 41〕

四、慶曆後的經學諸家

　　歐陽修對詩經的新解與劉敞的《七經小傳》標誌著宋儒創發新意的時代。在同時期的學者當中，蘇洵、司馬光與王安石等人也各有不同於傳統注疏的解經風格。由於蘇洵的學術特點爲其子蘇軾與蘇轍所繼承，因此以下將蘇氏父子的經學成就一同論述。

　　三蘇父子治經皆重《易》。蘇洵於〈《六經》論〉中的第一篇〈易論〉說：「聖人之道，得禮而信，得《易》而尊。……故聖人之道所以不廢者，禮爲之明而《易》爲之幽也。」〔註 42〕他在晚年苦心潛研《易》，據蘇轍所言：「先君晚歲讀《易》，玩其爻象，……作《易傳》，未成。疾革，命公（蘇軾）述其志。」〔註 43〕蘇軾除紹述父業，完成《易傳》之外，也有數篇散文談及他對《易》的理解。或許受到歐陽修與李觀的影響，蘇軾治經也認爲不該背離

〔註 38〕劉敞，〈論性〉，《公是集》，卷 46，頁 549。

〔註 39〕錢穆，《宋明理學概述》，頁 17～18。

〔註 40〕吳雁南等，《中國經學史》，頁 296～301。

〔註 41〕永瑢，《四庫全書總目提要‧經部‧五經總義類》，卷 33，頁 665～666。

〔註 42〕蘇洵，〈易論〉，蘇洵、曾棗莊、金成禮箋注，《嘉祐集箋注》（上海：上海古籍出版社，1993 年），卷 6，頁 142。

〔註 43〕蘇轍，〈亡兄子瞻端明墓誌銘〉，《欒城後集》，卷 22，收入於蘇轍，《蘇轍集》（北京：中華書局，1990 年），頁 1127。

人情。以義、利之辨爲例，他認爲兩者不可截然而分，因此有「利者，義之和也」、「義非利，則慘列而不和」之語。〔註44〕《四庫全書總目提要》總結《東坡易傳》在兩宋以後所獲得的評價，仍頗受認可，如朱熹所不取的傳文僅十四條，又說東坡於「物理」亦有獨到之處，而《提要》總評爲：

> 其書如解乾卦象，傳性命之理諸條，誠不免杳冥恍惚，淪於異學。
> 至其他推闡理勢，言簡意明，往往足以達難顯之情，而深得曲譬之
> 旨。蓋大體近於王弼，而弼之說惟暢元風；軾之說，多切人事。其
> 文辭博辨，足資啓發，又烏可一概屏次耶？〔註45〕

此段評論也凸顯出蘇軾因善用文字而使卦義得以簡明。因此文人治經雖多有附會之嫌，但也更能透過文學能力使讀者易於理解經旨。

至於蘇轍論《易》，則以《中庸》爲輔，申明陰陽爲道，中和爲性，「性者，道之所寓也。道無所不在，其在人爲性。」〔註46〕蘇轍將《易》與《中庸》結合，而蘇軾則在《易傳》之中明顯地參雜佛老思想。依朱熹的見解，是因爲蘇軾見其父解經過於龐疏，而以王輔嗣（226～249）的注和佛老之說增補之。但朱熹也指出其實蘇洵探得物理的精妙。〔註47〕

三蘇治經的另一特點是他們鑑古明今的史才。他們父子寫作不少以經書爲理論基礎的史論，頗受當代學者推重，如歐陽修稱讚蘇洵「大究《六經》、百家之說，以考質古今治亂成敗、聖賢窮達出處之際，得其粹精，涵蓄充溢，抑而不發。」〔註48〕由於重視歷史的經驗法則，三蘇也對《春秋》用功甚深。蘇洵比較《春秋》與其餘五經的差異，在於它也是一本史書。他說：

> 夫《易》、《禮》、《樂》、《詩》、《書》。言聖人之道與法詳矣，然弗驗
> 之行事。仲尼懼後世以是爲聖人之私言，故因赴告策書以脩《春秋》，
> 旌善而懲惡，此經之道也。猶懼後世以爲己之臆斷，故本《周禮》
> 以爲凡，此經之法也。〔註49〕

蘇氏父子以蘇轍的《春秋集解》爲最有系統的著作。自新《春秋》學派主張

〔註44〕蘇軾，〈乾卦‧文言〉，《東坡易傳》，卷1，收入於《景印文淵閣四庫全書》第9冊，頁5。
〔註45〕永瑢，《四庫全書總目提要‧經部‧易類一》，卷2，頁14～15。
〔註46〕蘇轍，〈易說〉，《欒城三集》，卷8，收入於蘇轍，《蘇轍集》，頁1224。
〔註47〕朱熹，〈論後世易象〉，黎靖德編，《朱子語類》，卷67，頁1675～1676。
〔註48〕歐陽修，〈故霸州文安縣主簿蘇君墓誌銘〉，《歐陽修全集》，卷35，頁513。
〔註49〕蘇洵，〈史論上〉，《嘉祐集箋注》，卷9，頁229。

捨傳求經，北宋孫復跟進，又劉敞所著《春秋意林》等著「多出新意」，而王安石以《三經新義》為科考的依據，忽略《易》與《春秋》，《春秋》傳注逐漸式微。因此蘇轍反以《左傳》為本，兼採啖助、趙匡之說，寫成《春秋集解》，得到「雖以臆度解經，然亦得失互見」的評價。〔註50〕

三蘇長於議論與文采的特點也表現在蘇軾的《東坡書傳》，朱熹認為該書雖失之簡疏，但「亦有只消如此解者」，並給予「文勢好」、「文義得處較多」等正面的評價。〔註51〕蘇轍也將文學特長發揮在《詩集傳》當中，該著與歐陽修的《詩本義》都頗受朱熹的好評，唯朱熹認為歐陽修以當代的文章解《詩》意反而顯出其侷限性，不如蘇轍「疏放」。〔註52〕蘇轍《詩集傳》的成就使他被認為與歐陽修同樣是別開新解的先河，以致於「鄭樵、周孚之後，爭端大起。」可見其影響力。〔註53〕

司馬光在經學上的突破性成就主要在於《孝經》。《古文孝經指解》是將他與范祖禹的學說合編成一部的《孝經》注本。在此之前的《孝經》一直存在著今、古文之爭，直到《古文孝經指解》一出，此後宋代注《孝經》的學者「駁今文而尊古文」，顯見該著的影響力。〔註54〕司馬光屢向皇帝進呈《古文孝經指解》，其用意無非寄望人主能修心齊家，以為治國之本。〔註55〕他主張「君子」當以修心為要，說道：「君子從學貴於博，求道貴於要。道之要，在治方寸之地而已。」〔註56〕因此，基於這樣的想法，司馬光也十分留意《大學》、《中庸》，並著有《大學中庸義》。儘管司馬光注重心性之學，但他卻是除李覯之外，另一位駁斥《孟子》的儒家學者。從他所著的《疑孟》觀察，可知司馬光主要是從「尊君」的立場，批判孟子主君權非獨尊的說法，他說「君臣之義，人之大倫也。……豈得云彼（王）有爵，我有德、齒，可慢彼哉？」〔註57〕他認為即使臣民的道德、年齒高於君王，亦不得否定後者的尊貴地位，不然則人之大倫將因君臣地位倒置而脫序。另一方面，由於孟子對

〔註50〕永瑢，《四庫全書總目提要‧經部‧春秋類一》，卷26，頁531。
〔註51〕朱熹，〈尚書‧綱領〉，《朱子語類》，卷79，頁1986。
〔註52〕朱熹，〈解詩〉，《朱子語類》，卷80，頁2089。
〔註53〕永瑢，《四庫全書總目提要‧經部‧詩類二》，卷16，頁314。
〔註54〕永瑢，《四庫全書總目提要‧經部‧孝經類》，卷32，頁650。
〔註55〕吳雁南等，《中國經學史》，頁310~311。
〔註56〕司馬光，〈中和論〉，《傳家集》，收入於《景印文淵閣四庫全書》第1094冊，頁592。
〔註57〕司馬光，〈齊宣王問卿〉，《疑孟》，收入於《傳家集》，卷73，頁664。

於君臣關係的看法受到王安石的認同，因此學界也出現將司馬光反孟的言論與其反對變法的作為聯繫起來的說法。〔註58〕

司馬光也將不少心力用在《易》學上。因此他作《易說》、注《繫辭》；重視揚雄的學說，注《太玄》並仿效該著而作《潛虛》一書。基於儒家的歷史意識，司馬光也深受《春秋》的影響。他編纂《資治通鑑》的目的乃有意效法孔子振綱紀、正名分，並且說：「天子之職莫大於禮，禮莫大於分，分莫大於名。」他特重君臣與萬民的名分，認為貴賤、親疏有別而不可亂。〔註59〕對於《春秋》，司馬光抱持絕對尊奉的態度，在經義上並無值得注意的創見，對於三傳的看法比之歐陽修、劉敞等人較之保守。〔註60〕

身為熙寧變法的主持者，王安石對於講述國家體制的《周禮》最有心得。王安石《三經新義》中的《周官新義》正是他改革朝政的理論基礎，同時也是唯一由他親手撰述的經注。然而安石此作頗受詆責，他本欲借重《周禮》經義，使其富國之策具有理論基礎，但是他也瞭解《周禮》有不合時宜之處，加之與民爭利的想法無法迎合多數的儒家份子，因此「附會經義，以鉗儒者之口。」〔註61〕即使如此，因為王安石以《三經新義》作為科考的範本，對於兩宋經學的影響實不下於劉敞的《七經小傳》。

王安石所以為《周禮》等三經訓義，無非也是尋求聖賢之道。以他自己的話來說，即「放其言之文，君子以興焉；循其道之序，聖人以成焉。」〔註62〕因此，王安石在《三經新義》中仍試圖闡明儒家的「先王之道」，終究與同樣致力於儒學復興運動的士大夫具有相同的抱負，不該因其政治立場質疑《三經新義》的寫作初衷。〔註63〕同樣地，王安石在晚年寫出充斥佛老之言的《字說》，以致生穿鑿附會之弊，但其用意無非意圖運用釋、道以及其他諸子百家的學說來發揮儒家的義理。〔註64〕

〔註58〕 周淑萍，《兩宋孟學研究》，頁176～180。

〔註59〕 司馬光，〈周紀一〉，《資治通鑑》（臺北：藝文印書館，1955年），卷1，頁9～10。

〔註60〕 劉子健，趙冬梅譯，《中國轉向內在──兩宋之際的文化內向》（南京：江蘇人民出版社，2002年），頁26。

〔註61〕 永瑢，《四庫全書總目提要‧經部‧禮類一》，卷19，頁366。

〔註62〕 王安石，〈詩義序〉，王安石撰，李之亮箋注，《王荊公全集箋注》（成都：巴蜀書社，2005年），卷47，頁1612。

〔註63〕 參見余英時，《朱熹的歷史世界》，頁413～415。

〔註64〕 參見鄧廣銘，〈王安石在北宋儒家學派中的地位〉，《鄧廣銘全集》第8卷（石

　　王安石對孟學的尊崇也影響到北宋經學的變化。在他主持新政之下，《孟子》同《論語》被列入科舉考試的「兼經」，《論》、《孟》二書在經學的地位大為提昇。〔註65〕王安石在慶曆年間尚是一名年輕學子之時，就已經學習並試圖仿效孟子、韓愈的文章。由於曾鞏（1019～1083）不斷向歐陽修推薦王安石，歐獲讀王文之後相當讚賞，並請曾鞏代為轉達，勉勵安石不必刻意模仿孟子、韓愈之文，取其自然的意境即可。〔註66〕在正式踏入政壇後，王安石對孟學便有新解，例如談王霸義利之辨，他總結王道與霸道的異同：

> 夫王、霸之道則異矣，其用至誠，以求其利，而天下與之。故王者
> 之道，雖不求利，而利之所歸。霸者之道，必主於利，然不假王者
> 之事以接先天下，則天下孰與之哉？〔註67〕

王安石為了表明在尊王道的前提下，自己那一套追求國家利益的政治理論並非傾向霸道，是以寫作〈王霸〉一文。當時尚在他主持變法改革之前。

　　總結而言，在北宋的儒學復興運動，宋儒試圖重新詮釋經典，以建構重建人間秩序的理論。吾人可以見到歐陽修、李覯、劉敞、司馬光、王安石等人都各以不同的角度去解讀《六經》與諸子學說，但他們都同樣延續了宋初柳開、王禹偁、胡瑗、孫復等古文家與經學家的理想。如余英時指出，朱熹觀察出北宋儒學的特點不外是「說經」與「推明治道」，而「推明治道」正是他們「說經」的本意。〔註68〕然而，儒家陣營除了希望藉由儒家經典回歸「先王之道」，他們還需要正視佛教的「威脅」，尤其對於部分士大夫來說，滲入

家莊：河北教育出版社，2005 年），頁 88～97。關於王安石晚年作《字說》
一事，《宋史》云：「晚居金陵，又作字說，多穿鑿傅會。其流入於佛、老。
一時學者，無敢不傳習，主司純用以取士，士莫得自名一說，先儒傳註，一
切廢不用。」此段文字說明由於《字說》風行，以致於當時學風偏廢傳統經
註太甚。見脫脫，〈王安石傳〉，《宋史》，卷 327，頁 10550。

〔註65〕據《宋史》，王安石變法，「罷詩賦、帖經、墨義，士各占治《易》、《詩》、《書》、
《周禮》、《禮記》一經，兼《論語》、《孟子》」安石變法失敗後，至元祐四
年，「凡詩賦進士，於《易》、《詩》、《書》、《周禮》、《禮記》、《春秋左傳》
內聽習一經。初試本經義二道，《語》、《孟》義各一道，次試賦及律詩各一
首，次論一首，末試子、史、時務策二道。」即使在元祐黨人主持朝政下，
《論語》、《孟子》仍列為學官。見脫脫，〈選舉志一〉，《宋史》，卷 155，頁
3618～3621。

〔註66〕曾鞏，〈與王介甫第一書〉，《曾鞏集》（北京：中華書局，1984 年），卷 16，
頁 254～255。

〔註67〕王安石，〈王霸〉，《王荊公全集箋注》，卷 30，頁 1061。

〔註68〕余英時，《朱熹的歷史世界》，頁 390～421。

民間已數百年的佛教，無疑是使人間秩序崩解的元凶之一。

第三節　儒家士大夫的闢佛

　　宋初佛、道勢力已深植於民間，部分古文家有鑑於國家優待沙門與道士甚為優厚，造成國計和民生方面的弊害，或是基於學理上的衝突，因而抨擊佛、老，在前一章已有相關的論述。

　　在儒學復興運動展開之後，北宋的闢佛聲浪也隨之壯大。繼孫復、石介之後，幾位碩儒如歐陽修、李覯、曾鞏、劉敞等人，都大力痛斥佛、老帶給國家社會的弊害，尤其因為佛法也被不少的士大夫所信仰，於是佛教成為反佛、老人士的主要目標。

　　北宋前期的儒家士大夫與其從學理的角度直接批判佛教，反而較集中於社會民生的主題。歐陽修在〈原弊〉一文檢討傷害國家根本的三大弊害，其中一項是「誘民之弊」。依歐陽修的看法，原本古代年輕壯健的人民平時即在農田耕作，到農閒時才習練兵戰；但在宋代，年輕人大都投入「禁兵」或「廂兵」，享用國家提供的糧資，或者入寺出家，致使農忙耕作者幾乎是老弱之民。〔註69〕因此，歐陽修認為要排除佛家，並非如韓愈所謂「火其書」、「廬其居」等激烈的手段，而是要使天下之民能修禮義，成為國家社會之本，自然能去佛。〔註70〕

　　如歐陽修所指出，佛教引誘那些貪懶驕惰之民，間接打擊國家最根本的產業，因此有志振興儒學的士大夫對王室獎掖佛教的作法不以為然。仁宗之師夏竦（985～1051）曾上奏言：「伏願陛下恭典法，錫命司存，省度人之禁，去紫衣之制。庶令驕嫚之民，罕趨浮惰之業。聖朝善政，自可遵行仁義，何必恢崇釋老，而後教化式孚？」〔註71〕夏竦不僅希望皇帝能抑止佛教壯大，也提出以儒家的仁義之道取代對釋老的信崇。換言之，在儒家士大夫看來，佛、道二教的教義對國家社會無所裨益。

　　李覯也針對佛教的誘民之弊發揮排佛論。他在《廣潛書》譏諷佛教有「功」，使閒民「飽煖而安肆，是有功於墮也。」再者「美僧飯、大佛屋，謂之懺悔，因施施無復色憂，是有功於惡也。」接著又諷刺寺院「窮山裂石必致之，淫巧

<hr>

〔註69〕歐陽修，〈原弊〉，《歐陽修全集》，卷60，頁870～871。
〔註70〕歐陽修，〈本論下〉，《歐陽修全集》，卷17，頁292。
〔註71〕夏竦，〈抑仙釋奏〉，《全宋文》第9冊，卷346，頁69。

日富焉，是有功於末作且寵奇貨也。」李覯繼續以反諷法總結：「苟去浮屠氏，是使惰者苦，末作窮，奇貨賤。是天下不可一日而無浮屠也。」〔註72〕游惰之民在宋代大量出現的原因，往往都被儒家陣營歸諸佛教上。

　　然而「驕嫚」、「游惰」的人民也不是直到十一世紀才大量出現。早在太宗朝（976～997），皇帝就曾經因為「東南之俗，游惰不職者，跨村連邑，去而為僧」，導致當時「一人耕，十人食」，於是要求有司嚴格施行度僧制度。〔註73〕從夏竦、歐陽修之文所示，顯然即使到了真、仁之朝，「一人耕，十人食」的現象仍未改善，無怪乎諸儒闢佛、老甚疾。

　　除了站在國計民生的立場排佛，北宋前期士大夫的排佛論也常持有「夷夏之防」的觀點。早在中唐時，韓愈曾經指出佛教本為「夷狄之一法」，以此捍衛源於中國本土的孔孟儒學。〔註74〕以「夷夏之別」為闢佛論點的方法也被宋儒所繼承。先是石介有〈中國論〉，論道：「聞乃有巨人名曰佛，自西來入我中國；有龐眉名曰聃，自胡來入我中國。各以其人易中國之人，以其道易中國之道，以其俗亦中國之俗。」〔註75〕歐陽修則有「佛為夷狄，去中國最遠」之語，其後生曾鞏繼續緊咬這點以猛烈抨擊，說：「浮屠崛起西陲荒忽梟亂之地，假漢魏之衰世，基僭迹，文詭辯，奮醜行。」〔註76〕以學術史的角度來看，他們認為佛教是在孔、孟之道不行於世的漢魏之際趁虛而入，以其大違儒家人倫五常的學說橫行中國。

　　反佛人士繼續申論本為夷狄的佛教對中國「王道」互為消長的關係。歐陽修追溯至孔子作《春秋》的時空背景，談到當時夷狄君長「皆僭稱王。……王道不明而仁義廢，……及孔子作《春秋》，尊中國而賤夷狄，然後王道復明。」〔註77〕歐陽修為宋代盛行的《春秋》學說明了一項根據：如同孔子感受到「夷狄」對周室的威脅，為復興王道而作《春秋》，宋儒研究《春秋》的目的也如出一轍，只是這個「夷狄」成為了源於西方的佛教。然而孔子在《春秋》中對於中國與夷狄的觀念並非截然以種族或地域，儒家學者以《春秋》攻擊佛

〔註72〕李覯，《廣潛書》，《李覯集》，卷20，頁222～223。

〔註73〕曾鞏，〈佛教〉，《曾鞏集》，卷49，頁660。

〔註74〕韓愈，〈論佛骨表〉，《韓昌黎文集校注》，卷8，頁612～616。

〔註75〕石介，〈中國論〉，《徂徠先生集》，卷5，頁218。

〔註76〕歐陽修，〈本論中〉，《歐陽修全集》，卷17，頁288；曾鞏，〈說非異〉，《曾鞏集》，卷51，頁697。

〔註77〕歐陽修，〈本論下〉，《歐陽修全集》，卷17，頁292。

教,反遭契嵩以彼之道還施彼身,下節將予以詳述。

佛教不但被儒家陣營斥為夷狄之法,當初晉僧竺法雅為了向中國教眾解釋佛學所創發的「格義」,也成為宋儒攻擊佛教的口實。如宋祁(998～1061)在《新唐書》的一篇史贊中批評:

> 若佛者,特西域一槁人耳。……華人之譎誕者,又攘莊周、列禦寇之說佐其高,層累架騰,直出其表,以無上不可加為勝,妄相夸脅而倡其風。於是,自天子逮庶人,皆震動而祠奉之。〔註78〕

雖然宋祁指出是「華人之譎誕者」為佛學徵引莊、列之說,但顯然此處即是產生於晉朝的格義之法;竺法雅等僧人為使中土佛徒易於瞭解佛理,而借用道家的老、莊或儒家《易經》的觀念來說明般若之說。朱熹即對於宋祁「捉得他(佛教)正贓」感到欣喜,認為歐陽修、二程的排佛論反不如宋祁能夠一針見血。〔註79〕

雖然北宋前期的排佛論集中於社會層面以及夷夏之防,仍不乏學理上的批判,儒家傳統的仁義與人倫秩序是當時士大夫所著重的部分。歐陽修曾向石介勸言:「詆時太過,其論若未深究其源者。」〔註80〕在〈本論〉中,歐陽修主張排佛應該「修其本以勝之」,而「禮義者,勝佛之本也。今一介之士之禮義者,尚能不為之屈,使天下皆知禮義,則勝之矣。」〔註81〕佛教的過失就是在於「棄其父子,絕其夫婦,於人之性甚戾。」〔註82〕歐陽修、李覯等人都曾引用孟子的「養生送死」之說,強調這是王道之本。〔註83〕佛教既棄絕倫常,便無法教人「養生送死」,既然無法做到「養生送死」,那麼王道也無法實現。儒家陣營於是從仁義的角度再度回到關於「王道」的討論。

李覯也批評佛家的「仁」根本不是真正「仁」,他從佛家吃素不殺生的主張去論辯:

> 浮屠以不殺為道,水飲而蔬食,舉世稱其仁。

〔註78〕 宋祁、歐陽修,〈李蔚傳〉,《新唐書》,卷181,頁5355。

〔註79〕 朱熹,《朱子語類》,卷126。

〔註80〕 歐陽修,〈與石推官第一書〉,《歐陽修全集》,卷68,頁991。

〔註81〕 歐陽修,〈本論中〉,《歐陽修全集》,卷17,頁288

〔註82〕 歐陽修,〈本論下〉,《歐陽修全集》,卷17,頁291。

〔註83〕 孟子曾說:「養生送死無憾,王道之始也。」又說:「養生者不足以當大事,惟送死可以當大事。」見焦循、焦琥,《孟子正義》(臺北:世界書局,1956年),卷1,〈梁惠王上〉頁33;卷8,〈離婁下〉,頁329。

夫雞豚狗彘，待人而後生者也。食人之粟，以滋其種類，一日無人，則飢而死。然而天下之民所以不愛其資，豢而畜之者，用於其家故也。神靈之祭，賓客之奉，於是乎取之。今且使民無搔手於其間，則何待而粒之哉？吾見其無遺種矣。抑將不穀其身而務絕其類乎？仁者不爲也。抑將奪人之食以飽無用之禽乎？仁者不爲也。〔註84〕

李覯從飲食的角度來申論佛教的缺失，爲當時的排佛論擴展了視野。

　　儘管排佛論隨著儒學復興運動而擴張聲勢，其中還是有部分士人認爲佛教仍有其可取之處。如曾鞏對於佛徒專注而不求速成的行動力感到佩服，他反而檢討學習聖賢之道的儒者，一旦承擔國家大任，行事反而不如佛徒勤勉，因此他對聖賢之道不行於世感到羞愧。〔註85〕

　　此外，除了主張闢佛的士大夫，仍有許多儒者趨附佛、老之學。《宋史》一則關於富弼的文字可略作說明：

富弼致政于家，爲佛氏之學。大臨與之書曰：「古者三公無職事，惟有德者居之，內則論道于朝，外則主教于鄉。古之大人當是任者，必將以斯道覺斯民，成己以成物，豈以爵位進退、體力盛衰爲之變哉？今大道未明，人趨異學，不入于莊，則入于釋。疑聖人爲未盡善，輕禮義爲不足學，人倫不明，萬物憔悴，此老成大人惻隱存心之時。以道自任，振起壞俗，在公之力，宜無難矣。若夫移精變氣，務求長年，此山谷避世之士獨善其身者之所好，豈世之所以望於公者哉？」弼謝之。〔註86〕

依呂大臨（1044～1091）所言，當時儒家士大夫在晚年學釋、老並不少見。儘管排佛論在慶曆以後逐漸進入興盛期，但終究無法在儒家內部根除佛、老思想，遑論早已深植於民間的佛教勢力。

　　在周敦頤（1017～1073）、張載（1020～1077）、邵雍（1011～1077）、程顥（1032～1085）、程頤（1033～1107）等理學先驅之前的宋儒，治學方式可分爲三種，依錢穆的看法即是「一曰政事治道，一曰經史博古，一曰文章子

〔註84〕　李覯，《潛書》，《李覯集》，卷20，頁215。
〔註85〕　曾鞏，〈菜園院佛殿記〉，《曾鞏集》，卷17，頁280～281。
〔註86〕　脫脫，〈呂大臨傳〉，《宋史》，卷340，頁10848～10849。富弼並非在退出政壇之後才開始習佛，熙寧中他便曾致書託在洛陽任官的吳處厚訪求荷澤宗禪師的影像。見吳處厚，《青箱雜記》（北京：中華書局，1985年），卷10，頁111。

集，會諸途而並進，同異趨於一歸。」〔註 87〕北宋前中期的儒者注重所謂的「外王之學」，便從政治社會的秩序來批判佛學。至於以性理或心性之學同佛家的論辯，當時的宋儒除了繼承韓愈的闢佛主張，並無更深入的創見。俟理學家向「內」緣求性理之學，與佛家和禪學對抗，宋代的闢佛行動又轉至不同的趨向。因此錢穆屢次強調宋代學風在理學家出現以後產生明顯的轉變，而之前的北宋諸儒尤通經、史，又擅文章之道，而表現出異於理學家的氣象。〔註 88〕

　　然而，就在「北宋五子」努力建立起理學之前，禪僧契嵩卻反而先以性理之學針對儒學本身進行批判，獨抗熾盛的排佛浪潮。

第四節　契嵩的三教一致思想與護法

　　雲門宗禪僧契嵩生卒年與歐陽修相同，生於眞宗景德四年（1007），卒於神宗熙寧五年（1072）。他「七歲而出家，十三得度落髮，明年受具足戒，十九而遊方。」〔註 89〕契嵩是藤州鐔津人，其作品合集爲《鐔津文集》，包含了他最主要的思想著作《輔教編》與《非韓》。

　　契嵩的古文造詣之高，爲當時的儒家士大夫熟知。按契嵩門人懷悟所言，平素不喜釋氏的歐陽修，見韓琦所示契嵩之文即道：「不意僧中有此郎也，黎明當一識之。」歐陽修與契嵩相見之後，「與語終日，遂大稱賞其學瞻道明」，因而契嵩得以揚名。〔註 90〕此外，契嵩亦得張方平「不惟空宗通，亦乃文格高」之讚辭。〔註 91〕因此，契嵩身爲一禪僧力護佛法，而能以古文與宋儒分庭抗禮，確爲當世之士所注目。

　　儘管契嵩之文受到士大夫敬重，然後他與佛教仍舊面臨儒家陣營的排佛浪潮。據陳舜俞所言，契嵩在慶曆年間進入吳中，「當是時天下之士學爲古文，慕韓退之排佛而尊孔子。」〔註 92〕如上節所述，宋儒將孔子所作的《春秋》類比爲宋代的排佛論，因此陳氏所謂「尊孔子」或可以經學的角度來理解。

〔註 87〕錢穆，《朱子學提綱》（臺北：蘭臺出版社，2001 年），頁 15。
〔註 88〕參見錢穆，《宋明理學概述》，頁 21；錢穆，《朱子學提綱》，頁 8～21。
〔註 89〕陳舜俞，〈鐔津明教大師行業記〉，契嵩，《鐔津文集》，卷 1，收入於《大正新修大藏經》第 52 冊，頁 648。
〔註 90〕釋懷悟，〈又序〉，釋契嵩，《鐔津文集》，卷 19，頁 747。
〔註 91〕釋契嵩，〈上張端明書〉，《鐔津文集》，卷 9，頁 694。
〔註 92〕陳舜俞，〈鐔津明教大師行業記〉，釋契嵩，《鐔津文集》，卷 1，頁 648。

因此，從《春秋》學的角度來看，契嵩也需接受儒家對「王道」學說的挑戰。他在作品當中便不斷屢次強調佛學亦有裨益國家政事之效，下文將詳加論述。

如前一章所述，宋初已有贊寧、智圓等會通三教或儒釋二學的高僧，尋找彼此理論的共通處。智圓試圖將中庸轉化為佛家的中道義，向佛界教眾解釋心性之學。然而，智圓未曾刻意調和儒、釋，因而當俗家弟子庶幾想跟隨他學儒，也僅以儒學傳授。他認為三教雖有共通之處，卻不可強制會通。因此當有人詢問智圓為何不向庶幾教授佛法，他回答：「幾從吾學儒也，故吾以儒告之，不能雜以釋也；幾將從吾學釋也，吾則以釋告之，亦不能雜以儒也。不瀆其告，古之道也。」〔註93〕相較於智圓對於三教可互補但不可混同的看法，契嵩更強調三教或儒釋二學的一致性，並希望得到士大夫的認同。以懷悟所言，即「志在通會儒釋以誘大夫。」〔註94〕下文就幾個面向來論述契嵩的三教合一思想。

一、「聖人」說

在理解契嵩的三教合一思想之前，必須先清楚契嵩對「聖人」的定義。在他的著作當中，常出現「聖人」一詞，其範疇卻相當廣大。契嵩在〈廣原教〉一文即對「聖人」有完整的定義：

> 古之有聖人焉，曰佛、曰儒、曰百家者，心則一其迹則異。夫一焉者，其皆欲人為善者也。異焉者，分家而各為其教者也。聖人各為其教，故其教人為善之方，有淺有奧、有近有遠，及乎絕惡而人不相擾，則其德同焉。中古之後，其世大漓。佛者其教相望而出，相資以廣。天下之為善其天意乎，其聖人之為乎，不測也。方天下不可無儒，無百家者，不可無佛。虧一教則損天下之一善道，損一善道則天下之惡加多矣。夫教也者，聖人之迹也；為之者，聖人之心也。見其心則天下無有不是，循其迹則天下無有不非。是故賢者貴知夫聖人之心。文中子曰：『觀皇極讜議，知佛教可以一矣。』王氏始見聖人之心也。〔註95〕

契嵩認為儒、佛、百家皆有聖人，他們的終極目標同樣都是勸人為善。〔註90〕

〔註93〕釋智圓，〈送庶幾序〉，《閑居編》，頁139。
〔註94〕釋懷悟，〈序〉，釋契嵩，《鐔津文集》，卷19，頁746。
〔註95〕釋契嵩，〈輔教編中・廣原教〉，《鐔津文集》，卷2，頁660。

對於「心則一其迹則異」一文，契嵩也有一番解釋。他說：

> 佛者何謂也？正乎一者也。人者何謂也？預乎一者也。佛與人一而
> 已矣。萬物之謂者，名也；至理之謂者，實也。執名而謂實，天下
> 其知至乎？……佛乎豈必形其形、迹其迹，形迹者乃存其教耳。教
> 也者爲其正之之資也。別萬物莫盛乎名；同萬物莫盛乎實。聖人以
> 實教人，欲人之大同也；聖人以遺名勸人，防人之大異也。觀夫聖
> 人之所以教，則名實之至，斷可見矣。〔註97〕

契嵩區別名與實的不同，說明聖人跳脫萬物外表的名，而「以實教人」，因爲
實就是天下的至理。對於聖人而言，只有名是不同的，不管是儒、佛或百家
的聖人，他們都爲了求實而勸人爲善。依契嵩的標準，則智圓承認三教的差
異可說是只求名而未能得實。當吾人釐清契嵩對於聖人的看法，便能理解爲
何他指責士大夫只知儒家的聖人而「不知佛爲大聖人，其道大濟天下生靈，
其法陰資國家教化。」〔註98〕他不但承認儒家的聖人，同時向儒家陣營展示
佛家的聖人之道，因爲他們所追求的道是相同的。契嵩所討論的諸項課題，
便是以聖人爲行爲主題而展開的。

二、性情論

　　契嵩的《輔教編》分爲上、中、下三冊，該著試圖將闡述佛、儒二學在
心性領域的共通點。《輔教編》第一篇〈原教〉開宗明義：「萬物有性情，古
今有生死，然而死生性情，未始不相因而有之。」〔註99〕此性情說爲契嵩用
來闡釋「道」，他說：「情出乎性，性隱乎情，性隱則至實之道矣。是故聖人
以性爲教而教人。」〔註100〕契嵩的觀念與闢佛最力的歐陽修大異其趣，後者
主張聖人罕言性命因而避談之，契嵩卻認爲唯有聖人才瞭解性情，而「道」
因性而生，並且以歐陽修所質疑的《中庸》作爲核心思想的依歸。

　　契嵩對「中庸」的本質提出解釋，他說：

> 夫中庸者，蓋禮之極而仁義之原也。禮樂刑政仁義智信，其八者一
> 於中庸者也。人失於中性接於物，而喜怒哀懼愛惡生焉，嗜欲發焉。

〔註97〕釋契嵩，〈輔教編中・廣原教〉，《鐔津文集》，卷2，頁656。
〔註98〕釋契嵩，〈上張端明書〉，《鐔津文集》，卷9，頁694。
〔註99〕釋契嵩，〈輔教編上・原教〉，《鐔津文集》，卷1，頁648。
〔註100〕釋契嵩，〈輔教編中・廣原教〉，《鐔津文集》，卷2，頁654。

有聖人者，懼其天理將滅而人倫不紀也，故爲之禮樂刑政，以節其
喜怒哀懼愛惡嗜欲也；爲之仁義智信，以廣其教道也。……故禮樂
刑政者，天下之大節也；仁義智信者，天下之大教也。情之發不踰
其節，行之修不失其教，則中庸之道庶幾乎。夫中庸者，立人之道
也，是故君子將有爲也，將有行也，必修中庸然後舉也。……其誠
其心者，其修其身者，其正其家者，其治其國者，其明德于天下者，
舍中庸其何以爲也？……《書》曰：「道也者，不可須臾離也，可離
非道也。」其此之謂乎！〔註101〕

對照前述的名實之辨，便可知契嵩所謂「聖人以實教人，欲人之大同」，其本源
即來自中庸之道。換言之，契嵩認爲當時宋儒所追尋的「道」，即是中庸。因此
他說：「中庸，道也。道也者，出萬物也入萬也，故以道爲中也。」並援引《中
庸》原文對「中」與「和」的說法來闡述。〔註102〕但身爲禪僧的契嵩在其他文
章談「道」時，仍運用佛家的詞彙來理解。例如，他說：「道在眾生之謂因，道
在聖人之謂緣。……是知聖人與眾生蓋以道而自然感應，非若是世之有所爲者。」
〔註103〕既言「因緣」、「感應」，可見契嵩亦引入華嚴思想。近代有學者便指出
契嵩實受唐代華嚴宗五祖圭峰宗密（780～841）的影響。〔註104〕

　　依前述關於「中庸」的引文，也可見契嵩刻意「性」與「情」區分開，
此說應當源自於韓愈。因爲，契嵩所謂「人失於中性接於物，而喜怒哀懼愛
惡生、嗜欲發。」與韓愈將情之品分爲上、中、下三品，「其所以爲情者七：
曰喜、曰怒、曰哀、曰懼、曰愛、曰惡、曰欲。」是一致的。〔註105〕然而不
同的是，契嵩反對韓愈將性分爲上、中、下三品，同時亦將矛頭指向孟子，
稱其將性情混同。他說：

仲尼曰：「唯上智與下愚不移者。」蓋言人有才不才，其分定矣，豈
曰其性有上下而不移也？……韓子之言，其取乎仲尼。所謂不移者
也，不能遠詳其義而輒以善惡定其上下者，豈誠然耶？善惡情也，

〔註101〕釋契嵩，〈中庸解第一〉，《鐔津文集》，卷4，頁666。
〔註102〕釋契嵩，〈中庸解第三〉，《鐔津文集》，卷4，頁666。
〔註103〕釋契嵩，〈廣原教〉，《鐔津文集》，卷2，頁659。
〔註104〕參見錢穆，〈讀契嵩《鐔津集》〉，《中國學術思想史》第5冊，頁41；牧田諦
　　　　亮，〈趙宋仏教史における契嵩の立場〉，《中国近卋仏教史研究》（京都：平
　　　　樂寺書店，1957年），頁165～166。
〔註105〕韓愈，〈原性〉，《韓昌黎文集校注》，卷1，頁20。

非性也。情有善惡，而性無善惡者，何也？性靜也，情動也。善惡
之形見於動者也。孟子之言犬之性猶牛之性，牛之性猶人之性者，
孟氏其指性之所欲也，宜其不同也。吾之所言者，性也；彼二子所
言者，情也。……夫犬牛所以爲犬牛者，犬牛性而不別也；眾人之
所以爲眾人者，眾人靈而不明也；賢人之所以爲賢人者，賢人明而
未誠也；聖人之所爲聖人者，則聖人誠且明也。夫誠者，所謂大誠
也，中庸之道也。〔註106〕

契嵩將中庸的「自明誠」推論爲聖人之性，因此「道」無疑即在中庸。他在
〈性情論〉也清楚界定「性」與「情」的分別，他說：

性貴乎靜，故性變而不可太易；情患乎煩，故情發而不可太早。太
早則傷和，太亦則傷中。反中和而陰陽繆，損民壽而物多疵癘，是
故聖人之隆治也。仁以厚人性，義以節人情，是所以陰陽和而遂生
物者也。〔註107〕

再次地，契嵩從《中庸》的中和之道來闡述人之性情，並說明仁義對性情的
功效。契嵩的性情論一方面來自儒家的《中庸》，另一方面亦援引佛法。實際
上契嵩並未如智圓一般毫無保留地接受《中庸》；相反地，他認爲《中庸》的
說法仍有不足之處，即《中庸》之言性即誠，卻未能說明性如何爲誠。以下
是他向仁宗（1010～1063）上呈的萬言書其中一段文字：

若《中庸》曰：『自誠明謂之性，自明誠謂之教，是豈不與經所謂實
性一相者似乎？《中庸》但道其誠，未始盡其所以誠也。及乎佛氏
演其所以誠者，則所謂彌法界遍萬有，形天地幽鬼神而常示，而天
地鬼神不見所以者，此言其大略耳。……（孔子）又曰：「惟天下至
誠而能盡其性。能盡其性則能盡人之性，盡人之性則盡物之性，以
至與天下參耳。是蓋天下明乎天地人物其性通也，豈不與佛教所謂
萬物同一眞性者似乎？《中庸》雖謂其大同，而未發所以同也。及
佛氏推其所以同，則謂萬物其本皆一清淨。〔註108〕

契嵩以佛家所謂禪學的萬物皆有佛性之說補足《中庸》的理論，並且又將佛
學的地位拉抬至《中庸》之上，而似與孔子對等。至於契嵩得自佛家的心性

〔註106〕釋契嵩，〈中庸解第四〉，《鐔津文集》，卷4，頁667。
〔註107〕釋契嵩，〈性情〉，《鐔津文集》，卷6，頁676。
〔註108〕釋契嵩，〈萬言書上仁宗皇帝〉，《鐔津文集》，卷8，頁689。

之學，可能主要來自於他所改定的《壇經》。他在〈壇經贊〉說：「《壇經》者，至人之所以宣其心也。何心邪？佛所傳之妙心也。大哉心乎！資始變化而清淨常若。」〔註109〕由此可見出契嵩針貶《中庸》的根據當是《壇經》。〔註110〕

　　藉由將《中庸》與《壇經》兩部儒佛經典互相補足性情論，契嵩在理學家之前先建立了較完整的道德性命之學，即使智圓早已發起中庸之學，也未有契嵩如此規模。他尊崇中庸之道，但也批評其說未能盡心性，因此以禪學補足。就這點來觀察，契嵩未曾將中庸神化。〔註111〕相較於智圓將自身至於儒學內部看待中庸之道，契嵩則始終以禪僧的立場評論儒家的中庸與心性之學。

三、王道與教化

　　如前所述，契嵩表明聖人「以實教人」的觀念，亦在暗示佛教的聖人也能行儒家所強調的教化。佛家導人爲善正是教化最基本的表現，他在〈教化〉一文說明聖人以「禮」和「義」教化人民，因爲「禮義者，教之所存也。」〔註112〕契嵩非常重視禮的功效，所以他說「禮，王道之始也；樂，王道之終也。」要推行王道，必須以禮樂教化人民性情。契嵩此一觀念已經完完全全地運用儒家的語言。

　　爲建立使統治者與士大夫能夠接受的王道論，契嵩結合中庸與禮樂「內」、「外」之學，提出「皇極」的概念。他在〈皇極論〉開宗明義道：「天下同之之謂大公，天下中正之謂皇極。中正所以同萬物之心也，非中正所以離萬物之心也。離之則天下亂也，同之則天下治也。……道也者，非他道也，皇極之道也。」又說：「禮者，皇極之容也；樂者，皇極之聲也；制度者，皇極之器也。」〔註113〕契嵩也援引智圓對中道的看法，說明佛家的中道相當於儒家的中庸。因此他向仁宗解釋佛家的王道，極言士人排佛的錯誤：

〔註109〕釋契嵩，〈輔教編下・壇經贊〉，《鐔津文集》，卷3，頁662。
〔註110〕契嵩雖得曹溪古本以校定《壇經》，但此三卷本仍被胡適等學者批評有「妄改古書」之嫌，他需負起混淆慧能思想的責任。蓋胡適考契嵩所得古本，應不同於出自敦煌的眞正古本。見胡適，〈《壇經》考之一（跋曹溪大師別傳）〉，收入於《現代佛教學術叢刊》第1冊（臺北：大乘文化，1980年），頁1～10；蔡惠明，〈融儒於佛的契嵩大師〉，《内明》第186期（香港，1987年9月），頁33。
〔註111〕郭朋認爲契嵩吹捧中庸以至神話的程度，其說實爲太過。見郭朋，《宋元佛教》（福州：福建人民出版社，1981年），頁165～167。
〔註112〕釋契嵩，〈教化〉，《鐔津文集》，卷5，頁669。
〔註113〕釋契嵩，〈皇極論〉，《鐔津文集》，卷4，頁664～665。

> 若今文者皆曰必拒佛故世不用，而尊一王之道，慕三王之政，是安
> 知佛之道與王道合也。夫王道者，皇極也；皇極者，中道之謂也，
> 而佛之道亦曰中道，是豈不然哉？然而適中與正不偏不邪，雖大略
> 與儒同，及其推物理而窮神極妙，則與世相萬矣。〔註114〕

契嵩向仁宗傳達他的王道說，並運用了儒學的詞彙來證明佛家的中道是合乎
王道的，甚至指稱儒家的中庸仍有不及之處，需以中道補足。

契嵩認同禮義的教化之效，但又說禮義有其侷限性。他向仁宗申論：

> 某又聞，佛之法以興善止惡爲其大端，此又最益陛下之教化者也。詩、
> 書、禮、義之說習民，欲其爲善日益，而冀其姦惡不萌於心，官師者
> 又資以宣政化，而文儒之昌盛，雖三代兩漢無以過也。然而里巷鄉墅
> 之家，其人猶有耳，未始聞詩書之音，口不道禮義之詞，如此者何限？
> 蓋又習聞佛說爲善致福，爲惡致罪。……其人下自男女夫婦之愚，上
> 抵賢哲之倫，鮮不以此而相化，克己齋戒，縱生而止殺。或日月年或
> 修其身者，稱頌佛經，天下四海之內，幾徧乎閭里營戍也。……雖其
> 趨習之端與儒不同，至於入善成治，則與夫詩、書、禮、義所致者何
> 異乎？所謂最益陛下之教化者，此其是也。〔註115〕

他以此段文字說明在禮義無法推及的鄉里，佛家能夠以興善止惡的觀念來教
化百姓，其促使王道教化之效，不下於儒家的詩、書、禮、義。

契嵩一方面承認並贊同宋儒重建倫理秩序的理想，同時又結合佛儒二家
的道德性命之說，企圖回應與對抗儒家的排佛聲浪。就內聖外王之學的意義
而言，契嵩已先於王安石與理學家建構完整的理論模式。〔註116〕爲說明佛教
也能如同儒家重建人倫秩序的，契嵩舉出「五常」與「孝道」，證明也與佛教
思想具一致性。

契嵩認爲儒家所謂的五常，仁、義、禮、智、信與佛家勸人的五戒都具
有孝道的觀念。首先，關於五戒，契嵩以佛法有五乘之說，其中的「人乘」
即五戒。

> 人乘者，五戒之謂也。一曰不殺，謂當愛生不可以己暴一物，不止
> 不食其肉也；二曰不盜，謂不義不取，不止不攘他物也；三曰不邪

〔註114〕釋契嵩，〈萬言書上仁宗皇帝〉，《鐔津文集》，卷8，頁687。
〔註115〕釋契嵩，〈萬言書上仁宗皇帝〉，《鐔津文集》，卷8，頁688。
〔註116〕余英時，《朱熹的歷史世界》，頁119～126。

淫，謂不亂非其匹偶也；四曰不妄語，謂不以言欺人；五曰不飲酒，謂不以醉亂其心。曰天乘者，廣於五戒爲之十善也。一曰不殺，二曰不盜，三曰不邪淫，四曰不妄語。是四者其義與五戒同也。五曰不綺語，，謂不爲飾非言；六曰不兩舌，謂語人不背面；七曰不惡口，謂不罵亦曰不道不義；八曰不嫉，謂無所妒忌；九曰不恚，謂不以忿恨宿於心；十曰不癡，謂不昧善惡。然謂兼修其十者，報之所以生天也；修前五者，資之所以爲人也。脫天下皆以此各修，假令非生天而人人足成善，人人皆善而世不治未之有也。〔註 117〕

在契嵩看來，佛家的五戒十善有助於治道，人人只要能修人乘的五戒則皆可成善，自然也具有裨益王道的效果，因而就這點向仁宗闡釋佛法之用。〔註 118〕契嵩又將五戒比爲儒家的五常，他說：

五戒始一曰不殺，次二曰不盜，次三曰不邪淫，次四曰不妄言，次五曰不飲酒。夫不殺，仁也；不盜，義也；不邪淫，禮也；不飲酒，智也；不妄言，信也。是五者修，則成其人顯其親，不亦孝乎？是五者有一不修，則棄其身辱其親，不亦不孝乎？夫五戒有孝之蘊，而世俗不睹乎之，而未始諒也。故天下福不臻而孝不勸也。〔註 119〕

契嵩並非是首位提出五戒同於五常的人士。自北魏以下便有高僧，如天台宗的創建者智顗與中興之祖湛然皆曾將五戒比爲五常，也包括顏之推（約 531～595）等士大夫。智顗、湛然不僅將五戒比爲五常，甚至認爲五戒與五行、五方、五星、五臟等概念相通；天台二祖與顏之推的釋義大致相同，至多出現不邪淫爲義、不飲酒爲禮、不盜爲智的不同說法。〔註 120〕然而，契嵩卻將五戒抬升至孝道的內涵，並視爲沙門修善顯德的最高原則。相較於唐代以前的僧人學者主要爲了融合佛家與中國傳統的諸子百家之說，因此以五戒比附爲五常、五行等概念，但契嵩進一步擴大五戒的意涵與格局。〔註 121〕

〔註 117〕 釋契嵩，〈輔教編上・原教〉，《鐔津文集》，卷1，頁 649。

〔註 118〕 釋契嵩，〈萬言書上仁宗皇帝〉，《鐔津文集》，卷8，頁 688。

〔註 119〕 釋契嵩，〈輔教編下・戒孝章第七〉，《鐔津文集》，卷3，頁 661。

〔註 120〕 見智顗，《仁王護國般若波羅蜜經疏》，卷 2，收入於《大正新修大藏經》第 33 冊，頁 260～261；湛然，《止觀輔行傳弘決》，卷 6，收入於《大正新修大藏經》第 46 冊，頁 341~342；顏之推，〈家訓歸心篇〉，道宣，《廣弘明集》，收入於《大正新修大藏經》第 52 冊，頁 107。

〔註 121〕 相關討論見張清泉，《北宋契嵩的儒釋融會思想》，頁 281～285；王子文，〈契嵩及其佛學思想〉，收入於《中國學術佛教論典》第 29 冊（高雄：佛光山

契嵩既言「五戒有孝之蘊」，即表示唯有修五戒才能成就孝道，此爲實踐王道與聖人之教的最基本項目。他將孝分爲可見可不見兩種，「不可見者，孝之理也；可見者，孝之行也。」〔註122〕就不可見的孝理而言，契嵩說「孝出於善，而人皆有善心。不以佛道廣之，則爲善不大而爲孝小也。」〔註123〕唯有建立人能成善的前提下，孝才能夠被實行出來。關於孝行，契嵩說：「佛子情可正，而親不可遺也。」因爲孝爲「戒之端」，同時也是「大戒之所先」，而前述的五戒可爲實踐的準繩。〔註124〕契嵩並強調聖人與孝道的關係，說：「養不足以報父母，而聖人以德報之；德不足以報父母，而聖人以道達之。」〔註125〕契嵩從佛家的角度去詮釋「孝」，藉此消除長久以來因出家的問題而受到儒家攻擊的弱點──亦即佛家向來不及儒家的外王之學。契嵩肯定了儒家倫理重建秩序的效用，同時也向儒家陣營推銷，佛教亦能裨益「治道」。

四、契嵩的《非韓》與護法

契嵩的善辯在《非韓》中表現得淋漓盡致，著〈非韓子〉三十篇以攻擊韓愈其他方面的思想和行爲特點，極力貶斥韓愈在儒家道統的地位與價值。如錢鍾書所評：「釋契嵩激而作《非韓》三十篇，吹毛索瘢，義正詞嚴，而其書尟稱道者。」〔註126〕契嵩爲衛佛護法，盡其所能地詆責韓愈。

契嵩自〈非韓子〉首篇即批評韓愈「議論拘且淺，不及儒之至道可辯。」他認爲韓愈對於「道」的看法格局狹小，無法探究「道」的深義。他引用韓愈〈原道〉「仁與義，爲定名；道與德，爲虛位。」之句，言韓愈既然承認唯仁義可以達成道德，那麼道德怎能得「虛位」。〔註127〕倘若道德爲「虛位」，「道」

文教基金會，2001 年），頁 366；釋聖凱，〈論佛道儒三教倫理的交涉〉，《世界弘明哲學季刊》2001 年 6 月號<http://phil.arts.cuhk.edu.hk/~cculture/library/hongming/200106-002.htm>（2008 年 12 月 10 日，國際網址: http://whpq.net）此外，釋聖凱認爲五戒與五常的配對最早出現於道教的論述中，而佛教方面則是北魏末曇靜所作的《提謂波利經》。智顗的說法即得自於《提謂波利經》。

〔註122〕釋契嵩，〈輔教編下‧原孝章第三〉，《鐔津文集》，卷3，頁 660。
〔註123〕釋契嵩，〈輔教編下‧孝出章第八〉，《鐔津文集》，卷3，頁 661。
〔註124〕釋契嵩，〈輔教編下‧明孝章第一〉，《鐔津文集》，卷3，頁 660。
〔註125〕釋契嵩，〈輔教編下‧德報章第九〉，《鐔津文集》，卷3，頁 661。
〔註126〕錢鍾書，《談藝錄》（香港：中華書局，1986 年），頁 62。
〔註127〕〈原道〉該段的原文爲：「博愛之謂仁，行而宜之之謂義；由是而之焉之謂道，足乎己，無待於外之謂德。仁與義，爲定名；道與德，爲虛位。故道有君子小人，而德有凶有吉。」見韓愈，〈原道〉，《韓昌黎文集校注》，卷1，頁 13。

也便無物可原，〈原道〉的標題則毫無意義。契嵩援引舜在《書》的《尚典》中所說：「敬敷五教」，五教即仁義五常。因此，契嵩著〈原教〉無非也是為了矯正韓愈的論點，認為「原道」不如「原教」。他並認為楊朱與老子反而能得聖人之義，此二人即為受到韓愈猛烈批評的先秦哲人。〔註128〕

韓愈不僅因為仁義與道德先後次序混淆不清而遭受批評，契嵩也譏嘲他對儒家經史的認識不足。他引韓愈〈對禹問〉中禹雖傳位於子，但其賢仍非不及於堯舜禪讓之賢的說法，對照《書》所記載禹傳位至益，而益讓位給啟的史事，並旁徵《禮記》〈禮運〉篇對大道的解釋，力批韓愈考史不詳。他說：「韓子之說無稽，何嘗稍得舜禹傳授之意歟？」〔註129〕一代碩儒竟遭一名禪僧譏評經史見識淺薄，實為罕見。

契嵩又評韓愈不能「守道」。韓愈曾三度向宰相上書以自薦，甚至非議政事，契嵩認為韓愈之舉不符「古之聖賢待而不求」、「貴義而守道」的原則。在他看來，韓愈應該「恭其言平其氣自道可也，烏得躁以忿遽非人之政治耶？」他諷刺韓愈平時尊慕孔子，卻不能貴義守道，「不唯不至於儒，亦恐誤後世之。」〔註130〕實際上，若依漢唐士人實踐儒家理想的方式，契嵩的說法不免失之苛刻。柳宗元在〈守道論〉便曾經以《左傳》所載孔子「守道不如守官」之言為命題，表述官是道的「器」，官不可離開道。照柳氏的說法，官與道不可斷然分離，「官是以行吾道云爾」。〔註131〕韓愈也曾自言「中世士大夫以官為家，罷則無所於歸。」〔註132〕因此，唐代士人固然會有求官以致道的想法，但契嵩也無法證明韓愈急於求官便是捨道，其評論過於武斷。

契嵩非韓的各種議題中，最具攻擊性的莫過於韓愈反佛教一事。韓愈在〈論佛骨表〉中以梁武帝（464～549）為例，言其本欲事佛求福反以致禍。契嵩卻批評韓愈根本不知「福之所以然」，說：「禍福報應者，善惡之根本也。」於是契嵩又將論辯再度回到佛教導人為善的功績，並指出王朝的壽祚與事佛是兩回事，無法混為一談。〔註133〕

契嵩批判排佛論而維護法統的言論，是針對從韓愈以來以至與他同時代

〔註128〕釋契嵩，〈非韓上・非韓子第一〉，《鐔津文集》，卷14，頁722。

〔註129〕釋契嵩，〈非韓中・非韓子第九〉，《鐔津文集》，卷15，頁730。

〔註130〕釋契嵩，〈非韓中・非韓子第八〉，《鐔津文集》，卷15，頁729。

〔註131〕柳宗元，〈守道論〉，《柳宗元集》，卷3，頁81～83。

〔註132〕韓愈，〈送楊少尹序〉，《韓昌黎文集校注》，卷4，頁275。

〔註133〕釋契嵩，〈非韓下・非韓子第二十五〉，《鐔津文集》，卷16，頁736。

的儒家士大夫。前述他以佛教教人修福爲善，說明國家並不會因爲事佛而遭致滅亡之禍。此外，他也從夷狄的角度反駁排佛人士。

　　契嵩爲申明佛教並非夷狄，再度表現出他善辯的才能。他以儒家爲主張夷夏之防而最常引用的經典之一《春秋》，來說明孔子判斷中國或夷狄的標準：

> 孔子以列聖大中之道，斷天下之正爲《魯春秋》。其善者善之，惡者惡之，不必乎中國夷狄也。《春秋》曰：「徐伐莒。」徐本中國者也，既不善則夷狄之。曰：「齊人狄人盟于刑。」狄人本宜夷狄人也，既善之則中國之。聖人尊中國而卑夷狄者，非在疆土與其人耳，在其所謂適理也。故曰：「君子之於天下也，無適也，無莫也。義之與比。」若佛之法方之世善，可謂純善大善也，在乎中道，其可與乎？可拒乎？苟不以聖人中道，而裁其善惡，正其取捨者，乃庸人愛惡之私不法，何足道哉？〔註134〕

契嵩據《春秋》之文，指陳中國與夷狄之別，並非依照地域或種族而劃分，而在於其文化是否合乎聖人的中道。依他的邏輯，既然佛教非夷狄，那些同韓愈從夷狄的角度主張排佛的士大夫，實際上與聖人之說背道而馳。契嵩爲其維護佛法的行動提出有力的理論基礎。〔註135〕

　　契嵩著《非韓》強烈批判韓愈的目的無非是與尊揚韓愈的儒家人士對抗。本文第三章也曾經陳述尊韓的風氣至宋初以後逐漸高漲，柳開、孫復、石介等人都尊崇韓愈的地位，並將他列入儒家的道統之中。至慶曆以後，儒家復興的首腦歐陽修也推動韓學甚力，而韓愈也被視爲闢佛的象徵人物。契嵩一方面尋求儒佛二學在理論上的共通之處，另一方面則著文抨擊韓愈，都在在顯示他如何寫作古文以彰揚佛法。因此，契嵩所以抨擊韓愈，自然是出於捍衛佛教的意志。〔註136〕

〔註134〕釋契嵩，〈非韓上‧非韓子第一〉，《鐔津文集》，卷14，頁726。契嵩在〈廣原教〉也舉出此二例，言佛教的聖人雖非出自中國，然其道與夷狄有別，實爲所謂的中道。見釋契嵩，〈廣原教〉，《鐔津文集》，卷3，頁659。

〔註135〕儒家士大夫也並非對於「夷狄」在《春秋》有時是受到認可一事視而不見。例如，宋祁說：「《春秋》許夷狄者不一而足。見中國之尊，且見略於外也。」此說無疑是以文化的立場來判斷中國與夷狄的區別。見宋祁，《宋景文公筆記》，卷中，收入於《全宋筆記第一編之五》（鄭州：大象出版社，2003年），頁61。

〔註136〕參見何寄澎，〈論釋契嵩思想與儒學的關涉〉，《幼獅學誌》第20卷第3期（臺北，1989年月），頁128～135；張清泉，《北宋契嵩的儒釋融會思想》，頁121～137。

最後，值得注意的是，儘管契嵩有意對抗當時的排佛論，但他相當認同古文運動。他主張承認歐陽修的文章「大率在仁信禮義之本」，因此當時文人都尊慕歐文。〔註137〕然而，契嵩也將反排佛的戰火延伸至韓愈的文章。他說：「文者，聖人所待人者也，以此指責韓愈以〈祭鱷魚文〉「遣蠱魚以文，不亦賤乎？」〔註138〕他甚至一反多數古文家的意見，認爲韓愈之文無法傳「道」。他說：

> 欲韓如古之聖賢從容中道，固其不逮也，宜乎識者謂韓子第文詞人耳。夫文者所以傳道也，道不至雖甚文奚用？若韓子議論如此，其道可謂至乎？而學者不復考之道理中否，乃斐然徒效其文而譏沮佛教聖人大酷。〔註139〕

契嵩以「道」評議韓愈的文章，並勸後學莫仿效韓文。雖然如此，除了不認同韓愈能文以載道，契嵩對「文」與「道」的認識與主張以禮義爲本的看法，仍近似古文運動的成員。因此，今之學者也同意契嵩的文學主張確實與宋代的學術特色關係甚密。〔註140〕更進一步地說，契嵩要求古文的寫作也需合乎中道，也爲重視內學的理學家創立不同於北宋前期古文家的寫作風格。

第五節　小　結

爲了重建人文秩序與振興「王道」，自宋初以降士大夫前仆後繼地推動經學和文學的革新。同時，他們面臨佛、老之說風行的困境，尤其自中唐禪宗滲入士大夫階層，而佛教諸派也受到下層的人民信奉，皆已根深蒂固。於是，有志復興儒學的士大夫便將佛教視爲毀壞人文秩序，使王道不行的外力因素。

古文與《春秋》是宋代前期的兩大顯學，不少古文家也研究《春秋》甚勤。據朱熹的《五朝名臣言行錄》所載穆修的事蹟，「時學者方從事聲律，未知古文。（穆）伯長始爲之倡，其後尹洙師魯始從之學古文，又傳其《春秋》學。」〔註141〕尹洙也開啓歐陽修寫作古文的契機。因此，研究宋代學術史的學者，應當注意到古文與《春秋》學的兩道學術潮流。此二者在慶曆至嘉祐

〔註137〕釋契嵩，〈論原・文說〉，《鐔津文集》，卷7，頁681。

〔註138〕釋契嵩，〈非韓下・非韓子第十六〉，《鐔津文集》，卷16，頁733。

〔註139〕釋契嵩，〈非韓下・非韓子第三十〉，《鐔津文集》，卷16，頁738。

〔註140〕魏鴻雁，〈宋初僧人對北宋文學革新的認識與回應——以釋智圓和釋契嵩爲中心的考察〉，，頁72。

〔註141〕朱熹，《五朝名臣言行錄》，卷10，收入於趙鐵寒主編，《宋史資料萃編第一輯：宋名臣言行錄五集》（臺北：文海出版社，1957年），頁329。

（1056～1063）年間形成儒學復興的主脈，古文與《春秋》爲主的經學各以歐陽修與劉敞爲集大成者。同時，闢佛聲勢也以此爲基礎而大張旗鼓。

契嵩之護法與上述的學術潮流相應和。他熱心研究儒家經典，也認同宋儒的古文運動。然而他站在佛教的立場，所解讀的結果卻與儒家稍有不同。他認爲佛家、道家以及百家都有聖人，而只要合乎導人爲善，便把握住聖人之「教」的精神。他試圖找出儒釋或三教理論的契合之處，而又主張儒家的「道」仍有未及之處，需藉助佛法補足。因此，契嵩的「內學」始終是先佛而後儒的。

此外，契嵩也與智圓同樣引《中庸》爲心性之學的參考作品。自宋初以降至理學初建之前，儒家內部尚未特別重視內聖之學，或者專言經術治道，或兼談內聖外王之學。畢竟士大夫仍將重建人文秩序視爲最首要的工作，以禮義修人本是他們的共識。〔註 142〕然而智圓與契嵩反先於理學家一步，精研《中庸》而發展心性之學。他們主要的目的，或調和儒釋的衝突點，或維護佛法的最高性，但無意之中卻又幫助北宋的學術潮流導向新儒學。理學家已不若之前宋儒從國家、民生與人文秩序批判佛教，而是從哲學的角度闢佛闢禪。是故，如錢穆所謂「北宋諸儒乃外於釋老而求發揚孔子之大道與儒學之正統，理學諸儒則在針對釋老而求發揚孔子之大道與儒學之正統。」應當以此理解。〔註 143〕

最後尚不能忽略一點，即契嵩終究肯定儒家的外王之學。他提出佛家的五戒十善同於儒家的五常，並且爲佛教不能使人踐守孝道辯護。智圓和契嵩都積極投入儒家復興的潮流與重建人間秩序的工作。〔註 144〕唯身爲佛僧之故，他們又比士大夫更致力於建構內學的工作上。

〔註 142〕朱熹評論北宋前期的士大夫：「國初人便已崇禮義，尊經術，欲復二帝三代，已自勝如唐人，但說爲透在。直至二程出，此理始說得透。」見朱熹，〈自國初至熙寧人物〉，黎靖德編，《朱子語類》，卷 129，頁 3085。

〔註 143〕錢穆，《朱子學提綱》，頁 17。

〔註 144〕余英時指出北宋佛教已有儒學化，而其僧徒則具士大夫化的傾向。他們承認儒家治國平天下的責任與價值，佛家既存在於現實社會，也有義務協助儒家的工作。因此他說：「北宋不少佛教大師不但是重建人間秩序的有力推動者，而且也是儒家復興的功臣。」見余英時，《朱熹的歷史世界》，頁 116。余氏的觀點當是延續錢穆指出智圓、契嵩二僧有儒學化的傾向，尤其後者幾乎運用儒家的詞彙，「粹然儒者言，不染佛門山林氣。」參考錢穆，〈讀智圓《閒居編》〉、〈讀契嵩《鐔津集》〉，《中國學術思想史》第 5 冊，頁 27～33；頁 35～52。

第五章　結　論

　　本論文的研究客體在於北宋前期的儒學，亦即至理學興起以前的宋代學術史。為探究其發展的脈絡，筆者上溯至中晚唐的學術狀況。同時，從佛教，尤其天台宗與禪宗的面向觀察其與儒學的交涉狀況。

　　事實上，唐代士大夫與佛教之間的交涉已不僅僅在人際網絡上或外在的儀式上，更有深諳佛法的士大夫兼通儒釋或三教的經書，為佛教教義擴展理論內涵。這群士大夫當中不乏追尋所謂聖賢之道的古文家，如梁肅是較極端的例子。在倡導古文的行動方面，他是提攜韓愈、歐陽詹（約 758～約 800）等文學家的前輩；對於天台宗而言，他則是九祖湛然的俗家弟子，深得止觀要法。如同在文學上追求古道的主張，梁肅也相當重視天台宗的法統，儒釋二學並未使他的思想造成衝突。類似的情況也表現在柳宗元的身上，他可以公言「自幼好佛」，也會因為韓愈力主闢佛，而為佛教辯護。對於梁肅、柳宗元等人而言，佛法無礙於儒家經世濟民的理想。他們可以在浸淫佛學的同時，試圖實踐儒家建立政治社會秩序的方式。士大夫將佛教視為尋求內心慰藉，尤其天台、華嚴等宗派發展出心性之學，也能契合他們的思想。

　　然而，儒家內部同時也出現另一種類型的士大夫。以韓愈為代表，企圖建立儒家道統的學者產生排斥佛教的傾向。建立道統的唐代碩儒或可追溯至王通，而韓愈已對此有較為清楚的概念，並開始在孟、荀之間做出抉擇，最後將孟子視為繼承孔聖之道的正統代表。在晚唐皮日休等人的道統體系中，王通與韓愈也被接續至孔子、孟子、荀子、揚雄的系譜之下。儒家建立道統的時期恰恰在天台宗與禪宗內部爭取法統之後。如果說韓愈、李翱等人建構源於《大學》、《中庸》的心性之學，是為了對抗佛教，不使其繼續統治平民與多數士大夫的內心世界，那麼中晚唐所形成的道統也是基於佛家建立法統

而建構出來的。

無論是以「內釋外儒」或「內道外儒」表現思想型態的中古士大夫，或是主張以儒家心性之學取代佛法的新興士人，多少意識到傳統經注無法滿足他們建構儒學的需求。因此，以啖助、趙匡為具代表性的經學家，新《春秋》學在中唐形成。新《春秋》學的學術意義，在於使重視義理的宋代經學取代參雜陰陽讖緯之說的漢唐經學；同時，強烈關懷現實世界的經世濟民思想，也是新《春秋》學的標誌。因此中晚唐經學可被視為學術史的一大轉折點。〔註1〕

經學與文學在中晚唐時期的新學風延續到宋代。然而，在宋代最初的八十年左右，學術界仍未發生顯著的改變。即使如此，仍有不少值得注意的地方。第一，北宋古文家繼承韓愈、皮日休的文學主張，也產生與佛教對抗的意識，同時繼續擴充或刪選道統中的代表人物。不過，當時以西崑派為中心的綺麗文風和具有「內釋外儒」或「內道外儒」思想的士大夫仍深具影響力。同時，幾位西崑派的首腦人物也兼任佛院譯經官的職務。

第二，同樣是追求「古道」的文學家，也有有一批人主張文章應有「簡古」的風格。因此，不同於柳開及其文友所導致的艱澀怪僻的文風，王禹偁、穆修、尹洙等人便意識到寫作文章應當力求「簡古」。儘管古文家也都意識到佛教對政治社會造成的弊害，但他們對於闢佛的態度仍有輕重緩急之別，立場並非一致。

第三，以經世濟民與重振王道為理想的經學思潮獲得響應。以「宋初三先生」為代表人物，宋初的儒家學者對經典的研究都出於改變政治社會秩序的理想。他們所著重的方式有所不同而大致可歸為兩條路線。一者以胡瑗設書齋教學為例，他認為士人需有「治事」的能力，以達成儒家教化人民的目標，但也希望士人能不忘修心。范仲淹也向政府強調學校培養人才的功用，以免「士惟偷淺，言不及道，心無存誠。暨于入官，鮮於致化。」二者以孫復為代表，他治《春秋》「大約本於陸淳，而增新意。」〔註2〕他與門人極希望重振王道，並重視君臣、父子、夫婦等倫常以維持人間的秩序。宋初的經學家為了發展尊君思想以及經世致用的目的，除了《春秋》之外，也將研究的心力用在《易》、《書》（尤其《洪範》）、《禮》等經書。實際上宋初的易學

〔註1〕 相關著作見楊向奎，〈唐宋時代的經學思想——《經典釋文》、《十三經正義》等書所表現的思想體系〉，收入於林慶彰主編，《中國經學史論文選集》上冊，頁630～658；葛煥禮，〈論啖助、趙匡、陸淳《春秋》學的學術轉型意義〉，頁40～45。

〔註2〕 脫脫，〈孫復傳〉，《宋史》，卷432，頁12832。

研究風氣頗盛，不少古文家也兼通易學卦算以期通曉天道、人事。

　　前述中唐韓愈、李翱等人欲建立屬於儒家的「內學」，對人的性情提出他們的看法。不過他們的這項工作在宋初並沒有得到發展，反而由天台僧智圓借用「中庸」的概念來詮釋佛教的「中道義」。考察智圓運用「中庸」概念的契機，固然與他年少就通讀儒書有極深的關係。然而，爲了與山家一派辯論「有」與「無」的存在，或「心」與「色」的對立，智圓援引「中道」說明不應受限於「有」、「無」兩極，《中庸》便成爲重要的理論依據。職是之故，天台義學的思辯亦可謂《中庸》受到智圓重視的契機，而《中庸》也使智圓將天台的性具說帶入更唯心的境界。

　　基於體認到佛教對儒家重建人倫秩序的工作造成障礙，儒家陣營的排佛聲浪逐漸高漲。大抵在慶曆至嘉祐間，推動儒學復興的士大夫對佛教進行猛烈的批判，其主要論點著眼於佛教對國計民生的弊害，以及從夷夏之別的角度極言佛法不合聖人之道。此外，如宋祁則提出佛教借用《莊子》、《列子》之說以諷其剽竊中國百家之言。在這時期，除了古文蓬勃發展以外，宋儒改定經傳的事業也近於集大成的程度。延續胡瑗、孫復等前輩的成果，歐陽修、李覯、劉敞、三蘇父子等人都有突破性的經學著作或文論。因此經學史家評論：「自是風氣一變，學者解經，互出新意，視注疏如土苴。」〔註3〕

　　面對宋儒的闢佛如排山倒海之勢，契嵩從儒家學得《六經》之旨與中庸之道，而以此捍衛佛法，著文言儒、佛多有一致之處。他主張三教皆有聖人，聖人能「以實教人」，導人爲善。他接受儒家的「中庸」，又援佛理擴充其性情之說。儘管契嵩認爲《中庸》同於佛家的內典，然而在他看來，未能盡言「性」如何爲「誠」的《中庸》，終究不比佛家的自性清淨之說。契嵩說佛教聖人勸人修五戒十善，也同於儒家的五常，都有助於王道教化。因此，他認爲佛教也能兼達「內聖外王」，而儒家陣營攻擊佛法無益治道是不正確的。他也批評韓愈的言行皆不符儒家聖賢之道，企圖撼動這位排佛人士心中的象徵人物。

　　前述韓愈、李翱欲以儒家性命之學取代佛教內學的工作，至北宋理學諸子合三教之學才接續下去。馮友蘭謂「李翱與宋明道學家皆欲使人成儒家的佛，而儒家的佛必須於人倫日用中修成。」〔註4〕此說雖過於簡化，但亦可說明李翱及宋代以後的理學家自佛理得內學，而又欲以儒代佛的意圖。因此，

〔註3〕 馬宗霍，《中國經學史》（臺北：臺灣商務印書館，1968年），頁111。
〔註4〕 馮友蘭，《中國哲學史》下冊（臺北：臺灣商務印書館，1993年），頁812

理學家在「內聖」的領域對抗禪宗，其立場雖與契嵩倒置，但闡揚儒家正道的方式與契嵩護法類似；他們都以對方的理論來建構或壯大自家的內學。然而，契嵩既呼應以重建人間秩序為要務的儒學復興，也不免牽涉於外王的領域，而大談佛教的修明禮義之道。至於智圓對於文章的復古主張，也具有同樣的歷史意義。他們二人皆援用儒家的《中庸》補充「內學」，又都在「外學」的領域與儒家陣營應和。

概觀中唐以後的儒學發展，除了以經學為主的內部轉變，外部也牽涉到佛教宗派的興起。許多唐代士大夫以佛法為內在精神價值，而仍以儒家的禮義試圖實踐穩定政治社會秩序的理想。梁肅、柳宗元等人的例子可說明他們親近佛法無礙於他們以古文尋求「道」。然而，仍有如韓愈的士人認為內在世界可不假外求，儒家自有言性理的經典。然而，無論是韓愈建構的道統，或是李翱的《復性書》，仍顯現佛教對他們的影響。晚唐至北宋前期的士大夫仍持續建構與篩選儒家道統，唯性理之學的成果卻不及兼通三教之學的高僧。智圓與契嵩都援用《中庸》為內學的理論基礎，加之天台宗與禪宗本身的心性說，所談性理的深度與廣度都甚於同時代的儒學。但是，韓愈對於兩位僧人的影響仍是顯而易見的，無論他們對韓愈的態度是贊同或批判。此後理學家雜佛老而談性理，立場雖與智圓、契嵩不同，但所建構的內聖之學卻相當近似。清儒江藩（1761～1831）的以下一段文字可說明理學家與禪學的交涉：

> 儒生闢佛，其來久矣，至宋儒，闢之尤力。然禪門有《語錄》，宋儒亦有《語錄》；禪門《語錄》用委巷語，宋儒《語錄》亦用委巷語。夫既闢之而又效之，何也？蓋宋儒言心性，禪門亦言心性，其言相似，易於渾同，儒者亦不自知而流入彼法矣。〔註5〕

說到底，理學家的內學儘管有直承《孟子》、《中庸》與韓愈、李翱一系的基礎，但也已經先受過佛僧的改造，而成具禪風的性理之學。至於理學之前的儒家，或者說與智圓、契嵩同時代的士大夫，他們更看重「道」的實踐面。基本上他們延續柳宗元、劉禹錫等人對「天」與「人」的觀念，如劉禹錫認為天生萬物，而人治萬物，「人道」若明，則能勝天。〔註6〕歐陽修等人治經所以重「人事」，亦當源於此。

〔註5〕 江藩，《國朝宋學淵源記》，收入於《國朝漢學師承記附二本》（北京：中華書局，1983年），頁191。

〔註6〕 劉禹錫，〈天論上〉，《劉禹錫集》，卷5，頁67～69。

參考文獻

一、史　料

1. 〔唐〕王通，〔宋〕阮逸注，《文中子中說注》，臺北：世界書局，1959年。

2. 〔宋〕王溥，《五代會要》，上海：上海古籍出版社，2006年。

3. 〔宋〕王得臣，《麈史》，收入於《全宋筆記第一編之十》，鄭州：大象出版社，2003年。

4. 〔宋〕王欽臣，《王氏談錄》，收入於《全宋筆記第一編之十》，鄭州：大象出版社，2003年。

5. 〔宋〕王禹偁，《小畜集》，收入於《景印文淵閣四庫全書》第1086冊，臺北：臺灣商務印書館，1983年。

6. 〔宋〕王安石，李之亮箋注，《王荊公全集箋注》，共3冊，成都：巴蜀書社，2005年。

7. 〔宋〕王應麟，翁元圻注，《翁注困學紀聞》，臺北：中華書局，1966年。

8. 〔清〕王先謙，《荀子集解》，北京，中華書局，1988年。

9. 〔清〕永瑢編，《四庫全書總目提要》，全11冊，臺北：臺灣商務印書館，1965年。

10. 〔唐〕白居易，《白居易集》，共2冊，臺北：漢京文化，1984年。

11. 〔唐〕皮日休，《文藪》，收入於《景印文淵閣四庫全書》第1083冊，臺北：臺灣商務印書館，1983年。

12. 〔宋〕石介，《徂徠先生集》，卷14，收入於《景印文淵閣四庫全書》第1090冊，臺北：臺灣商務印書館，1983年。

13. 〔漢〕司馬遷，《史記》，共10冊，北京：中華書局，1982年。

14. 〔宋〕司馬光,《涑水記聞》,北京:中華書局,1989 年。

15. 〔宋〕司馬光,《傳家集》,收入於《景印文淵閣四庫全書》第 1094 冊,臺北:臺灣商務印書館,1983 年。

16. 〔宋〕司馬光,《資治通鑑》,全 10 冊,臺北:藝文印書館,1955 年。

17. 〔宋〕朱熹,《五朝名臣言行錄》,收入於趙鐵寒主編,《宋史資料萃編第一輯:宋名臣言行錄五集》,臺北:文海出版社,1957 年年。

18. 〔清〕江藩,《國朝漢學師承記附二本》,北京:中華書局,1983 年。

19. 〔宋〕宋祁,《宋景文公筆記》,收入於《全宋筆記第一編之五》,鄭州:大象出版社,2003 年。

20. 〔宋〕宋祁、歐陽修,《新唐書》,全 10 冊,北京:中華書局,1975 年。

21. 〔宋〕宋敏求,《唐大詔令》,上海:學林出版社,1992 年。

22. 〔唐〕李翱,《李文公集》,收入於《景印文淵閣四庫全書》,臺北:臺灣商務印書館,1983,第 1078 冊年。

23. 〔宋〕李覯,《李覯集》,臺北:漢京文化,1983 年。

24. 〔宋〕李燾,《續資治通鑑長編》,共 20 冊,北京:中華書局,2004 年。

25. 〔宋〕吳處厚,《青箱雜記》,北京:中華書局,1985 年。

26. 〔宋〕吳曾,《能改齋漫錄》,臺北:木鐸,1982 年。

27. 〔宋〕周必大,《文忠集》,收入於《景印文淵閣四庫全書》第 1147 冊,臺北:臺灣商務印書館,1983 年。

28. 〔宋〕邵伯溫,《聞見錄》,收入於《全宋筆記第二編之七》,鄭州:大象出版社,2006 年。

29. 〔宋〕邵博,《邵氏聞見後錄》,北京:中華書局,1983 年。

30. 〔宋〕封演,《封氏見聞錄》,北京:中華書局,2005 年。

31. 〔唐〕柳宗元,《柳宗元集》,共 4 冊,北京:中華書局,1979 年。

32. 〔宋〕柳開,《河東集》,《景印文淵閣四庫全書》第 1085 冊,臺北:臺灣商務印書館,1983 年。

33. 〔晉〕范曄,《後漢書》,臺北:鼎文書局,1979 年。

34. 〔宋〕范仲淹,《范仲淹全集》,全 2 冊,南京:鳳凰出版社,2004 年。

35. 〔宋〕孫復,《孫明復小集》,收入於《景印文淵閣四庫全書》第 1090 冊,臺北:臺灣商務印書館,1983 年。

36. 〔唐〕陸淳,《春秋集傳纂例》,收入於《景印文淵閣四庫全書》第 146 冊,臺北:臺灣商務印書館,1983 年。

37. 〔唐〕陸龜蒙,《笠澤叢書》,收入於《景印文淵閣四庫全書》第 1083 冊,臺北:臺灣商務印書館,1983 年。

38. 〔元〕脫脫編,《宋史》,全 4 冊,臺北:鼎文書局,1979,

39. 〔清〕黃宗羲,《宋元學案》,全 4 冊,臺北:正中書局,1954 年。

40. 〔漢〕班固,《漢書》,共 5 冊,臺北:鼎文書局,1979 年。

41. 〔宋〕曾鞏,《曾鞏集》,共 2 冊,北京:中華書局,1984 年。

42. 曾棗莊、劉琳主編,《全宋文》全 50 冊,成都:巴蜀書社,1988 年。

43. 〔宋〕程顥、程頤,《二程集》,共 2 冊,北京:中華書局,2006 年。

44. 〔清〕焦循、焦琥,《孟子正義》,臺北:世界書局,1956 年。

45. 〔宋〕楊億編,王仲犖注,《西崑酬唱集注》,北京:中華書局,1980 年。

46. 〔清〕董誥編,《全唐文》,臺北:匯文書局,1961 年。

47. 〔宋〕趙彥衛,《雲麓漫鈔》,北京:中華書局,1996 年。

48. 〔唐〕撰者不詳,《曆代法寶記》,《大正新修大藏經》第 51 冊,臺北:世樺,1998 年。

49. 〔宋〕黎靖德編,《朱子語類》,共 8 冊,北京:中華書局,1986 年。

50. 〔後晉〕劉昫,《舊唐書》,共 2 冊,臺北:鼎文書局,1979 年。

51. 〔唐〕劉禹錫,《劉禹錫集》,共 2 冊,北京:中華書局,1990 年。

52. 〔宋〕劉敞,《七經小傳》,收入於《景印文淵閣四庫全書》第 183 冊,臺北:臺灣商務印書館,1983 年。

53. 〔宋〕歐陽修,《歐陽修全集》,共 6 冊,北京:中華書局,2001 年。

54. 〔宋〕歐陽修,《新五代史》,全 3 冊,北京,中華書局,1974 年。

55. 〔宋〕穆修,《穆參軍集》,收入於《景印文淵閣四庫全書》第 1087 冊,臺北:臺灣商務印書館,1983 年。

56. 〔梁〕蕭子顯,《南齊書》,共 2 冊,臺北:鼎文書局,1975 年。

57. 〔宋〕錢易,《南部新書》,北京:中華書局,2002 年。

58. 〔印〕龍樹,〔晉〕鳩摩羅什譯,《中論》收入於《大正新修大藏經》第 30 冊,臺北:世樺,1998 年。

59. 〔唐〕韓愈,馬其昶校注,《韓昌黎文集校注》,上海:上海古籍出版社,1987 年。

60. 〔宋〕魏泰,《東軒筆錄》,北京:中華書局,1983 年。

61. 〔宋〕蘇洵,曾棗莊、金成禮箋注,《嘉祐集箋注》,上海:上海古籍出版社,1993 年。

62. 〔宋〕蘇軾,《蘇東坡全集》,全 2 冊,臺北:世界書局,1964 年。

63. 〔宋〕蘇軾,《東坡易傳》,收入於《景印文淵閣四庫全書》第 9 冊,臺北:臺灣商務印書館,1983 年。

64. 〔宋〕蘇轍,《蘇轍集》,共 4 冊,北京:中華書局,1990 年。

65. 〔梁〕釋慧皎，湯用彤校注，《高僧傳》，北京：中華書局，1992 年。

66. 〔梁〕釋僧祐，《出三藏記集》，收入於日本東京大藏經刊行會編，《大正新修大藏經》第 55 冊，臺北：世樺，1998 年。

67. 〔隋〕智顗，《仁王護國般若波羅蜜經疏》，收入於《大正新修大藏經》第 33 冊年。

68. 〔唐〕釋道宣，《續高僧傳》，收入於日本東京大藏經刊行會編，《大正新修大藏經》第 50 冊（臺北：世樺，1998）年。

69. 〔唐〕釋灌頂，《國清百錄》，《大正新修大藏經》第 46 冊，臺北：世樺，1998 年。

70. 〔唐〕釋湛然，《止觀輔行傳弘決》，收入於《大正新修大藏經》第 46 冊，臺北：世樺，1998 年。

71. 〔唐〕釋慧能，《六祖大師法寶壇經》（敦煌本、宗寶本），收入於《大正新修大藏經》第 48 冊，臺北：世樺，1998

72. 〔唐〕釋神會，胡適校寫，《神會和尚遺集》，臺北：中央研究院胡適紀念館，1968 年。

73. 〔唐〕釋淨覺，《楞伽師資記》，收入於《大正新修大藏經》第 85 冊，臺北：世樺，1998 年。

74. 〔宋〕釋贊寧，《宋高僧傳》，北京：中華書局，1987 年。

75. 〔宋〕釋道原，《景德傳燈錄》，收入於《大正新修大藏經》第 51 冊，臺北：世樺，1998 年。

76. 〔宋〕釋智圓，《閑居編》，收入於《卍新纂續藏經》第 101 冊，臺北：新文豐，1976 年。

77. 〔宋〕釋契嵩，《鐔津文集》，收入於日本東京大藏經刊行會編，《大正新修大藏經》第 52 冊（臺北：世樺，1998）年。

78. 〔宋〕釋文瑩，《玉壺清話》，北京：中華書局，1984 年。

79. 〔宋〕釋志磐，《佛祖統記》，揚州：江蘇廣陵古籍刻印社，1992 年。

80. 〔元〕釋覺岸，《釋氏稽古略》，收入於《大正新修大藏經》第 49 冊，臺北：世樺，1998 年。

81. 〔清〕顧炎武，《原抄本日知錄》，臺北：文史哲出版社，1979 年。

二、專　書

1. Chen, Jo-shui. Liu Tsung-yuan and Intellectual Change in T'ang China,773-819, New York: Cambridge University Press, 1992.

2. Liu, James T.C. Ou-yang Hsiu: An Eleventh-Century Neo-Confucianist. Stanford: Stanford University Press , 1967.

3. 〔日〕山口益，釋演陪譯，《天台性具思想論》，臺北：慧日講堂，1967年。

4. 王運熙，《漢魏六朝唐代文學論叢》，上海：復旦大學出版社，2002年。

5. 尹協理、魏明，《王通論》，北京：中國社會科學出版社，1984年。

6. 尤惠貞，《天台宗性具圓教之研究》，臺北：文津出版社，1993年。

7. 〔日〕市川勘，《韓愈研究新論：思想與文章創作》，臺北：文津出版社，2004年。

8. 〔清〕皮錫瑞，周予同注，《經學歷史》，北京：中華書局，2004年。

9. 〔清〕皮錫瑞，《經學通論》，北京：中華書局，1954年。

10. 〔美〕包弼德，劉寧譯，《斯文：唐宋思想的轉型》，南京：江蘇人民出版社，2001年。

11. 牟宗三，《牟宗三先生全集第 4 冊——佛性與般若（下）》，臺北：聯經，2003年。

12. 何寄澎，《唐宋古文新探》，臺北：大安出版社，1990年。

13. 呂澂，《中國佛學源流略講》，北京：中華書局，1979年。

14. 余英時，《朱熹的歷史世界》，共 2 冊，臺北：允晨文化，2003年。

15. 杜維運，《中國史學史》第 2 冊，臺北：三民書局，2002年。

16. 吳雁南，《中國經學史》，福州：福建人民出版社，2001年。

17. 〔日〕東英壽，王振宇、李莉譯，《復古與創新——歐陽修散文與古文復興》，上海：上海古籍出版社，2005年。

18. 周淑萍，《兩宋孟學研究》，北京：人民出版社，2007年。

19. 〔日〕，牧田諦亮〈趙宋仏教史における契嵩の立場〉，《中国近古仏教史研究》，京都：平楽寺書店，1957年。

20. 金中樞，《宋代學術思想研究》，臺北：幼獅文化，1989年。

21. 侯外廬，《中國思想通史》第 4 卷上冊，北京：人民出版社，1959年。

22. 胡適，《胡適文存二集》，收入於歐陽哲生，《胡適文集》第 3 冊（北京：北京大學出版社，1998）年。

23. 姜廣輝，《中國經學思想史》第 2 卷，北京：中國社會科學出版社，2003年。

24. 馬宗霍，《中國經學史》，臺北：臺灣商務印書館，1968年。

25. 張清泉，《北宋契嵩的儒釋融會思想》，臺北：文津出版社，1998年。

26. 張𩆩弓，《漢傳佛教與中古社會》，臺北：五南圖書出版公司，2005年。

27. 張躍，《唐代後期儒學的新趨向》，臺北：文津出版社，1993年。

28. 梁啓超，《佛學研究十八篇》，臺北：中華書局，1956年。

29. 陳寅恪，《金明館叢稿初編》，臺北：里仁書局，1981 年。

30. 陳寅恪，《金明館叢稿二編》，臺北：里仁書局，1981 年。

31. 郭紹林，《唐代士大夫與佛教》，臺北：文史哲出版社，1993 年。

32. 郭朋，《隋唐佛教》，山東：齊魯書社，1980 年。

33. 郭朋，《宋元佛教》，福州：福建人民出版社，1981 年。

34. 〔日〕副島一郎，王宜瑗譯，《氣與士風——唐宋古文的近程與背景》，上海：上海古籍出版社，2005 年。

35. 〔荷〕許理和，李四龍、裴勇譯，《佛教征服中國》，南京：江蘇人民出版社，1998 年。

36. 曾棗莊，《唐宋文學研究》，成都：巴蜀書社，1999 年。

37. 曾其海，《天台佛學》，上海：學林出版社，1999 年。

38. 馮友蘭，《中國哲學史》下冊，臺北：臺灣商務印書館，1993 年。

39. 馮曉庭，《宋初經學發展述論》，臺北：萬卷樓圖書公司，2001 年。

40. 黃啟江，《北宋佛教史論稿》，臺北：臺灣商務印書館，1997 年。

41. 黃敏枝，《宋代佛教社會經濟史論集》，臺北：臺灣學生書局，1989 年。

42. 湯用彤，《漢魏兩晉南北朝佛教史》，臺北：鼎文書局，1975 年。

43. 湯用彤，《隋唐佛教史稿》，臺北：木鐸出版社，1988 年。

44. 葉國良，《宋人疑經改經考》，臺北：國立臺灣大學，1980 年。

45. 楊國安，《宋代韓學研究》，北京：中國社會科學出版社，2006 年。

46. 漆俠，《宋學的發展和演變》，石家莊：河北人民出版社，2002 年。

47. 潘桂明，《中國居士佛教史》，共 2 冊，北京：中國社會科學出版社，2000 年。

48. 劉子健，《歐陽修的治學與從政》，臺北：新文豐，1984 年。

49. 劉子健，趙冬梅譯，《中國轉向內在——兩宋之際的文化內向》，南京：江蘇人民出版社，2002 年。

50. 劉澤華主編，《中國古代政治思想史（修訂本）》，天津：南開大學出版社，2001 年。

51. 蔣義斌，《宋代儒釋調和論及排佛論之演進——王安石之融通儒釋及程朱學派之排佛反王》，臺北：臺灣商務印書館，1988 年。

52. 鄧廣銘，《鄧廣銘治史叢稿》，北京：北京大學出版社，1997 年。

53. 鄧廣銘，《鄧廣銘全集》第 8 卷，石家莊：河北教育出版社，2005 年。

54. 賴永海，《湛然》，臺北：東大圖書，1993 年。

55. 蕭公權，《中國政治思想史》，共 2 冊，臺北：聯經出版事業公司，1982 年。

56. 錢穆，《中國思想史》，臺北：臺灣學生書局，1982 年年。

57. 錢穆，《宋明理學概述》，臺北：中國文化大學出版部，1980 年。

58. 錢穆，《經學大要》，臺北：蘭臺出版社，2000 年。

59. 錢穆，《中國學術思想史論叢》第 4 冊，臺北：東大圖書公司，1991 年。

60. 錢穆，《中國學術思想史論叢》第 5 冊，臺北：東大圖書公司，1976 年。

61. 錢穆，《中國近三百年學術史》上冊，臺北：臺灣商務印書館，1996 年。

62. 錢穆，《朱子學提綱》，臺北：蘭臺出版社，2001 年。

63. 錢鍾書，《談藝錄》，香港：中華書局，1986 年。

64. 鄺士元，《中國學術思想史》，臺北：里仁書局，1995 年。

65. 謝無量，《朱子學派》，上海：中華出版社，1932 年。

66. 謝善元，《李覯之生平及思想》，北京：中華書局，1988 年。

67. 〔日〕鎌田茂雄，《中国仏教史第四卷：南北朝の仏教》下冊，東京：東京大學出版会，1990 年。

68. 釋慧嶽，《天臺教學史》，臺北：中華佛教文獻編撰社，1974 年。

69. 釋慈怡主編，《佛光大辭典》，高雄：佛光出版社，1989 年。

三、論　文

1. Peter N. Gregory, "The Vitality of Buddhism in the Sung," in Peter N. Gregory and Daniel A. Getz, Jr., eds. Buddhism in the Sung （Honolulu: University of Hawaii Press, 1999）, pp.1-22.

2. 王宏海、曹清林，〈韓愈、李翱的經學思想透析〉，《河北師範大學學報：哲學社會科學版》28 卷 2 期（石家莊，2005 年 3 月），頁 35～38。

3. 王德權師，〈修身與理物——中唐士人自省之風的兩個面向〉，《臺灣師大歷史學報》第 35 期（臺北，2006 年 6 月），頁 1～47。

4. 王予文，〈契嵩及其佛學思想〉，收入於《中國學術佛教論典》第 29 冊（高雄：佛光山文教基金會，2001 年），頁 359～399。

5. 牟潤孫，〈兩宋春秋學之主流〉，《大陸雜誌》第 5 卷第 4 期（臺北，1952 年 8 月），頁 1～4。

6. 何儁，〈論韓愈的道統觀及宋儒對他的超越〉，《孔孟月刊》第 33 卷第 3 期（臺北，1995 年 3 月），頁 29～37。

7. 何寄澎，〈論釋契嵩思想與儒學的關涉〉，《幼獅學誌》第 20 卷第 3 期（臺北，1989 年），頁 111～147。

8. 宋鼎宗，〈宋儒春秋尊王說〉，《成功大學學報》第 19 期（台南，1984 年 11 月），頁 1～36。

9. 李四龍,〈民俗佛教的形成與特徵〉,《北京大學學報》1996 年第 4 期（北京,1996 年 8 月）,頁 55～60。

10. 李朝軍,〈晁迥與宋初文學〉,《四川大學學報》2005 年第 3 期（成都,2005 年 7 月）,頁 98～104。

11. 邱敏捷,〈《壇經》的作者——與版本印順與胡適及日本學者相關研究觀點之比較〉,《人文研究學報》41 卷 2 期（台南,2007 年 10 月）,頁 13～41。

12. 吳忠偉,〈智圓佛學思想研究〉,收入於佛光山文教基金會編,《中國佛教學術論典》第 16 冊（高雄:佛光山文教基金會,2001）,頁 1～198。

13. 林慶彰,〈唐代後期經學的新發展〉,收入於林慶彰編,《中國經學史論文選集》上冊（臺北:文史哲出版社,1992 年）,頁 670～677。

14. 金林祥,〈胡瑗教育思想研究〉,《南通師範學院學報》（哲學社會科學版）第 16 卷第 2 期（南通,2000 年 6 月）,頁 101～106。

15. 金榮官,〈胡瑗的分齋教學極其影響〉,收入於《宋史研究論叢》第 7 輯（保定:河北大學出版社,2006 年）,頁 354～370。

16. 胡適,〈《壇經》考之一（跋曹溪大師別傳）〉,收入於《現代佛教學術叢刊》第 1 冊（臺北:大乘文化,1980 年）,頁 1～10。

17. 姚長壽,〈《淨度三昧經》與人天教〉,《中華佛學學報》第 12 期（臺北,1999 年 7 月）,頁 79～95。

18. 洪淑芬,《論儒佛交涉與宋代儒學復興——以智圓、契嵩、宗杲爲例》,臺北:國立臺灣大學中國文學研究所博士論文,2007。

19. 夏長樸,〈李覯的重禮思想及其與荀子的關係〉,《臺大中文學報》第 2 期,臺北,1988 年 11 月,頁 265～282。

20. 張國剛,〈略論唐代學術史的時代特徵〉,《史學月刊》2003 年第 6 期（天津,2003 年 6 月）,頁 80～87。

21. 張國剛,〈中古社會變遷筆談〉,《史學月刊》2005 年第 5 期（開封,2005 年 5 月）,頁 5～7。

22. 寇養厚,〈中唐《春秋》學對柳宗元與永貞革新集團的影響〉,《東嶽論叢》21 卷 1 期（濟南,2000 年 1 月）,頁 114～117。

23. 章群,〈啖、趙、陸三家《春秋》之說〉,收入於林慶彰、蔣秋華編,《啖助新《春秋》學派研究論集》（臺北:中央研究院中國文哲研究所,2002 年）,頁 73～88。

24. 陳弱水,〈柳宗元與中唐儒家復興〉,《新史學》5:1（臺北,1994 年 3 月）,頁 1～49。

25. 曾建林,〈宋代經學的轉型與歐陽脩經學的特點〉,《浙江大學學報》（人文社會科學版）第 32 卷第 2 期（杭州,2002 年 3 月）,頁 157～159。

26. 楊向奎，〈唐宋時代的經學思想──《經典釋文》、《十三經正義》等書所表現的思想體系〉，收入於林慶彰主編，《中國經學史論文選集》上冊上冊（臺北：文史哲出版社，1992 年），頁 630～658。

27. 葛煥禮，〈論啖助、趙匡、陸淳《春秋》學的學術轉型意義〉，《文史哲》2005 年第 5 期（濟南，2005 年 9 月），頁 40～45。

28. 劉光裕，〈唐代經學中的新思潮──評陸淳《春秋》學〉，收入於林慶彰、蔣秋華編，《啖助新《春秋》學派研究論集》（臺北：中央研究院中國文哲研究所，200 年 2），頁 89～111。

29. 劉貴傑，〈從智圓思想看佛法與儒學之交涉〉，收入於《佛教的思想與文化：印順導師八秩晉六壽慶論文集》，臺北：法光出版社，2002 年。

30. 劉乾，〈論啖助學派〉，收入於林慶彰編，《中國經學史論文選集》上冊上冊（臺北：文史哲出版社，1992 年），頁 678～701。

31. 〔日〕稻葉一郎，李甦平譯，〈中唐新儒學運動的一種考察──劉知幾的經書批判和啖、趙、陸氏的《春秋》學〉，收入於林慶彰主編，《啖助新《春秋》學派研究論集》（臺北：中央研究院中國文哲研究所，2002 年），頁 305～338。

32. 蔣義斌，〈孤山智圓與其時代──佛教與宋朝新王道的關係〉，《中華佛學學報》第 19 期（臺北，2006 年），頁 233～270。

33. 蔡惠明，〈融儒於佛的契嵩大師〉，《內明》第 186 期（香港，1987 年 9 月），頁 33、34～35。

34. 〔日〕橫山健一，〈宋代における義例說の展開──崔子方の春秋學について〉，《東方學》第 115 期（東京，2008 年 1 月），頁 73～87。

35. 魏鴻雁，〈宋代僧人對儒家經學的認識與回應──從釋智圓和釋契嵩談起〉，《青海民族學院學報》2005 年第 2 期（西寧，2005 年 4 月），頁 38～41。

36. 魏鴻雁，〈宋代僧人對北宋文學革新的認識與回應──以釋智圓和釋契嵩為中心的考察〉，《青海民族研究》17 卷第 4 期（西寧，2006 年 9 月），頁 68～72。

四、網路資料

1. 釋聖凱，〈論佛道儒三教倫理的交涉〉，《世界弘明哲學季刊》2001 年 6 月號 <http://phil.arts.cuhk.edu.hk/~cculture/library/hongming/200106-002.htm>（2008 年 12 月 10 日，國際網址: http://whpq.net）

參禪與念佛
——晚明袁宏道的佛教思想

邱敏捷　著

作者簡介

邱敏捷，國立臺南大學國語文學系專任教授。民國七十九年以《袁宏道的佛教思想》取得國立高雄師範大學文學碩士學位；民國八十七年以《印順佛教思想研究》取得國立中山大學文學博士學位。研究領域為佛學、老莊與佛教文學等。著有《以佛解莊 以《莊子》註為線索之考察》、《印順《中國禪宗史》之考察——胡適及日本學者相關研究的比較》、《《肇論》研究的衍進與開展》、《文學與佛經》、《留住蓮音》、《印順導師的佛教思想》等書，以及期刊論文四十餘篇、學術研討會論文十餘篇。曾榮獲國科會研究獎勵甲種獎，並連續七年擔任國科會補助專題研究計畫主持人，研究題目分別是：《從僧肇到印順——《肇論》研究史的回顧與檢討》（NSC90-2411-H-160-001）、《唐以來「以佛解莊」之考察——兼論其在思想史之意義》（NSC91-2411-H-024-003）、《中國佛教「頓漸之爭」的內涵及其意義 以晉末宋初與唐代禪宗為線索之考察》（NSC92-2411-H-024-004）、《「以佛解老」之考察兼論其在思想史之意義》（NSC93-2411-H-024-003）、《印順《中國禪宗史》之考察 兼與胡適及日本學者相關研究的比較》（NSC95-2411-H-024-002）《印順「批判佛教」之考察 兼與松本史朗、袴谷憲昭的比較》（NSC96-2411-H-024-001）、《戰後台灣「禪與詩」詮釋進路的變革——以「禪公案與禪詩」為中心的探討》（NSC 97-2410-H-024-016）等。

提　　要

　　在古代著名文學家與佛教的關係中，袁宏道有系統性的佛教思想理論著作，是比較特殊的一個。近現代學者有關袁宏道研究的論著，泰半集中於生平的敘述及其文學上的成就，而於其佛教思想，並無全盤解析，本論文旨在呈顯其佛教思想內涵。全文共分六章。

　　第一章緒論，先檢討袁宏道的佛教著作與前人研究的成果，再提出本文研究架構。

　　第二章以袁宏道與佛教的因緣為主題，由兄長的啟迪到師友的交遊，再歸結於時代的思潮。從點到面做一敘述，為解說袁宏道的佛教思想作一開展。

　　第三章探究袁宏道的禪學思想，由其參禪的進路，進而分析禪思的核心，並及其對晚明禪者的批判。

　　第四章討論袁宏道的淨土思想，以《西方合論》為中心，先說明《西方合論》的寫作動機及其思想架構，再分析其內在的思想課題，最後則透過與蓮池淨土思想的比較與藕益的評價，呈顯袁宏道《西方合論》的價值。

　　第五章探討袁宏道禪學思想對文學的影響，先辨析袁宏道文學觀與禪學的關係，再分析以禪入詩的詩歌作品。

　　第六章結論，歸納全文討論之結果。

目

次

江 序[*]

江燦騰

敏捷小姐的研究專著《參禪與念佛——晚明袁宏道的佛教思想》一書，即將由台北的商鼎文化出版社出版，她要我爲她的大作寫一篇介紹的〈序〉。

本來此書，是敏捷小姐在國立高雄師範大學國文研究所的碩士論文，由簡宗修教授指導。但因我與敏捷小姐多年來，一直都共同從事於晚明佛教思想的研究，經常在長途電話中交換意見，以及幾次在新竹竹北和高雄見面討論，所以我算是較熟悉她研究取徑的一個同道。而本書的出版，也是由我極力推荐給商鼎文化出版社的——因我實際擔任此一「宗教文化叢書」的總編輯。基於這樣的機緣，我不得不應允爲本書的出版，講幾句開場白。

我認爲敏捷小姐此書出版，具有下列幾個學術意義：

（一）本書是迄目前爲止，對袁宏道的佛教思想，有最完整交代的一本專著。過去學界，雖也多少提到一點袁宏道的禪宗思想或禪與文學的關係，但是有關袁宏道在淨土方面的深入研究，則相當缺乏。然而本書卻能以他的淨土名著《西方合論》爲中心，廣論其以華嚴體系爲內涵的淨土思想；同時也將此書涉及晚明的禪淨雙修理論，作了扼要清晰的探討。可以說，彌補了向來關於袁宏道研究的不足部分，因此極具參考價值。

（二）此書的資料收集，在禪學方面有極大的突破。例如袁宏道的禪學作品：《珊瑚林》和《金屑編》兩種，在國內並無其書，所以過去學界僅知其與袁宏道的思想很密切，卻不知書中內容眞相如何。敏捷小姐則突破各種艱難，自日本的內閣文庫將此兩種資料影印回台灣來使用。僅就資料的突破來

---

[*] 此乃書於民國 82 年由商鼎文化出版社發行時之序文，爲提供讀者參考，故保留之。

說，就是值得學界稱道的難得業績。

（三）使晚明居士佛教的思想，有更清楚的認識。居士佛教是晚明極盛行的在家者的佛教信仰型式，尤其在陽明左派的學者影響下，知識分子信佛成了相當普遍的風氣。可是過去學界唯側重李卓吾等人的居士佛學研究，但總是和「狂禪」的批判觀點分不開。如今，敏捷小姐以袁宏道爲中心，將晚明的居士佛教思想，予以客觀和深入的探討，使我們能有耳目一新的認識。

以上是我個人從研究明末佛教思想的角度來介紹的。

另一方面，我覺得敏捷小姐在本書的論證，仍嫌保守了一點。因爲我從和她的言談中，深深知道她的學術潛力，遠超過書中所表達的。她是太謹慎，所以未能暢所欲言。我建議她今後不妨更放開手來寫，如此佛學界將可多添一優秀的學者。我深深期待著！

一九九二年十二月二十八日於竹北市

自　序

　　這本論文是我在民國七十九年五月完成的，事隔至今已有十九年的時間。

　　在研究所階段，我主攻中國文學與哲學，尤其對佛學特別喜愛，所以在決定碩士論文題目時，我一直朝著文學與佛學兩者兼而有之者去發展。那時指導教授中山大學中文系教授簡宗修博士也給我不少提示，於是晚明文學家兼佛教學者袁宏道就成了我考慮的對象之一。

　　在我閱讀《袁宏道全集》以及有關袁宏道研究的著作時，發覺袁宏道與佛教這一領域，未被研究開發，頂多侷限在他的生平與文學成就上。另外，我也發現，若僅從《袁宏道全集》著手探討其佛教思想，也只能捕捉一二，無法掌握全貌，勢難串成一篇碩士論文，因此我再搜尋相關研究文獻，其中郭朋《明清佛教》一書有若干訊息可供參考。其次，在《嘉興藏》、《卍續藏》、《大正藏》檢索到袁宏道的淨土著作——《西方合論》約三萬五千字；更幸運的是我越洋過海收集到典藏在日本內閣文庫中三本袁宏道的著作——《珊瑚林》、《金屑篇》、《六祖壇經節錄》，彌足珍貴。這三本書是袁宏道關於禪宗修行的理念與心得。有了這些資料，我才決定以袁宏道為研究對象。

　　我從師專二年級暑假開始接觸佛教，當時和明道佛學社社友到佛光山參加為期十天的「佛學夏令營」，之後也斷斷續續的接觸佛教。會想對佛學作一深入的研究，是在就讀研究所這段期間。當然，過去學佛的因緣也是一大助緣，只是學佛與佛學研究之間，總是還有一大段距離，寫作這篇碩士論文似乎把這兩問題拉近了。

　　在寫作期間，我總是戰戰兢兢的，尤其自己在佛學方面的底子還很膚淺。恩師簡宗修博士本身治學嚴謹，對我的指導也同樣嚴格，要求正確的理解、

清楚的表達。我盡力而為，從構思、醞釀、生成、發展、修正，到論文出爐，前後歷一年半。

於此，我也要衷心感謝江燦騰教授，在我撰寫期間，給我極大的鼓勵和協助。江老師是研究晚明佛教數一數二的專家。認識江老師是在民國七十六年的冬天，淡江大學舉辦的「晚明思想與社會變動」討論會上。在那場學術盛會中最引我注意的是江老師的論文——李卓吾的生平與佛教思想。因為我知道研究佛教的學者並不多，能看到自己的前輩在這方面嶄露頭角，自然特別關注。只是當時並未進一步溝通了解。次年夏，我參加聖嚴法師在農禪寺舉辦的為期七天的「佛學夏令營」，並當面請教聖嚴法師有關袁宏道佛教思想方面的問題。由於他事務繁忙，於是指引我去找江老師。驀然回想起這個人，於是拿了聖嚴法師給的電話，就跟江老師聯絡上了。在寫作期間我常以電話向江老師請教，以求證自己理解程度。沒有他從旁協助，也許這篇論文更難以如期完成。

畢業十九年來，自己在學問上，仍然繼續摸索探究而未間斷。對這篇碩士論文也試圖加以修改，只是事過境遷，這個夢想至今仍未實現。

本書在 1993 年由商鼎文化出版社發行初版，今逢花木蘭文化出版社有意把拙作予以重新出版，為保留過去的記憶，故沿用「原自序」而略作修改。對花木蘭文化出版社的用心，謹在此致上無限的謝意。

邱敏捷謹誌於高雄
二〇〇九年五月

第一章　緒　論

袁宏道的一生，與佛教的關係，非常密切，可以說，佛教與他的生活經驗最相切近，反映他思想發展的過程。而且在古代著名文學家與佛教的關係中，袁宏道有系統性的佛教思想理論著作，是比較特殊的一個。

近現代學者有關袁宏道研究的論著，泰半集中於生平的敘述及其文學上的成就，而於其佛教思想，並無全盤的解析與探索，故本論文以此爲研究範圍，試圖對袁宏道的佛教思想內涵作一敘述。

在此緒論中，先把袁宏道的佛教著作與前人研究成果作一檢討，並擬定研究架構，以爲全文開展之序幕。

第一節　資料檢討

有關袁宏道的著作，吳武雄《公安派及其著作考》與周質平《袁宏道評傳》等書，都作過歸納整理，本節以其佛教著作爲主，茲分三類，再加以檢討。

一、佛教專著部分

1. 《金屑篇》一卷

本書乃袁宏道拈出經文、語錄加以頌古或評倡，共七十二則，類似參禪心得。明清響齋刊木，今藏於日本內閣文庫，國內已無典藏。

2. 《西方合論》十卷

本書屬袁宏道淨土思想之作，其傳本收錄於《嘉興藏》、《大正藏》與《卍

續藏》中。《嘉興藏》所用之本子，乃袁宏道等人的校本，〔註 1〕故最早；《大正藏》爲周之夔重刊本；《卍續藏》則是蕅益評本。本文引用《嘉興藏》所收《西方合論》爲主，另二本爲輔，相互參證。有關《西方合論》最早的刊本，據〈西方合論標註跋〉文云：「大明泰昌元年（1620），改元歲在庚申，暢月長至喝石老人如奇力疾謹識。」〔註 2〕則知最早刊本爲泰昌元年，距袁宏道去世已十年。

3. 《珊瑚林》二卷

本書屬問答體，內容涉及禪宗、淨土、唯識與三教融合思想等。明清響齋本，日本內閣文庫藏，國內已無存書。《袁宏道全集》中收錄的《德山暑談》，經過筆者比對，乃本書之節本，且旡咎居士馮賁〈跋珊瑚林〉亦云：「先生自擇其可與世語者，爲《德山暑談》梓行矣，茲其全也！」故本文寫作以此《珊瑚林》爲主。

二、刪節前人佛教作品者

1. 《宗鏡攝錄》十二卷，今佚

北宋永明延壽著《宗鏡錄》一百卷，全書立論重在頓悟與圓修，以「禪」尊達摩，「教」尊賢首爲其中心思想。袁宏道以其書繁雜不夠精簡，故加以刪略爲十二卷，今雖遺佚，但據《明史·藝文志》載有袁宏道《宗鏡攝錄》十二卷；袁中道在〈吏部驗封司郎中郎先生行狀〉（以下簡〈中郎行狀〉）一文云：「（袁宏道）批點韓、柳、歐、蘇四大家集，宗鏡攝錄、西方論、壇經刪，皆行于世。」；〔註 3〕董其昌《畫禪室隨筆》又云：「邇見中郎手摘永明宗鏡錄，與冥樞會要（指黃龍庵晦堂禪師《宗鏡冥樞》），較勘精詳，知其眼目，不同往時境界矣！」可見袁宏道確有其書，且對永明《宗鏡錄》亦頗有心得。

2. 《六祖壇經節錄》一卷

本書乃禪宗經典之節錄，明清響齋刊本，日本內閣文庫藏。袁宏道以《六

〔註 1〕 《嘉興藏》（第三十一冊），收藏的是經袁宏道、袁中道與沈演等人校對的本子，如《西方合論》卷一之末題有：「冷雲居士袁宗道校」（頁 469 中）。且在卷五末，有幾行小字：「浙江嘉興楞嚴寺般若堂經貲刻此西方合論上下卷，計字四萬六千零四十四字，□銀二十七兩六錢三分，康熙十六年二月比丘巨徹識。」（頁 479 下）《嘉興藏》內的《西方合論》是在康熙十六年二月刊刻的，所據之內容，則是當時袁宗道等人的校本，故可說是最早的本子。

〔註 2〕 《大正藏》，四十七冊，頁 388 下。

〔註 3〕 《珂雪齋前集》卷十七。

祖壇經》一書「中頗多贗者……故略刪其贗」。〔註4〕《壇經》從唐代流傳下來，其間難免有增僞之處，袁宏道所見者，乃當時明版《大藏經》，元宗寶編《六祖大師法寶壇經》（俗稱「宗寶本」），而非今所見最古的敦煌本（依印順導師所研考，敦煌本亦非最原始資料）。「宗寶本」的目錄爲：行由第一、般若第二、疑問第三、定慧第四、坐禪第五、懺悔第六、機緣第七、頓漸第八、宣詔第九、付囑第十。又附錄：〈緣起外紀〉、〈歷朝崇奉事蹟〉、〈賜謚大鑒禪師碑〉、〈大鑒禪師碑〉、〈佛衣銘〉。〔註5〕袁宏道《六祖壇經節錄》的目錄：機緣第一、示眾第二、參叩第三、付囑第四、碑碣第五（〈賜謚大鑒禪師碑〉、〈大鑒禪師第二碑佛衣銘〉），乃就「宗寶本」刪節而成。

三、散見於《袁宏道全集》中之佛教單篇文章者

《袁宏道全集》有各種版本，據筆者所知有：鍾伯敬增定《袁中郎全集》四十卷，明崇禎二年刊本，國立中央圖書館藏；梨雲館類定《袁中郎全集》二十四卷，清同治八年校刊本，國立中央圖書館藏；《袁石公集》四十二卷，明萬曆袁氏書種堂校刊本，國立中央研究院藏；《袁中郎集》二十二卷，明崇禎二年刊本，國立中央研究院藏；錢伯城《袁宏道集箋校》五十五卷，上海古籍出版社。本文以錢氏《袁宏道集箋校》（以下簡稱《箋校》）爲主，其優點有三：（一）其他全集，分體合編，打亂篇章寫作之年代，對於研究袁宏道生平及思想者，頗爲不便。本書按集重編，並考校年代，使用方便；（二）並附錄袁宏道詩文輯佚；（三）收載各家有關袁宏道傳記、評傳、版本著錄與刊本序跋之研究，方便參考。

錢伯城《箋校》收錄袁宏道之著作有：《敝篋集》、《錦帆集》、《去吳七牘》、《解脫集》、《廣陵集》、《瓶花齋集》、《廣莊》、《瓶史》、《瀟碧堂集》、《德山暑談》、《破研齋集》、《觴政》、《墨畦》、《華嵩遊草》、《場屋後記》。有關佛教篇章則散見於遊記、尺牘、碑文、疏文與詩歌中，尤其是尺牘，如萬曆二十四年〈與陶石簣書〉中，討論有關參禪「疑與悟」的問題；〔註6〕萬曆二十五年〈與張幼于書〉說明自己於禪宗一事，最有把握，當今只李卓吾一人可敵；〔註7〕萬

〔註4〕〈壇經節錄引〉。
〔註5〕《大正藏》，四十八冊，頁345中。
〔註6〕《箋校》卷六。
〔註7〕《箋校》卷一一。

曆二十八年〈予李龍湖書〉，奉勸李卓吾以戒爲重，不可悟理廢修；〔註8〕萬曆二十七年〈答陶石簣書〉中，檢討自己從前所悟之處，仍屬淨妙境界，乃惡知惡解。〔註9〕這些內容，對於掌握袁宏道佛教思想的演變，非常重要。

此外，收錄於無念禪師《黃檗無念禪師復問》中者，另有四篇：〈論禪〉、〈再晤無念禪師紀事〉、〈開黃檗山記〉、〈法眼寺〉，這是研究袁宏道與無念之關係時，相當珍貴的資料。

以上所介紹的資料，乃本論文主要參考資料。至於前人有關袁宏道佛教思想之評論或研究，據筆者所見約十種左右：

1. 明末蕅益《評點西方合論》

本書著錄於《卍續藏經》中。蕅益僅爲袁宏道《西方合論》加以「評點」，表達蕅益本人某些觀點，及對《西方合論》的肯定，但沒有透過探討方式以凸顯袁宏道淨土思想的內涵。

2. 清彭際清《居士傳》與《淨土聖賢錄》中各有〈袁伯修中郎小修傳〉一文

此二書有關袁氏兄弟之資料，主要取自《西方合論》等。傳記中略帶評論，主要贊歎袁氏兄弟由禪歸心淨土的奇特精神，完全站在彭氏本身弘揚淨土的立場。

3. 張汝釗〈袁中郎的佛學思想〉與融熙〈評袁中郎佛學思想〉

此二文是國內研究袁宏道佛學思想的先驅，可惜純屬引文敘述排比，並無深入分析。

4. 荒木見悟《明末宗教思想研究》附錄〈公安派的佛教思想〉與孫昌武《佛教與中國文學》

〈公安派的佛教思想〉針對袁氏兄弟的佛教思想作一敘述，在「總論」中，談及公安派文學理論與禪的關係；孫昌武在《佛教與中國文學》一書，探討袁宏道文學觀時，亦提及袁宏道文學觀與禪有關。

5. 郭朋《明清佛教》與釋聖嚴《明末佛教研究》

此二書把袁宏道《西方合論》一書，作一歷史評價。郭朋在《明清佛教》書中，特別標榜袁宏道《西方合論》是明代淨土宗的一部重要著作；釋聖嚴《明末佛教研究》推崇《西方合論》是明末淨土諸書中，氣勢最澎湃的一種。

〔註 8〕《箋校》卷二十二。
〔註 9〕《箋校》卷二十二。

6. 江燦騰〈李卓吾的生平與佛教思想〉

簡略的討論到李卓吾與袁宏道在「淨土」與「華嚴」思想的不同。

前人對於袁宏道與佛教之研究成果，點點滴滴，雖未匯河成海，蔚爲大觀，但將有助於本文進一步釐清袁宏道的佛教思想，並作更確切的理解。

第二節　研究架構

袁宏道接觸佛教的機緣，與兄長、師友及整個時代思潮有關，其佛教思想以禪淨爲主，前期傾向於禪的修爲，後期轉而禪淨雙修。禪學思想對其文學亦有所影響。本文於此範圍，先作一系統性的分析與組織。

論文的結構與章節的安排，除第一章緒論與第六章結論外，計分四大部分：

第二章以袁宏道與佛教的因緣爲題，共分三節。第一節探討袁宏道「初聞性命之學」，主要來自兄長袁宗道的啓迪；第二節敘述袁宏道與李卓吾、無念禪師的交往，以呈顯此二者於袁宏道接觸佛教過程中之重要；第三節歸因於整個時代的風尚，如禪淨思想的興盛與士大夫禪悅的風氣，說明袁宏道與佛教的因緣，與整個時代思潮的關係。

第三章探究袁宏道的禪學思想，共分三節。第一節先敘述袁宏道參禪的進路，由前章所敘袁宏道與李卓吾、無念禪師的交往，進一步討論袁宏道前期從萬曆十八年（二十三歲）到萬曆二十七年（三十二歲），參究的對象，主要是李卓吾的禪法；後期於萬曆二十七年（三十二歲）到萬曆三十八年（四十三歲），由於大慧宗杲看話禪在晚明的流行與無念的關係，所以主參大慧宗杲的看話禪；第二節分析袁宏道禪學思想的核心，包括「禪修理念」、「眞常唯心」與「教禪一致說」；第三節對禪者的批判，袁宏道以爲晚明狂禪與王學有關，而其批判對象，以李卓吾爲標的。

第四章討論袁宏道的淨土思想，以《西方合論》爲中心，共分三節。第一節敘述袁宏道《西方合論》的寫作動機，即由禪轉而禪淨雙修的原因，並簡介《西方合論》的思想架構；第二節探究《西方合論》的三個思想課題：一禪與淨的調合、二唯心淨土與他方淨土的融合、三淨土與華嚴思想的融通；第三節透過袁宏道與蓮池淨土思想的比較，及蕅益對《西方合論》的評價，以凸顯袁宏道《西方合論》的價值。

第五章探討袁宏道禪學思想對文學的影響，分二節。第一節辨析袁宏道

獨抒性靈的文學觀與禪的淵源，及其禪修的轉變與文學觀的修正；第二節分析袁宏道以禪入詩的詩歌創作。

第二章　袁宏道與佛教的因緣

袁宏道（1568～1610），字中郎，號石頭居士，湖北公安人，生於明穆宗隆慶二年，卒於神宗萬曆三十八年，享年四十三歲。兄長袁宗道（1560～1600），字伯修，號石浦。弟弟袁中道（1570～1624），字小修。兄弟三人共有文名，世稱公安三袁。

袁宏道一生最爲人所歌頌的成就，主要在於文學與佛教。袁宏道所倡導的公安派「獨抒性靈」的文學理論，一反傳統擬古的形式主義，強調個性的發展，特別是把向來爲人所輕忽的小說、戲曲、民歌與「六經」、《離騷》、《史記》等相提並論，且給予文學上最高的評價，這種論調在中國文學批評史上實有其地位。至於佛教，袁宏道是晚明居士佛教中相當出色的人物，郭朋《明清佛教》一書，曾談及袁宏道《西方合論》是晚明相當重要的一部淨土著作。

有關《西方合論》生平事蹟與時代背景，如任維琨〈袁中郎評傳〉、〈中郎師友考〉、《袁中郎研究》與周質平《袁中郎評傳》、《公安派的文學批評及其發展——兼論袁宏道的生平及其風格》等著作，都作過詳細探討，本文不再重覆，擬從袁宏道生平時代與佛教有關的這一部分，由「兄長的啓迪」、「師友的交遊」，以及整個「時代的風尚」，理出一條發展線索，以開展其佛教思想的研究。

第一節　兄長的啓迪

袁宏道接觸佛教的機緣，與其家族有關，其中尤以兄長袁宗道最爲直接。袁宏道七歲即喪母，故由其父親袁士瑜負教導的責任。袁士瑜曾著《海蠡

編》，〔註1〕「於孔釋二家異派同源處，卓然有見」。〔註2〕而袁氏兄弟自幼皆習庭訓，故於釋家之理，當有所聞。此外，外祖父龔大器及母舅惟學、惟長，亦常予袁氏兄弟日常生活的照料與詩文的教導。龔大器，依《公安縣志》卷六之記載，其人「讀書稱儒」，且「平易近人」，號為「龔佛」。人以佛稱之，龔氏與佛，自有其因緣。而母舅惟學與惟長，依《公安縣志》卷六所載，惟學「好學仙，喜為黃白術」，而惟長「晚年斷葷血，好布施」。由這些記載加以推論，袁宏道接觸佛教與其家族背景多少有關，但最直接啟迪人物，還是兄長袁宗道。

袁中道於〈中郎行狀〉中說道，袁宗道初以性命之學（禪學）啟發袁宏道，其文云：

> 明年（萬曆十七年）上春官，時伯修方為太史，初與聞性命之學，以啟先生，先生深信之……極力參究，時有所解，終不欲自安歧路，持燼火微明，以為究竟。如此者屢年，忘食忘寢，如醉如痴，一日于張子韶論格物處，忽然大噁。（《珂雪齋前集》卷十七）

萬曆十七年，時宏道二十二歲，以會試落第返居家中，伯修亦因冊封歸里，以「性命之學」教導宏道，宏道聞而深信不疑，極力參究。雖時有所悟，但不欲自安於小道，更不願以小火微明，以為是究竟之道。如此者屢年，廢寢忘食，如痴如醉。一日於張子韶與大慧論格物、物格的道理，〔註3〕豁然大悟。

〔註1〕 關於此書之作者有所爭議，一者為袁士瑜，二者為袁宗道。《公安縣志》卷八〈藝文志‧書目〉云：「袁士瑜《海蠡編》二卷，此書大旨以儒釋二家同源異派，或援釋疏孔，或證之曾為之作〈海蠡編序〉。不過在袁小修《珂雪齋前集》卷十六〈石浦先生傳〉亦云：「是年先生（宗道）以冊封歸里，仲兄與予皆知向學，先生語以心性之說……至於始復讀孔孟諸書，乃知至寶原在家內，何必向外尋求，吾試以禪詮儒，使知兩家合一之旨，遂著《海蠡編》。」「吾」字所指並不很清楚，但此乃袁宗道之傳記，故「吾」字應指袁宗道，也就是說袁宗道著《海蠡編》。另外袁小修《遊居柿錄》卷一，有卓吾題伯修《海蠡編》一紙云：「予讀袁石浦（伯修）《海蠡編》已奇矣！茲復會石浦於龍湖之上，所見又別，更當奇也。」（引自林其賢《李卓吾事蹟繫年》，頁226）也許袁士瑜及袁宗道都作過此書，只是內容有些不同，袁士瑜是「援釋疏孔，或證孔於釋」，而袁宗道「以禪詮儒」。故本文仍依《公安縣志》與江進之〈海蠡編序〉所載為準，證明袁士瑜曾作此《海蠡編》二卷。

〔註2〕 江進之《雪濤閣集》卷八〈海蠡編序〉。

〔註3〕 「張子韶論格物」之內容，據明朱時恩《居士分燈錄》下卷「張九成」有云：「丁巳秋，大慧宗杲說法於徑山，成聞其語要，嘆曰：是知宗門有人，恨不一見，遂往謁。一日問格物之旨。杲曰：公只知有格物而不知有物格。成聞之頓領微旨，題於壁曰：「子韶格物，妙喜（大慧宗杲）物格，欲識一貫，兩箇五百。」（《卍續藏經》，第一四七冊，頁917）萬曆三十二年，有人問：「妙

　　袁宗道於萬曆十七年，能以禪學啓迪袁宏道，亦有一段因緣，據袁中道所撰袁宗道的傳記中說：（一）宗道好爲文章，曾因文酒之會，夜以繼日，勞累過度，抱病幾死；（二）因病而學數息靜坐與閉門鼻觀等養生之道；（三）萬曆十七年在京師時，就教於焦竑、瞿汝稷與無念深有，此三人教以「頓悟之學」與「見性之說」的「禪」。〔註4〕因此袁宗道於萬曆十七年返鄉，才得以禪教導袁宏道，開啓袁氏一生參禪的道路。

第二節　師友的交遊

　　師友圈是袁宏道接觸佛教中相當重要的一環。由袁宏道與師友來往的「尺牘」中加以考察，黃輝〔註5〕、王百穀〔註6〕、梅客生〔註7〕、管東溟〔註8〕、陶望齡〔註9〕、李卓吾、無念深有等，都是與他談禪論佛的重要人物，尤其是

喜云：『言諸公但知格物，不知物格意旨何如？』」（《珊瑚林》上卷，葉二），宏道答：「格物物格，猶諺語云：『我要打他，反被他打也。』今人盡一生心思欲窮他，而反被他窮倒，豈非物格耶？故杲假引斬圖落頭之事。」（同上）用「我要打他，反被他打」來解說「格物」與「物格」，實在很生動。這是宏道第一次窮究性命之學的領悟。

〔註4〕《珂雪齋前集》卷十六〈石浦先生傳〉。

〔註5〕黃輝，字平倩。在《箋校》中，共收有四封袁宏道與之談論的書信。如萬曆二十五年〈與黃平倩〉云：「近造想益卓，參禪到平實，便是最上乘。弟自入德山後，學問乃穩安，不復往來胸臆間也。此境甚平易，亦不是造到的，恨不縮地，與二兄商證。」（卷四二）

〔註6〕王百穀，即王穉登。宏道與他來往之書信，全集共收十一封，其談論佛學的有三封，如與〈王百穀〉一文云：「讀來敘，佳甚。往歲會諸名士，都無一字及禪，以故吳令時，每以吳儂不解語爲恨，不知百穀之有意禪乎，然則僕之不能盡百穀者尚多，奚獨禪也？」（《箋校》卷十一）

〔註7〕袁宏道與海客生的書信共十三封，其中亦有談論佛學者，如與〈梅客生〉一文云：「開府無簿書牛馬之累，終日高坐堂皇，其折腰跪拜者，皆金紫也。既不妨飲酒，又不妨好色，又不妨參禪。」（《箋校》卷十一）梅客生爲開府之官，宏道以爲無所累，不妨參禪。

〔註8〕管志道（1537~1608），字登之，號東溟，是宏道之至友。宏道與東溟的信有四封，其中與〈管東溟〉一書云：「寄吳兩載，相知相愛，不盡無人，但其道義相與，傾肚吐膽者，惟足下一人。」（《箋校》卷六）可見二人相知之深。其他有二封則是討論佛學的。與〈管東溟〉書云：「夫見即教，教即見，非二物也，公試思之。見即教，《金剛》以無我相滅度眾生；教即見，《楞嚴》以一微塵轉大法輪。寫至此，萬藤滿紙，幸有以復我。」（《箋校》卷五）

〔註9〕陶望齡（1562~1609），字周望，號石簣，晚號歇庵居士。常師事周海門，屬泰州學派人物。乃與袁宏道遊山玩水、談禪論學最爲頻繁之友。《袁宏道全集》

李卓吾與無念深有，對袁宏道禪學思想有相當重要性的影響。本文在此僅對袁宏道與他們二人交遊的過程，先作一敘述：

一、李卓吾

李卓吾（1527～1601），原名贄，又字篤吾，號宏甫，又號溫陵居士，福建泉州人。生於明世宗嘉靖六年，卒於明神宗萬曆三十年，享年七十六歲。足足年長袁宏道四十二歲。

袁氏兄弟因焦竑之推薦而認識李卓吾。萬曆十七年，袁宏道以使事返鄉，焦竑告之曰：「亭州有卓吾先生在焉，試一往訊之，其有以開予也夫！」〔註10〕焦竑與李卓吾乃知己之交，〔註11〕極欣賞李卓吾，且篤信李卓吾的學問，尤其是在禪學方面。時李卓吾在龍湖，於是袁氏兄弟就前往拜訪。

袁宏道兄弟第一次訪求李卓吾的時間，是在萬曆十八年。〔註12〕李卓吾與袁氏兄弟會面，言談甚歡，且相互契入，尤其欣賞袁宏道的《金屑篇》，並贈以詩句，云：

> 誦君金屑句，執鞭亦忻慕。早得從君言，不當有老苦。（《珂雪齋前集》卷十七）

《金屑篇》共七十二則，是袁宏道參「楊岐公案」，〔註13〕有所發明，遂拈出經文或語錄加以參究的心得。〔註14〕李卓吾二十九歲就開始當官，先後

收載十多封袁宏道與陶望齡的尺牘，可惜在陶望齡的《歇庵集》中，只存〈別袁六休（袁宏道）七章〉、〈與袁六休三首〉（卷二、十五）而已。

〔註10〕《李溫陵外紀》卷二〈書袁太史〉。

〔註11〕李卓吾〈壽焦太史尊翁後渠公八秩華誕序〉云：「惟宏甫爲深知侯，故弱侯亦自以宏甫爲知己。」（《續焚書》卷二）

〔註12〕周質平《袁宏道評傳》附錄〈宏道行事年表〉（頁333）與《公安派的文學批評及其發展》之〈袁宏道年表〉（頁197），都考訂三袁初見李卓吾的時間，爲萬曆十八年。錢伯城在《箋校》（卷二）中，亦考訂袁氏兄弟初見李卓吾時間爲萬曆十八年。

〔註13〕「楊岐」是禪宗之一支，北宋楊岐方會爲開山祖師。禪宗自六祖惠能後，分爲五家，一臨濟宗，二潙仰宗，三曹洞宗，四雲門宗，五法眼宗，各宗皆有其風格。至宋，臨濟門下又分出楊岐與黃龍二派，於是有「五家七宗」之名號。

〔註14〕如《金屑篇》第一則：「舉《楞嚴》吾不見時何不見吾不見處，若見不見，自然非彼不見之相，若不見吾不見之地，自然非物，云何非汝。」袁宏道參之曰：「看看三世諸佛在你腳跟下過了也，直繞一踏紛碎閻羅王，未放你在：鍒（鐵）壁銀山，《金剛》栗棘，放去非離，拈來非即，海神不貴，夜明珠滿地，

在官場二十年，因不滿頑固派的歧視排擠，於萬曆八年辭官。萬曆九年，攜眷到湖北黃安拜訪在南京任上結識的好友耿定理。萬曆十三年，耿定理病歿。李卓吾與耿定理之兄耿定向，因論學觀點分歧，感情破裂，於是被迫離開耿家。次年送妻女回閩，然隻身遷住麻城龍湖的芝佛院。袁宏道訪問李卓吾時，李氏已六十四歲，年老無朋，心裏苦悶，看到袁宏道的《金屑篇》，不期然而然的有相見恨晚之感。

　　第二次訪李卓吾的時間，是在萬曆二十年，〔註15〕袁宏道〈送焦弱侯老師使梁因之楚訪李宏甫先生〉一詩，即此時於北京所寫的作品，其詩云：

　　　　丹書早發鳳凰樓，楊柳青陰滿陌頭。征馬晚嘶梁苑月，孤帆晴指洞
　　　　庭秋。蓮開白社來陶令，瓜熟青門謁故侯。自笑兩家爲弟子，空於
　　　　湖海望儚舟。（《箋校》卷二）

此詩中「蓮開白社來陶令，瓜熟青門謁故侯」，大有以東晉廬山慧遠創白蓮社，而陶淵明來訪；秦東陵侯邵平，秦破爲布衣，種瓜青門外，瓜美而人爭食之典故，影射李卓吾的成就，使他一再參訪。

　　至於第三次拜訪的時間，則爲萬曆二十一年。〔註16〕袁宏道〈將發黃時同舟爲王以明先生龔散木家伯修小修俱訪龍湖者〉一詩，即記載此事，其詩云：

　　　　江草青青江水流，荊州何日到黃州？鄭莊有客堪馳驛，郭泰如仙如
　　　　附舟。此去山川俱作態，一時象緯合生愁。龜峰數點蒼煙裏，料得
　　　　伊人已白頭。（同上）

荊在湖北省公安縣東北，此黃州，指麻城，亦在湖北境內。此時李卓吾已六十七歲。

　　第三次見面，李卓吾更加讚賞袁宏道，以其爲才資英特，膽力識力，皆

撮來當面擲。」（葉一、二）第七則：「舉慧可問初祖曰：『我心未安，乞師與安。』祖曰：『將心來與汝安。』可良久曰：『覓心了不可得！』祖曰：『我與汝安心竟。』」袁宏道參之曰：「驢前馬後漢切忌，承當爲甚如此，鵝王擇乳，素非鴨類；白玉壺中貯清水，千尺探竿難到底，不是渠儂心特深，大蟲元在平田裏。」（葉四）這種參禪心得，沒有辦法用正常邏輯思辯去理解，見不見道，悟不悟道，也只有參悟者方能印證。

〔註15〕周質平《袁宏道評傳》附錄〈袁宏道行事年表〉及《公安派的文學批評及其發展》之〈袁宏道年表〉，都考訂爲萬曆十九年，並認爲袁宏道《金屑編》是在此年完成。而錢伯城《箋校》（卷二）一書，考訂袁宏道第二次訪李卓吾時間爲萬曆二十年。本文採錢伯城《箋校》所考訂的時間。

〔註16〕周質平《袁宏道評傳》附錄〈袁宏道行事年表〉及《公安派的文學批評及其發展》之〈袁宏道年表〉，與錢伯城《箋校》（卷二），都考訂爲萬曆二十一年。

超越於人。且思惟謹密深入，足以參究禪理。此次袁宏道等留住十日，於將離別時，寫了八首〈別龍湖〉詩：

其一

十日輕爲別，重來未有期。出門餘淚眼，終不是男兒。

其二

惜別在今朝，車馬去遙遠。一行一回首，踟躕過板橋。

「出門餘淚眼」、「一行一回首」，多感人的畫面！相交之情，可以想見。而李卓吾亦有〈答袁石公〉八首：

其一

入門爲兄弟，出門若比鄰。猶然下幽谷，來問幾死人。

其二

無會不成別，若來還有期。我有解脫法，灑淚讀君詩。（《續焚書》
卷五）

一開始，李卓吾耽心來日無多，恐會面無期；但第二首，則一展瀟灑，以爲無會不成別，若來還有期。然雖有「解脫法」，但仍爲詩中之情所感，淚灑而下。

回到公安後，袁宏道又作〈懷龍湖〉詩云：「矯有雲霄時一望，別山長是鬱嵯峨」，〔註17〕表達思念之情。

萬曆二十三年，袁宏道在吳縣爲縣令時，與李宏甫一書，更云吳縣中無一人可與談禪，幸有《藏書》可爲精神食糧，其文云：

吳中無一人語及此，奉床頭有《藏書》一部，愁可以破顏，病可以
健脾，昏可以醒眼，甚得力。有便莫惜佳示。（《箋校》卷三）

《藏書》是李卓吾反道學、叛聖道的代表作，內容分世紀與列傳，上至戰國，下迄於元，旨在批判歷史人物，歷來目錄學家，皆放入史部。袁宏道以其可療愁解病醒昏，有似一帖良藥，對李卓吾推崇倍至。

而李卓吾在〈九日至極樂寺聞袁中郎且至因喜而賦〉云：「世道由來未可孤，百年端的是吾徒，時逢重九花應醉，人至論心病亦蘇。」〔註18〕更以袁宏道爲百年徒弟，可與論心，大有吾道不孤之欣慰。

然而從萬曆二十三年（二十八歲）後，袁宏道與李卓吾的關係，愈來愈

〔註17〕《箋校》卷二。
〔註18〕《焚書》卷六。

淡。萬曆二十五年（三十歲），袁宏道請辭縣令之職獲准後，曾結交陶望齡、蓮池等，遊山玩水。二十六年（三十一歲）入京師與兄弟朋友結社崇國寺。二十七年（三十二歲）則是袁宏道與李卓吾關係的轉變時期。袁氏以爲李卓吾的「禪」，悟理廢修，尚欠穩實。依袁中道〈中郎行狀〉云：

> 踰年（萬曆二十七年），先生之學復稍變，覺龍湖（卓吾）等所見，尚欠穩實，以爲悟修猶兩轂也，向者所見偏重悟理，而盡廢修持，遺棄倫物，面背繩墨，縱放習氣，亦是膏肓之病……遂一矯而主修，自律甚嚴，自檢甚密，以澹守之，以靜凝之。（《珂雪齋前集》卷十七）

袁宏道自覺以前偏重悟理，盡廢修持，放縱習氣，仍是一種禪病，故轉而以修行爲主，嚴密以律己，靜澹以自處。也因爲這個轉變，這年多天，袁宏道撰述了《西方合論》這部淨土作品。

萬曆二十八年（三十三歲），袁宏道〈與李龍湖書〉中，表明他近日修持的態度，多學作下下根行，以修行持戒即是向上事，而徒言心性玄妙，只是驢橛馬椿而已。並讚美李卓吾《淨土決》之作，愛看者多，但仍需以戒爲本。〔註 19〕而袁宏道與李卓吾的書信交往，也止於此年，這是因爲袁宏道不再覺得李卓吾的禪是可靠的。

二、無念禪師

無念（1544～1627），名深有，別號西影，楚黃麻邑人，生於明世宗嘉靖二十二年，卒於明熹宗天啓七年，享年八十四歲。年長袁宏道二十四歲。

無念十六歲即出家，到處行腳參訪，至萬曆七年，才由石潭居士延居龍湖。萬曆九年李卓吾來訪，無念把參禪經過從頭到尾一一吐露，李卓吾回黃安，邀眾友至駟馬山相會，於會中無念受李卓吾之啓示，於禪有悟。〔註 20〕於是建立兩人的交誼。萬曆十三年，李卓吾永別妻子，長住龍湖芝佛院。所以當袁氏兄弟往龍湖面會李卓吾時，自然也與無念相識。

其實袁宏道於萬曆十七年在京師，曾就教於無念。萬曆十八年在龍湖時也見到無念。萬曆十九年，無念到公安與袁氏兄弟會面，離別時，袁宏道作〈別無念〉八首以表情意。其六云：

> 謂爾眞吾師，謂吾眞爾友。不知歐冶爐，肯鑄頑鐵否？（《箋校》卷

〔註 19〕《箋校》卷二十二。
〔註 20〕《黃蘗無念禪師復問》卷六〈行由〉。

一）

袁宏道與無念之交往，亦師亦友，且自比頑鐵，請無念多加鍛鍊。推崇欣賞之意，不下於李卓吾。

萬曆二十一年（二十六歲），袁氏兄弟往龍湖時，無念與李卓吾等相處有隙，離開此地，另往黃蘗山開闢道場，此山位於湖北省黃州府麻城縣北方。袁宏道於〈開黃蘗山記〉云：

> 無念禪師，少年苦參，至四十始了，初創金地龍潭，參禪最號勝處……
> 又得黃蘗山。蓋師去黃蘗，正愚兄弟來龍潭時也，急遣使邀回，對
> 談數日，語卒抵掌。（《黃蘗無念禪師復問》卷五）

李卓吾〈與焦弱侯〉書信，曾批評無念好結交京師官員，求幾貫施鈔。〔註21〕在〈三蠹記〉中，又說無念雖有心向道，但不是向上直去之人，往往認定死句，以辛勤日用為枷鎖，以富貴受用為極自在法門、免不了自誤誤人。〔註22〕故於〈窮途說〉一文，表明兩人止於相愛而不相知，無念後又以事怪徒弟常聞，於是憤而上山。〔註23〕袁氏兄弟急遣使邀回，交談數日，極為歡洽。

袁氏兄弟一直都非常敬重無念，無念亦常與之論禪。如〈復袁考功石公〉一文，批評袁宏道性好奇勝，膽壯神雄，但開口應對，便為機語氣魄瞞過。〔註24〕於〈復蘇兵憲雲浦〉也批評袁宏道的禪，只在播弄神機，竟非了義。〔註25〕

而袁宏道在〈法眼寺記〉一文，稱讚無念創立的黃蘗山法眼寺道場，自鋤自種自食，無求于世，即道可辦，有古代叢林的風範。〔註26〕萬曆三十八年在〈書念公冊後〉，贊無念使舌能如其心，乃於道有得者，而自嘆弗如。所以說袁宏道與無念的交往更為長久，對無念的讚賞也更甚於李卓吾。

第三節　時代的風尚

袁宏道接觸佛教之因緣，除了以上探討的兩種因素外，更可以歸因於整

〔註21〕《續焚書》卷一。
〔註22〕《焚書》卷三。
〔註23〕《續焚書》卷二。
〔註24〕《黃蘗無念禪師復問》卷一。
〔註25〕《黃蘗無念禪師復問》卷二。
〔註26〕《黃蘗無念禪師復問》卷五。

個時代的風尚：一則禪淨思想的興盛，二則士大夫好禪的風氣。而此二者又相互縮結，密不可分。以下分別加以敘述：

一、禪淨思想的興盛

佛教各宗於隋唐之時，燦然競秀，唐後唯禪淨二宗較有可觀，但僅止於維持的局面。至明末萬曆年間，似有迴光反照之勢。如淨土禪宗之著作急增，人物輩出，〔註27〕究其興盛之主要原因如下：

（一）禪

明末禪宗的興盛，以禪者之提倡與王學之激盪最為有關。

1. 禪者的提倡

明末禪宗人才輩出，以紫柏眞可（1530～1603）與憨山德清（1546～1623）對禪門之提倡，最為有功。黃宗羲在〈錢清谿墓誌銘〉一文云：

> 有明自楚石以後，佛法中衰，得紫柏憨山再振。（嵇文甫《晚明思想史論》第六章〈佛門的幾個龍象〉）

「楚石」者，指「國初第一宗門──梵琦」（1296～1370）。梵琦曾受「印可」於元叟行端，為大慧宗杲五傳弟子，南嶽懷讓下第二十世，宣揚禪宗，「五十年間，六坐道場」，〔註28〕禪門曾盛一時。楚石後，佛法衰落，至萬曆年間，得「紫柏憨山」而再振。黃宗羲在〈三峰禪師塔銘〉更云，紫柏憨山於禪門別樹法幢，其文云：

〔註27〕淨土方面，釋聖嚴在〈明末的淨土教人物及其思想〉一文，作了一個數字統計：（一）明末淨土教人物，有僧侶、尼僧、居士、婦女，共計一三一人。（二）明末淨土教著述，有經疏類、撰述編著類、史傳類、註解撰述類，共計二四種七一卷。（《明末佛教研究》，頁87～105）這些人物都是有史傳記載者，實際人數當然過之；而有關著述者，則皆藏經所載，未入藏者，自然亦有。人物與著述之多，代表「淨土」之興盛。禪宗方面，依釋聖嚴在〈明末禪宗人物及其特色〉一文所述，主要有三點：（一）記載禪宗人物傳承之燈錄，較任何一時期為多，有《指月錄》、《教外別傳》、《禪燈世譜》、《居士分燈錄》、《佛祖綱目》、《五燈會元》、《繼燈錄》、《五燈嚴統》、《續燈存稿》等；（二）禪宗人才輩出，由以上燈錄之記載統計出來，共117人，其中六位是居士；（三）禪宗重要典籍的出現，如雲棲祩宏《禪關策進》、虛一《宗門玄鑑圖》、成正《博山參禪警語》、法藏《五宗原附臨濟宗頌語》等五十種。（《明末佛教研究》，頁2～3）這種「禪宗人物」之多，以及「禪宗典籍」與「禪宗燈錄」之豐富，是其他時代所不及的；尤其像雲棲祩宏《禪關策進》，是一部非常重要的禪宗典籍。

〔註28〕祖光等《佛日普照慧辯楚石禪師語錄序》，《卍續藏經》，第一二四冊。

> 萬曆以前，宗風衰息，雲門、潙仰、法眼皆絕：曹洞之存，密室傳
> 帕；臨濟亦若存若沒，什百爲偶，甲乙相授，類多墮窳之徒。紫柏
> 憨山別樹法幢，過而唾之。（同上）

禪宗自惠能而下，一花五葉，五家七宗，盛傳一時，雲門、潙仰與法眼，由
於宗風與傳人之關係，先後衰微以至絕滅，只有臨濟與曹洞，宋後一直綿延
不絕，然盛況大不如前，至於明代，弊病叢生，「密室傳帕」、「甲乙相授」，
更無法轉禪門之生機。「紫柏憨山」於宗門傳承之外，別樹一幟，力挽汪瀾於
既倒。

　　紫柏從他出家當晚徹夜打坐，就終生修禪。憨山涉及的範圍較廣，但他
出於禪亦匯歸於禪，將參禪、念佛、持咒均當作禪法修持。此外憨山於〈徑
山達觀可禪師塔銘〉中，更提到修禪門傳燈錄與疏濬曹溪之事。其文云：

> 師（紫柏）與予計，修我朝傳燈錄。予以禪宗凋散，與師約，往濬
> 曹溪，以開法脈。（《憨山老人夢遊集》卷二十七）

傳燈錄指記載禪宗歷代傳法機緣之著作。燈或傳燈，意謂以法傳人。如燈火相
傳，輾轉不絕。曹溪位於廣東韶州（今曲江縣東南）之河。梁天監元年（502）
天竺婆羅門三藏智藥到曹溪口，飲其水而知此源爲勝地，及勸村人建寺，號寶
林寺。至唐儀鳳二年（677）春，六祖惠能從弘忍得法後，從印宗剃髮，受具足
戒而歸寶林寺，大弘法化，人稱曹溪法門。禪道衰落，紫柏憨山以爲曹溪涸淤
所致，故前往疏通，冀望禪門之振興。故晚明禪門之盛，紫柏、憨山首居其功。

2. 王學的激盪

　　晚明王學，爲禪宗帶來不少的激盪，使原本消寂的禪門，又開拓出發展
的空間。明末雲門麥浪禪師於《宗門設難》一書，點出禪門之盛與陽明創良
知之學有關，他說：

> （明）成祖以後，典籍殘缺而無微，僧行徒有其名，而不知奚事，
> 茫茫八表，求一律寺，具不可得，何曾有禪教淨土之叢林耶？突出
> 陽明夫子，以應化大權，創良知之說，揭禪宗語，和會融通，使儒
> 門英傑，始知趨向。（《卍續藏經》，第一二七冊，頁 1009 上）

佛教典籍殘缺不全，僧徒不事修行，禪教淨土律寺蕩然頹廢，這是明成祖後
佛門面貌的最佳寫照。至陽明創良知學說，以禪宗語彙，會通儒佛，一時儒
者趨之若鶩。

　　陽明所藉用的禪宗語詞，如「不修不證說」、「無所住」、「本來面目」、「不

立文字」、「見性頓悟」、「人心一無我」、「常惺惺」、「轉說轉遠」、「一句道盡」、「自喫自知」、「將汝己私來」、「認賊爲子」等。於禪宗之傳播，自有其功效。而儒門英傑歸於禪門，陶望齡於〈辛丑入都寄尹頑弟書十五音〉之十亦說道：

> 使陽明不借言闢佛，則儒生輩斷無佛種矣！今之學佛者，皆因良知二字誘之也。（《歇庵集》卷十六）

陶望齡以爲「陽明之於佛氏，陽抑而陰扶」，故雖「闢佛」，而實「揚佛」，於是諸儒生皆因其「良知」之學，而導入佛海。蕅益在〈閱陽明全集畢偶二則〉一文，亦云：「繼陽明起，諸大儒無不醉心佛乘。」〔註29〕清彭際清更說，趙宋以來，理學家以道統儒學自居，「闢佛」之聲不斷。因陽明倡「良知」之說，轉而入佛門者，有泰州學派人物趙大洲、楊復所、周海門、陶石簣、焦澹園、管東溟、全正希等，〔註30〕故儒者歸佛，壯大禪門，王學實有其功。

（二）淨土

晚明淨土之盛，除了各宗傳人對自宗的解脫之道喪失信心外，主要是來自蓮池大師的倡導。

蓮池（1535～1615），名袾宏，別號雲棲。三十二歲出家，曾參禮辯融，辯融示以莫貪名利，莫攀援貴要之門，要老實念佛，一心辦道。後又於柳菴參天奇本瑞之法孫笑巖德寶，忽於歸途中，聞樵樓之鼓聲而大悟，且作偈曰：「二十年前事可疑，三千里外遇何奇，焚香擲戟渾如夢，魔佛空爭是與非。」隆慶五年入杭州雲棲山，見山水幽美，於是卜居山中修念佛三昧，結果教化遠近，道俗咸集，遂成一大叢林。世稱雲棲禪師，又號蓮池大師，且尊爲蓮宗第八祖。〔註31〕

蓮池一生兼重禪、教、律、淨之弘揚；禪有《禪關策進》、教有《楞嚴模象記》、律有《戒疏發隱》、淨土有《阿彌陀經疏鈔》等，而一以淨土爲依歸。

明末雲門麥浪禪師《宗門設難》中，以晚明佛教振興之功，首推蓮池，其文云：

> 時有雲棲大師，實古佛之應身……其以語教眾生也，則有百千卷之牙籤；禪，則有《禪關策進》等；教，則有《楞嚴模象》等；律，則有《戒疏發隱》等；淨土，則有《彌陀疏鈔》等……雖其大用如

〔註29〕《靈峰宗論》卷四之三。
〔註30〕《二林居集》卷二二。
〔註31〕釋德清〈古杭雲棲蓮池大師塔銘〉，《蓮池大師全集》（四）。

此，皆以淨土爲指歸也。（《卍續藏經》，第一二七冊，頁 1009）

其中《禪關策進》收錄「諸祖法語節要三十九章」，有黃蘗希運、玄門師備、永明延壽等師示眾、普說之言；「諸祖苦功節略二十四章」，略敘祖師苦行與開悟的經過，內容包括懸崖坐樹，引錐自策，誓不展被等；「諸經引證節略」，則引用經典中有關修行者精進努力的事蹟，本書流行甚廣，爲修禪者必讀之精進總集。而《阿彌陀經疏鈔》，則把一千八百多字的《阿彌陀經》鋪陳爲十萬多言。以華嚴宗解經之十門，廣引之經論達五十多種；以華嚴理事無礙之理論，攝禪歸淨，倡導「持名念佛」與「參究念佛」。

念佛法門原有「觀想念佛」、「實相念佛」與「持名念佛」三種。靜坐而觀想佛之相好功德，即「觀想念佛」；觀佛之法身，非有非空，中道實相之理，屬「實相念佛」；口稱佛名，是爲「持名念佛」。蓮池在《阿彌陀經疏鈔》中，除主張「持名念佛」外，又主張「參究念佛」，〔註32〕即「且念且參，觀心究理」。〔註33〕這且念且參之「參」，融合禪門「參」禪之參。蕅益曾批評爲「與禪宗相濫」，「單恃己靈，不求佛力」。〔註34〕

雖然如此，時人對蓮池兼具「禪修」與「念佛」，雙重法門之修行，並不以爲怪，甚而因爲蓮池不排除「參」的法門，所以受到知識分子的推崇，使淨土信仰者之層面爲之推廣。彭際清（1740～1796）在《居士傳》卷四六中說，蓮池大師以淨土法門，倡於雲棲，從之遊者，多彬彬踐履篤實之士。〔註35〕又說雲棲蓮池大師，弘淨土之教，一時學士聞風響應，各著書羽翼蓮宗，若袁宏道、唐宜之、莊復眞輩，不可一一勝數。〔註36〕即爲最佳說明。

〔註32〕蓮池到底是提出「參究念佛」，還是「體究念佛」，此中有其曖昧。按「體」
　　　　似有一明顯目標在，「參」則不明究理，只管疑去。參有疑在，體則無疑。蓮
　　　　池以爲：「體究者，聞佛名號，不惟憶念，即念反觀，體察究審，鞫其根源，
　　　　體究之極，於自本心，自然契合」（《阿彌陀經疏鈔》卷三，頁 445）。但又云：
　　　　「但念不忘，與持咒同，是名曰密；且念且『參』，觀心『究』理，是名曰顯」
　　　　（同前書，頁 450）。在此用的是「參究」。此外在其他作品，如《竹窗隨筆》
　　　　等，用的都是「參究念佛」，故本文以爲蓮池提倡的其實是「參究念佛」。
〔註33〕《卍續藏經》，第三三冊，頁 450。
〔註34〕蕅益〈參究念佛論〉云：「法門雖異，同以淨土爲歸，獨參究之說，既與禪宗
　　　　相濫，不無諸僞可商……言大害者，既涉參究，便單恃己靈，不求佛力。」（《靈
　　　　峰宗論》卷五之二）此外《靈峰宗論》卷二之三〈示方爾階〉與卷四之一〈答
　　　　卓左車茶話〉之文，亦都批評蓮池「參究念佛」之思想。
〔註35〕《卍續藏經》第一四九冊，頁 487 下。
〔註36〕《一行居集》卷三。

二、士大夫禪悅的風氣

　　晚明士大夫好禪，是禪者提倡與王學激盪所產生的一股潮流。進一步深化，則是「士大夫與禪師結納」與「儒佛之爭淡化」，所形成的必然現象。

　　晚明士大夫禪悅之風氣，陳援庵於《明季滇黔佛教考》卷十〈士大夫之禪悅及出家〉中曾討論過，摘要如下：（一）萬曆以後，禪風浸盛，士大夫無不談禪。（二）僧人亦多與士大夫結納。（三）當時京師學人如林，善知識有達觀、朗目、憨山、月川、雪浪、隱菴、清處、愚菴諸公。（四）宰官有黃慎軒、李卓吾、袁宏道、袁小修、王性海、段幻然、陶石簣、蔡五岳、陶不退、蔡承值等。

　　此外依《黃蘗無念禪師復問》中所收書信，與無念禪師交往之士大夫就有三十多位，〔註37〕無念是當時著名的禪師之一。董其昌〈禪悅〉文中亦記載同道禪友唐元徵、袁伯修、瞿洞觀、吳觀我、吳本如、薰玄圃與憨山禪師同會於龍華寺談禪。〔註38〕

　　袁宏道等人成立的「葡萄詩社」，也是這種風氣的產物。萬曆二十六年（三十二歲），宏道復入京就選，得京兆校官，於是兄弟邀集友朋，成立「葡萄詩社」，相與論學，雖然亦涉及政治，但仍以坐禪、作詩爲主。袁中道於〈潘去華尚寶傳〉云：

> 當入社日，輪一人具伊蒲之食，至則聚譚，或遊水邊，或覽貝葉，或數人相聚問近日見，或靜坐禪榻上，或作詩，至日暮始解。（《珂雪齋前集》，卷十六）

潘去華（士藻），泰州學派人物，曾師事耿天台與李卓吾。袁中道於此傳中記錄「葡萄詩社」活動的內容，除了交誼外，讀佛經、坐禪、作詩是他們的主要活動。

〔註37〕由《黃蘗無念禪師復問》目錄之卷一、卷二、卷三統計起來，共有四十三位，去掉「復尼大士澹然」（卷一），「復中海禪師」、「復樊居士山圖」、「復高麗禪師」、「復天倪禪師」（卷三）五位外，其他三十八位都是士大夫級。

〔註38〕《容臺集》，卷三題跋〈禪悅〉。

第三章　袁宏道的禪學思想

　　袁宏道的佛學思想，如同晚明佛教思潮，以禪淨爲主。〔註1〕

　　袁宏道對禪的造詣，頗爲自得。萬曆二十五年（三十歲）〈與張幼于書〉云：「僕自知詩文，一字不通，唯禪宗一事，不敢多讓。」〔註2〕〈別石簣〉十首之五亦云：「每笑儒生禪，顛倒若狂醉。除卻袁中郎，天下盡兒戲。」〔註3〕

　　本章先闡明袁宏道的禪學思想，由其參禪的進路，禪思的核心，以及對晚明狂禪的批判，作一完整的敘述。

第一節　參禪的進路

　　「禪」是古代印度人一種修鍊身心的方法。它的方式是把心集中在一定的對象上，以止息心的煩亂，得到無我的明朗的智慧。

　　印度有印度的禪，〔註4〕中國禪宗的禪，來自印度達摩禪。達摩禪主要還在「理入」與「行入」並行。「理入」者，「藉教悟宗」；「行入」者，「修四行：報怨行、隨緣行、無所求行、稱法行」。「理入」在悟理，「行入」主修行。

〔註1〕此外，袁宏道的唯識及三教融合思想只是一些簡單概念，不是主要重點。

〔註2〕《箋校》卷二。

〔註3〕《箋校》卷九。

〔註4〕印度禪有大小乘之分。悟我空（人空）偏眞之理而修者，稱爲小乘禪；悟我、法二空所顯之眞理而修者，稱爲大乘禪。修行的方法有止觀、三昧等。此種禪法傳到中國後，開發成中國天台宗的止觀（禪法）。唐智者大師《小止觀》與《摩訶止觀》之作，即是印度禪觀的發揮。

達摩禪受到中國文化社會及各種因素的影響，轉而成了道地的「中國禪」。六祖惠能的直指人心、見性成佛的頓悟禪成爲主流。經過各個祖師的發揚，各有其宗風，然皆重「禪機」，在不拘各種形式的動作與語句下，教化禪者。把祖師透過「禪機」而證入或印心的故事，一則一則的收錄，即爲「禪宗語錄」，亦稱公案。公案本是法庭案牘，用以判斷案情；而祖師應機問答亦稱公案者，是用以判斷迷悟，剔抉淵源，剖析底理。以公案爲參禪入道之敲門磚，稱爲公案禪。公案禪乃五宗分燈後繼起的禪法。而北宋永明延壽（904～975），屬法眼宗法嗣，曾著《宗鏡錄》百卷，導唯識、華嚴、天台思想以歸於宗，集禪理之大成，又著《萬善同歸集》，以禪融淨，倡禪淨雙修，禪淨雙修遂亦成爲禪門修持之法門。

到了南宋大慧宗杲（1089～1163）以公案禪流於知解，失其意義，遂提倡「看話禪」，以參究「無」字話頭爲主。看話禪是公案禪的另一名稱，比公案禪更簡捷，把心力集中在一句話或一個字上。後人把大慧以前者稱爲「公案禪」，大慧禪稱爲「看話禪」。「看話禪」一枝獨秀，影響後代最爲深遠。

袁宏道參禪的進路，以萬曆二十七年（三十二歲）前後爲界限。萬曆二十七年前受李卓吾的影響最大，以李卓吾的禪法爲主；萬曆二十七年後，轉向禪淨雙修，以念佛爲行持，「以悟爲導」，〔註5〕參禪法門以大慧宗杲的看話禪爲主。

一、李卓吾的禪法

袁宏道受兄長的啓迪，於「張子韶論格物」，卓然有悟，後又參「楊岐公案」，有所體悟，乃拈經文、語錄加以參究，著《金屑篇》。這是袁宏道最早的參禪經驗。萬曆十八年，袁宏道開始與李卓吾交往，傾心於李卓吾的禪法，一改往昔掇拾陳言，株守俗見，死於句下，不得開悟的困境，自是「披露精光」，如毛遇順風，魚縱大壑，能爲心師，能轉古人，且發爲言語，一一從自己胸襟流出，蓋天蓋地。〔註6〕直到萬曆二十七年，袁宏道發覺李卓吾的禪不夠穩實，且自悔參究十年的禪，墮於狂病，貪瞋邪見，熾熱如火，縱意之情，未能全脫。

李卓吾參禪之經歷與內涵，依其自敘所言：「余自幼倔強難化，不信學，不信道，不信仙釋……不幸年甫四十，爲友人李逢陽、徐用檢所誘，告我龍

〔註5〕袁宗道〈西方合論敘〉，《嘉興藏》，第三十一冊，頁488中。
〔註6〕袁中道《珂雪齋前集》卷十七〈中郎行狀〉。

谿先生語，示我陽明先生書，乃知得道眞人不死，實與眞佛眞仙同，雖倔強，不得不信之矣！」〔註7〕李卓吾由個性倔強難化，不信學、道、仙、釋，轉而信仰學習，其原因，主要來自親人連續死亡，與外在環境所遭遇的困難，使其萌生求道的心理。

李卓吾對王陽明與王龍谿，傾服不已，尤其是王龍谿。李卓吾曾見過王龍谿兩次，〔註8〕從此以後，言談之間必提及王龍谿，〔註9〕在〈復焦弱侯〉書中，特別提到王龍谿的書，明快透髓，好讀易解，其文云：

> 世間講學諸書，明快透髓，自古至今，未有如龍谿先生者……諸朋
> 友人讀大慧法語又難，惟龍谿先生書無不喜看。（《焚書》卷二）

晚明以大慧看話禪爲禪門主流，然大慧語錄難讀難懂，故王龍谿的書，普遍受到歡迎。李卓吾又說：

> 王先生（龍谿）字字皆解脫門，既得者讀之足以印心，未得者讀之
> 足以證入也。（同上）

解脫是佛教終極的關懷，李卓吾以爲王龍谿之語，字字皆解脫門，開悟者可以用來印心，未開悟者可以證入，這種評價甚高。

其實王龍谿的的思想，主要秉承於王陽明的「良知之學」，進而講「良知現成」，〔註10〕並把王學加以禪化。〔註11〕以爲良知是現成的，則不必參究，對「修行」也不再重視，流於口頭。流於口頭的王學，又與禪合流，於是禪亦成爲「口頭禪」（狂禪）。李卓吾的禪法，即是這種狂禪，而袁宏道前期參

〔註7〕容肇祖《明代思想史》第七章〈王門的再傳及其流派〉。

〔註8〕李卓吾在〈羅近溪先生告文〉中云：「我（卓吾）於南都得見王先生（龍谿）者再，羅先生（近溪）者一。及入滇，復於龍里得再見羅先生焉。」（《焚書》卷三）

〔註9〕〈羅近溪先生告文〉云：「深有（無念）曰：『某（無念）自從公（卓吾）游，于今九年矣！每一聽公，談必首及王先生（龍谿）也。』」（《焚書》卷三）

〔註10〕王龍谿云：「先師提出良知二字，正指見在（現成）而言，見在良知與聖人未嘗不同，所不同者，能致與不能致耳。」（《王龍谿全集》卷四〈與獅泉劉子問答〉）

〔註11〕王龍谿說：「聖狂之分無他，只在一念克與罔之間而已。一念明定，便是緝熙之學。一念者，無念也，即念而離念也，故君子之學以無念爲宗。」（《王龍谿全集》卷十五〈趨庭謾語付應斌兒〉）《六祖壇經》，惠能云：「我此法門，從上而來頓漸皆立，無念爲宗。」王龍谿以君子之學「無念」爲宗，豈非等同於惠能之無念。儒佛之界爲之混淆，難怪後人都說，王龍谿把王學禪學化，使王學更進於禪。

究的禪法，也就是這種「狂禪」。

二、大慧宗杲的看話禪

萬曆二十七年（三十二歲）後，袁宏道的思想有些轉變，以念佛為行持，以悟為主導，參禪仍是主要修行法門。並認為「念佛為鄉舉」，「參禪則甲第」。〔註12〕

其參究法門以「話頭」為主。以為「悟無方便，參禪其方便也；參禪無方便，提話頭其方便也。」〔註13〕又云：「參禪將徹時，惟守定一箇話頭，便是真工夫，若捨話頭而別求路，必難透脫矣！」〔註14〕此外在《珊瑚林》中亦有多則討論「話頭」的修持問題。

袁宏道由李卓吾的禪法，轉而參話頭，主要原因有二：一是看話禪在晚明的流行；二是無念的影響。

（一）看話禪在晚明的流行

大慧提倡看話禪，主參「無」字話頭，其云：

> 千疑萬疑，只是一疑。話頭上疑破，則千疑萬疑一時破。話頭不破，則且就上面與之廝崖……若透得個無字，一時透過，不著問人。（《大慧普覺禪師語錄》之〈李參政漢老書〉，頁930上，《大正藏》，第四七冊）

大慧特別拈出「僧問趙州狗子還有佛性也無」，這一「無」字。此乃大慧經過一段時期的醞釀，到五十歲以後才積極以此話頭來接引人，以為這一「無」字，便是破生死疑心的刀子。於是參話頭的風氣，儼然成為後來禪門的主流，甚至影響到明末。〔註15〕

禪宗發展到明末，日傾衰落，禪法愈趨浮濫，著名禪師撰著有關禪門書籍，以利導風氣。如蓮池《禪關策進》、博山元來《參禪警語》、湛然圓澄《宗門或問》、費隱通容《祖庭鉗鎚錄》、晦山戒顯《禪門鍛鍊說》，這些著作中，對大慧的禪法都予極高的評價。〔註16〕

〔註12〕《珊瑚林》下卷，葉18。
〔註13〕《珊瑚林》上卷，葉41。
〔註14〕《珊瑚林》下卷，葉28。
〔註15〕明末不一定參大慧「無」字話頭，但以一「話頭」為參禪之主要法門。
〔註16〕如蓮池《禪關策進》中「諸祖法語節第一」，列入〈徑山大慧杲師答問〉一

　　著名禪師，如紫柏眞可、憨山德清皆以「看話禪」爲修行方法。紫柏眞可云：「凡鍊心者，必以話題爲椎輪」。〔註17〕憨山德清亦云：「看話頭一路，最爲明心切要」。〔註18〕〈與黃子光〉書更云：「寄去大慧語錄，幸時披剝，冀足下時與此老把臂共行，眞使佛祖避舍三十。」〔註19〕由此看來，參話頭幾乎成爲晚明禪門參究的捷徑。

（二）無念禪師的關係

　　袁宏道與無念禪師的交往，從萬曆十八年（二十三歲）至萬曆三十八（四十三歲），有二十年左右的時間。

　　袁宏道對無念禪師甚爲佩服，除了贊揚無念開創的黃蘗山法眼寺，保有古代叢林的風範外，袁宏道甚至認爲無念乃宗門中具有「正知正見」者，〔註20〕「超悟絕響」〔註21〕於海內。

　　無念的禪法，一以大慧宗杲「看話禪」爲主。他在〈復王憲副豐興〉中說：

> 至于日用行持，尤宜綿密。昔李漢老已明大事，而大慧猶叮嚀之。（《黃蘗無念禪師復問》卷一）

大慧看話禪，不離日用間綿密行持。在〈法語〉中又云：

> 世間無法，世出世間透得這個無法，便知起處落處。（《黃蘗無念禪師復問》卷四）

世間「無」法，透得這「無」法，便知心識之起落。此「無」法，即大慧特別倡導的參「無字話頭」。

　　萬曆二十七年後，袁宏道轉而主修「看話禪」，除了看話禪在晚明的流行外，由於袁宏道與無念的交往，無念也成爲袁宏道轉向「看話禪」的關鍵人物。

　　　文，並評曰：「師自云他人先定而後慧。某甲先慧而後定。蓋話頭疑話，所謂休去歇去者，不期然而然矣。」（《蓮池大師全集》（二），頁2017～2018）。

〔註17〕《紫柏尊者全集》卷三，頁340，《卍續藏經》，第一二六冊。

〔註18〕《憨山大師夢遊集》卷四，頁134。

〔註19〕《憨山大師夢遊集》卷四，頁137。

〔註20〕袁宏道於〈法眼寺記〉一文云：「余見天下衲子多矣！窮山僻谷或未盡見，然求苦參密究，具宗門正知見者，如吾友無念禪師，實近日海內之優曇也。」（《黃蘗無念禪師復問》卷五）「優曇」是一種花名，聽說「三千年一現，現則金輪王出」，喻爲稀意。袁宏道以爲無念乃今日眾多禪門衲子中，少有之「正知正見」者。

〔註21〕萬曆三十五年，宏道〈與無念〉尺牘中云：「海內如念師超悟，絕響矣！」（《箋校》卷五五）

第二節　禪思的核心

　　袁宏道透過參禪的進路，於禪的修行，有他獨到的經驗，也有他根本的思想與關懷的重點，本節擬從「禪修理念」、「眞常唯心」、「教禪一致說」等問題來加以討論。

一、禪修理念

　　袁宏道的禪修理念，主要表達在與兄弟、朋友間的書信問答，本單元依時間先後順序，舉其重要內容者敘述如下：

　　萬曆二十四年（二十九歲），袁宏道〈與陶石簣書〉中，討論到有關參禪「疑與悟」的問題，其文云：

> 僧來，讀手書，知兄已是不疑。但不疑即悟，悟即了，今不疑又不了，此何哉？（《箋校》卷六）

參禪就是要起疑，即發起疑情，再就疑深入探索。依大慧言：「千疑萬疑，只是一疑，話頭上疑破，則千疑萬疑一時破。」〔註22〕也惟有疑情昭昭靈靈，推之不去，盪之不散，猶如寒潭秋月，無有纖毫趣向，忽然一聲，疑團粉碎，大地平沈，才能露出本地風光。但要專志於公案、話頭，發起疑情，仍需一段功夫，今陶石簣不疑又不了，主要在於疑情難起，自然也無了悟。

　　萬曆二十四年，袁宗道苦於「參話頭工夫，難得純一」，〔註23〕為「聞見所累，」宏道〈與伯修書〉中，即藉陶石簣兄弟參禪的困境，討論這個問題，他說：

> 前陶石簣兄弟，自言爲聞見所累。弟謂靈雲見桃，此亦見也；香嚴擊竹，此亦聞也。聞見安能累人哉？（《箋校》卷六）

「靈雲見桃」與「香嚴擊竹」，都是唐代禪宗有名的公案。靈雲，即唐代福州靈雲山志勤禪師，福建長溪人，生卒年不詳，爲溈山靈祐禪師法嗣。初住大溈山，因睹桃花而悟道，有偈云：「三十年來尋劍客，幾回落葉又抽枝。自從一見桃華後，直至如今更不疑。」故禪林稱爲「靈雲見桃明心」、「靈雲桃華悟道」。香嚴，即唐代智閑禪師，亦爲溈山靈祐禪師法嗣。智閑依溈山靈祐，

〔註22〕《大正藏》，第四七冊，頁919下。

〔註23〕宗道在〈寄三弟〉書云：「吾以冷澹無所事，只得苦參……但參話頭工夫，難得純一。（《白蘇齋類集》卷十六箋牘類）宗道晚年參禪更不得其力，故臨終前覺不能受用，乃念佛而去。

祐知其爲禪門法器，想激發他。有一天潙山靈祐說：「我不問你平生學得多少經典上的句子，只就你未出胞胎未辨東西時，由本分事試道來一句。」智閑進數語，皆不契機，復歸堂遍檢所集諸方語句，皆無可酬對，乃盡焚燒，泣辭潙山而別。抵南陽，安頓於忠國師遺跡處，日日掃地除草。有一天，於山中芟除草木時，以瓦礫擊竹，竹破一聲，俄然間失笑，廓然省悟。

　　袁宏道以爲這些悟道的禪宗公案，雖是一種「聞見之知」，但藉由聞見亦可開悟，所以聞見非能累人，在於你如何修持，如何攝心而定，由定而開發智慧。

　　萬曆二十六年（三十一歲），袁宏道在北京〈答陶石簣編修〉書中，討論到「參禪」的問題，其文云：

> 得來札，知兩兄在參禪。世豈有參得明白的禪？若禪可參得明白，則現今目視耳聽髮豎眉橫，皆可參得明白矣！須知髮不以不參而不豎，眉不以不參而不橫，則禪不以不參而不明，明矣！（《箋校》卷二一）

袁宏道以爲「禪不是要參明白」，參明白即流於知解，流於知解，就不是禪。故參禪者，要把從前所知所解，置諸腦後，一有道理知見，即非參禪之道。而「禪」亦不一定要參。袁宏道〈與曹魯川書〉云：「禪者，定也，又禪代不息之義，如春之禪而爲秋，晝之禪而爲夜是也。既謂之禪，則遷流無已，變動不常，安有定轍，而學禪者，又安有定法可守哉？」〔註24〕故學禪無定法，不一定要參。

　　萬曆二十七年，袁宏道在〈答陶石簣〉書中，討論「淨妙境界」，與惠能、神秀「本來無物」、「時時拂拭」這頓漸的見解，其文云：

> 弟近日始悟從前入處，多是淨妙境界，一屬淨妙，便是惡知惡解。彼以本來無物，與時時拂拭分頓漸優劣者，此下劣凡夫之見耳，尚未得謂之開眼，況可謂之入道與？（《箋校》卷二二）

修禪到了某種見地，是佛來斬佛，魔來斬魔。清淨微妙是禪修的一種境界，如果一直貪著此境，離「明心見性」，仍然遙遙無期。袁宏道以爲一屬淨妙境界，便是惡知惡解，即是此意。而常人又往往以六祖惠能「菩提本無樹，明鏡亦非臺，本來無一物，何處惹塵埃。」與神秀「身是菩提樹，心如明鏡臺，時時勤拂拭，莫使惹塵埃。」來分頓修與漸修的優劣，這是凡夫下劣之見。

〔註24〕《箋校》卷五。

所謂頓漸乃基於人性之利鈍不同而已，六祖惠能《壇經》云：

> 何以頓漸，法即一種，見有遲疾，見遲即漸，見疾即頓，法無頓漸，
> 人有利鈍，故名漸頓。（《大正藏》第四八冊，頁342）

所以說，以頓修與漸修來分優劣，是凡夫之見。

惠能與神秀，南頓北漸的差別，在於惠能「直指人心，見性成佛」。由初發心「一念相應」，更無階漸。「一念相應」就是「無念」，只此「無念」，單刀直入，直了見性，就是「頓」；而神秀的禪法，「專念以息想，極力以攝心……趣定之前，萬緣盡閉；發慧之後，一切皆如」，且「須隨方便始悟」。如此經種種方便——攝心方便，觀察次第方便，才能悟入的，就是「漸」。故「頓」與「漸」，只是根機的利鈍問題，不是「法」的不同。〔註25〕

萬曆二十九年（三十四歲），袁宏道〈與陶周望官諭〉尺牘中，更就何謂「頓除漸修」加以探究，其文云：

> 所云頓除漸修，大非弟指，不知以何爲修？若云蔬食斷腥是修，則
> 牛羊鹿豕亦蔬也：云若長夜不眠是修，則訓狐蝙鼠亦不眠也；若云
> 騰騰任運不著不滯是修，則蛙鳴鳥語，亦騰騰任運也。（《箋校》卷
> 四一）

唐代圭峯宗密於《禪源諸詮集都序》卷下之一，把禪門頓漸問題，迴分爲六類：（一）漸修頓悟：如伐木，片片漸斫，一時頓倒；（二）頓修漸悟：如人學射，頓者箭箭直注，意在中的，漸者日久，方始漸親漸中；（三）漸修漸悟：如登九層之台，足履漸高，所見漸遠；（四）頓悟漸修：如孩子生即頓具四肢六根，長即漸成志氣功業；（五）頓悟頓修：斷障如斬一綟絲，萬條頓斷，修德如染一綟絲，萬修頓色也；（六）法無頓漸：頓漸在機者。〔註26〕

袁宏道的質疑是何謂修？吃素斷腥是修乎？長夜不眠是修乎？一念不起是修乎？騰騰任運不著不滯是修乎？什麼才是眞修行？這是袁宏道一生之所以又參禪，又念佛，又時而吃素，時而開葷的表現。然而無可懷疑的，袁宏道雖提出這些疑問，但他對什麼是修行已能加以深思。即修行旨在修心，這也是爲什麼他一輩子都離不開「禪修」的原因，因爲修禪即在修心，使心極端安靜澄明，以突破煩惱，達到無我的境地。

萬曆三十二年（三十七歲），袁宏道於《珊瑚林》中，就「如來禪與祖師

〔註25〕印順導師《中國禪宗史》，頁314～315。
〔註26〕《大正藏》，第四八冊，頁407下～408上。

禪」的問題加以討論，其文云：

> 走明白路者，求解也，解通名如來禪；走漆黑路者，求悟也，悟透
> 名祖師禪。（下卷，葉三二）

袁宏道以爲如來禪求解，是明白路；祖師禪求悟，是漆黑路（無定法）。「禪」不在在求解，而在求悟。袁宏道貶如來禪，而贊揚祖師禪。袁宏道又云：「明白的乃順路，黑漆漆的乃逆路，順路所得雖多，而實無用，逆路只子，都是無窮受用。」〔註27〕

　　袁宏道批評如來禪走明白的路，對於北宋永明延壽所著《宗鏡錄》，導教理以入宗門，以致流於知解亦加以批判，以爲「看《宗鏡》乃順事，如放下水舟順快無比，然未免有障」，〔註28〕「《宗鏡錄》乃參禪之忌」，〔註29〕「《宗鏡錄》都只引人進步耳，過關以後事俱未談及也」。〔註30〕萬曆二十四年〈與伯修書〉中亦曾說：「弟謂永明一向只道此事是可以明得的，故著《宗鏡》一書，極力講解，而豈知愈講愈支，愈明愈晦乎？」〔註31〕袁宏道以爲將禪說得明白，是死語，是實語，對參禪無益。袁宏道不滿永明《宗鏡錄》（一百卷）把禪解說得愈支離愈晦暗，故加以刪節成《宗鏡攝錄》（十二卷）。

　　袁宏道稱道走漆黑路的祖師禪，以爲大慧所說用功，總不出四句：「謂不可以有心求，不可以無心得，不可以言語造，不可以寂默通」。〔註32〕這四句乃聖賢學精髓，凡有絲毫工夫，有絲毫依倚，皆非眞學問。大慧這四句，不可有心，不可無心，不可言道，不可寂通，就在截斷思念，排除思路，使其無路可尋，故是漆黑路。

　　如來禪之名，首先出現於《楞伽經》。其文云：

> 復次，大慧有四種禪，云何爲四？謂愚夫所行禪、觀察義禪、攀緣
> 如禪、如來禪。云何愚夫所行禪？謂聲聞緣覺外道修行者，觀人無
> 我性，自相、共相、骨鎖，無常苦不淨相計者爲首，如是相不異觀，
> 前後轉進，想不除滅，是名愚夫所行禪……云何如來禪？謂入如來
> 地，行自覺聖智相三種樂住，成辦眾生不思議事，是名如來禪。（《大

〔註27〕《珊瑚林》，下卷葉 37。
〔註28〕《珊瑚林》，上卷葉 26。
〔註29〕《珊瑚林》，上卷葉 27。
〔註30〕《珊瑚林》，上卷葉 29。
〔註31〕《箋校》，卷六。
〔註32〕《珊瑚林》，下卷，葉 34。

正藏》，第一六冊，頁 492 上）

此言禪法之修行階段，乃由淺而深，始而愚夫所行禪，最後生大智慧，證入如來地者，則名如來禪，而此如來禪亦是禪法修行之最高境界。

圭峯宗密在《禪源諸詮集都序》卷上之一，亦云：

> 若頓悟自心，本來清淨……亦名如來清淨禪……達摩門下展轉相傳
> 者，是此禪也。（《大正藏》，第四八冊，頁 399）

所以「如來禪」又名「如來清淨禪」，爲達摩所傳之禪。達摩禪以《楞伽》印心，主張理入與行入，禪教互證，藉教悟宗，有其階漸。中國禪法，自達摩以迄弘忍、神秀等，俱保持一貫如來禪之特色，其間義理之基礎，或據《楞伽》以爲心要，或以《金剛經》、《起信論》取代，而其禪法皆是如來禪。

至於「祖師禪」，爲唐仰山慧寂禪師所立之名，據《景德傳燈錄》卷十一所云：

> 師（仰山）問香嚴，師弟近日見處如何？嚴曰：某甲卒說不得，乃
> 有偈曰：去年貧未是貧，今年貧始是貧。去年無卓錐之地；今年錐
> 也無。師曰：汝只得如來禪，未得祖師禪。

仰山慧寂禪師以爲香嚴流於知解，以「無卓錐之地」比喻「貧未是貧」，以「錐也無」說明「貧始是貧」。故以爲只得如來禪而未得祖師禪。

「祖師禪」，指不立文字，祖祖相傳之禪，特對「如來禪」而立名。祖師禪乃活潑潑，圓陀陀，不著言語，不落階漸之禪法。祖師禪至六祖惠能而展開，至洪州宗〔註33〕而大盛。

總之，如來禪與祖師禪之分，乃在前者之悟仍屬階梯之漸，後者則當下默契，跡相俱泯，如泥牛入海，但論息機忘見，則語默動靜之間，無非禪境。袁宏道以如來禪走明白路，而祖師禪則走漆黑路，亦即就此而言。

萬曆三十二年（三十七歲），袁宏道在《珊瑚林》中，就「話頭」修行問題，提出一些理念。如問「舉話時，妄念乘間竊發，當若之何？」〔註34〕袁宏道答：

> 舉話頭時，外又生出念來，此人心之常，不甚害事，亦不必除他，只

〔註33〕 洪州宗，爲馬祖道一（709～788）之門派。洪州爲江西南昌縣之通稱，其地有馬祖道一所住之開元寺、石門山寶峰寺、百丈懷海所住之百丈山大智壽聖寺等。馬祖一向住洪州，大揚禪風，故其門派稱洪州宗。主張一切起心動念、揚眉瞬目等日常生活，皆是佛性之顯現。

〔註34〕 《珊瑚林》，下卷，葉6～7。

是你才舉話頭時，情識已先起了，此正生死根本。（下卷，葉6～7）

袁宏道以爲舉「話頭」時，生出意念乃正常現象，要知「念頭不停」，「胡亂竄發」，即是「生死根本」。參禪旨在開悟，以「解脫生死」。如何處理這「生生滅滅」，如「瀑布」不斷的生死意識，正是「參禪修行」的目的。

問「話頭未舉，情識先起，此情識既看不見，如何可殺得他？」袁宏道答：

> 參禪人須知念生念滅，人皆有之。如浮雲水泡，倏去倏來，不必嗔嫌，只以悟爲則。今人所患者，迷耳，不關妄念生滅事。即能過捺妄念，而不能透悟，亦與生死不相干。（同上）

參話頭是要透悟生死，而非按捺念頭。人的念頭原本生生滅滅。所以主要把握「悟」的原則，儘管繫住話頭，行也提撕，坐也提撕，提撕來，提撕去，總有心華發明，照刹十方，解脫生死的時候。

以上所列舉探討的問題，如「頓漸之修」、「如來禪與祖師禪」，充分顯示袁宏道偏向頓門的祖師禪，而批判漸門的如來禪；對於「疑與悟」、「聞見之知」、「禪豈可參得明白」、「妄念情識」等問題，都是兄弟朋友參禪時遭遇到的疑難。袁宏道以自己參禪的經驗，去解說這些疑問，更可發現其參禪功力之深厚。

二、眞常唯心

袁宏道禪學的根本思想，即傳統如來藏（佛性）〔註35〕眞常唯心思想。

眞常唯心這個名詞的界定與使用是依據印順導師分判大乘佛教思想而來。印順導師曾把印度大乘佛教教思想之內涵，分成三系：一是性空唯名；二是虛妄唯識；三是眞常唯心。〔註36〕在〈禪宗是否眞常唯心論〉一文，說

〔註35〕印順導師《如來藏之研究》云：「如來藏、如來界、如來性、佛性、佛界等，這一類名詞，在意義上雖有多少的差別，然作爲成佛的可能性，眾生與佛的本性不二來說，有著一致的意義。」（頁1）印度人稱如來藏，中國人都講佛性。

〔註36〕印順導師在《印度佛教思想史》一書中，分判印度大乘思想有三系，一、性空唯名論：「般若經」說空性，說一切但有名字——唯名；龍樹依中道的緣起說，闡揚大乘的（無自）性空與但有假名。一切依於性空，依性空而成立一切；依空而有一切，但有假名（受假），所以我稱之爲「性空唯名論」（頁131）；二、虛妄唯識論：大乘不共的唯識說，雖有不同派別，然依虛妄分別識爲依止，是一致的。虛妄分別的根本——阿賴耶識，是妄識，刹那刹那的生滅如

明禪宗是唯心論，且是眞常唯心論，如六祖說：「汝等諸人，自心是佛，切莫狐疑！」「若欲求佛，即心是佛；若欲會道，無心是道。」馬祖道一：「各信自心是佛，此心即是佛心」，「佛語心爲宗，無門爲法門。」石頭希遷：「吾之法門，先佛傳授，不論禪定解脫，唯達佛之知見，即心即佛……當知自己心靈，體離斷常，性無垢染，湛然圓滿。」此即心即佛之心，是體離斷常，迴絕名相之「眞常心」。〔註37〕

禪宗眞常唯心思想並沒有因爲六祖惠能以般若系《金剛經》悟道而轉爲般若系性空唯名思想，而一秉達摩禪「深信含生凡聖同一眞性，但爲客塵妄覆，不能顯了」〔註38〕之如來藏眞常心思想。這是爲什麼呢？印順導師曾加以分判的解說：

> 般若法門的「一切皆空」，天臺學者說得好：或見其爲空，或即空而見不空，或見即空即不空，非空非不空。換言之，《般若經》所說的空，有一類根性，是於空而悟解爲不空的；這就是在一切不可得的寂滅中，直覺爲不可思議的眞性（心性）。大乘佛教從性空而移入眞常妙有，就是在這一意趣下演進的。達摩以「楞伽」印心，而有「般若」虛空的風格；道信的「楞伽」與「般若」相融合，都是悟解般若爲即空的妙有，而不覺得與「楞伽」如來藏性有任何差別的。（《中國禪宗史》，頁55）

般若系經典雖講空，講性空，強調沒有一個眞實不變的體性。但有些人於般若空，悟解爲不空，於一切不可得中，直覺有一不可思議的眞性，於是悟解般若爲空中妙有，以此妙有即楞伽之如來藏性、眞性，而不覺其中有何分別。

袁宏道雖亦讀《金剛經》、《大智度論》等般若系經典。在《西方合論》卷五〈理諦門〉之「即心即相門」，並引龍樹「因緣所生法，我說即是空，亦名爲假名，亦名中道義……諸法不自生，亦不從他生，不共不無因，是故說

> 流：攝持的種子，也是刹那生滅，瀑流那樣的恆轉。以虛妄分別攝持種子爲依，依此而現起一切，「一切唯識現」，是「緣起」的從因生果。現起的一切，境不離識，境依識起，「一切唯識現」，是「緣起所生」的依心有境。雖有二系，都是虛妄分別識爲依的唯識說，所以我稱之爲「虛妄唯識論」（頁275）；三、眞常唯心論：《楞伽》與《密嚴經》，是在如來藏我的基石上，融攝了瑜伽學——阿賴耶識爲依止的唯識，充實了內容，成爲「眞常（爲依止的）唯心論」（頁308）。

〔註37〕《無諍之辯》，頁174。

〔註38〕《楞伽師資記》，《大正藏》，第八五冊，頁1285上。

無生」，〔註39〕這種「無自性的因緣生」的空的思想，但不知其中思想的區別，故仍是傳統如來藏真常唯心思想。

真常唯心思想之特性有三：（一）肯定自性清淨心是真常不變的（故稱真常心）；（二）一切現象皆是唯心所現，心具萬法，且能生萬法；（三）萬物皆有佛性。

萬曆二十五年，袁宏道〈答石簣〉一文中云：「但既云『唯心』，一切好惡境界，皆自心現量。」〔註40〕也就是「心能生萬法」、「心生則種種法生」，一切好壞境界皆自心之表現。〈與仙人論性書〉云：「無處非佛」、「無念非佛」。〔註41〕即是「萬物皆有佛性」的說明。

萬曆二十七年在《西方合論》卷五〈理諦門〉之「即相即心門」亦云：

> 以心見佛，以心作佛，心即是佛，心即我身……心外見佛，即成魔境，何以故？以心外無一法可得故。（《嘉興藏》，第三一冊，頁478中）

心就是佛，心與佛的本性不二。心外亦無一法，故心外見佛，是為魔境，這也是如來藏真常唯心思想。

萬曆三十二年於《珊瑚林》一書更云：

> 人生過去歷刧（劫）事，未來歷刧事，在如來藏中皆照得極分明在。
> （上卷，葉三四）

強調「如來藏」自性清淨心，於「定」中一切皆歷歷分明，且萬物畢照。且有人問：「眼識與色相可分別乎?」（同上），袁宏道答曰：「一即一切，此如來藏也。」一即一切，說明體用相融而不二之理，這即是如來藏真常唯心思想。

三、教禪一致說

教禪一致說的觀念，起源於唐代圭峰宗密，到了晚明，佛教雖以禪宗為精神支柱，為思想的精髓，但天台、華嚴、律學、淨土等學者，多曾參究禪門，而禪者除參禪外，亦多出入於天台、華嚴等。最明顯的例證，如憨山德清與紫柏真可，一生志在弘禪，然亦提倡刻藏，以促進經典流傳，又以經論印證自己禪修境地，充分顯示晚明禪門教禪一致的局面。袁宏道亦為此風潮人物之一。

〔註39〕《嘉興藏》，第三一冊，頁478下。
〔註40〕《箋校》卷二。
〔註41〕《箋校》卷一一。

唐宗密（780～842），號圭峯（終南山之一峯，今陝西省鄠縣紫閣峰東，師久居此山，故得斯號），生於唐德宗建中元年，卒於唐武宗會昌元年，享年六十二歲。大師身兼華嚴宗第五代祖師及荷澤禪第五世法嗣。當時佛教發展盛，禪教並立而齊揚，漸而互相爭執，大師爲救其弊病而加以調和，於是著《禪源諸詮集》，唱「教禪一致說」。並以教之三教判攝禪之三宗。〔註42〕

萬曆二十七年是袁宏道禪學的轉型期，不再只是「參禪」，而趨向經典的印證。萬曆二十七年〈答陶石簣〉一文云：「弟學道至此時，乃始得下落耳……四卷《楞伽》，達摩印宗之著也，龍樹《智度論》，馬鳴《起信論》，二祖師續佛慧燈之書也，《萬善同歸》六卷，永明和尚救宗門極弊之書也，兄試看此書，與時毛道所談之禪，同耶？否耶？」〔註43〕在〈與管東溟書〉更云：「見即教，《金剛》以無我相滅度眾生；教即見，《楞嚴》以一微塵轉大法輪。」〔註44〕「見」，指禪的悟入；而「教」，則指對經論的研究，見即教，教即見，即爲「教禪一致」說。

然而「教禪」爲何可以「一致」？這就得探究一下「華嚴」與「禪」的根本思想。印順導師在〈禪宗是否眞常唯心論〉中云：

> 大乘有第三系（賢首家務之爲法性宗）……空與心融合，自心清淨與法性清淨融合，以即心即性、即寂即照之眞常心爲本，說「性起」、「性生」。此義，華嚴與禪，並無根本不同，所以圭峯有教禪一致之說。（《無諍之辯》，頁171，172，《妙雲集》下編（7））

原來「華嚴」與「禪」基本理論相同，都是以「眞常心」爲本，以「心」爲萬化根本，且能生萬法，故教與禪方能一致。

袁宏道又參禪又研究華嚴，後期參禪更傾向經典研究。雖亦主張「教禪一致」，但對圭峰「教禪一致」仍有批評。袁宏道說：

> 自圭峯將宗教混作一樣看，故後世單傳直指之脈不明，多有以教中事例宗門者。（《珊瑚林》上卷，葉二七）

宏道以爲禪宗「直指人心」、「見性成佛」之修證，因圭峰「教禪」一致之說

〔註42〕宗密在《禪源諸詮集都序》卷上之二云：「先敘禪門，後以教證，禪三宗者，一息妄修心宗，二泯絕無寄宗，三直顯心性宗；教三種者：一密意依性說相教，二密意破相顯性教，三顯示眞心即性教。右此三教，如次同前三宗相對，一一證之，然後總會爲一味。」（《大正藏》，第四八冊，頁402中）

〔註43〕《箋校》卷二二。

〔註44〕《箋校》卷一五。

以後，「修證」之法，有所不明。原來「教禪」雖是一致，但是「教多重於事理之敘說」，而「禪多重於諸法實相心之體證」，如果禪「流於名相，作道理會，不易鞭辟入裏，直趨修證。」〔註45〕

　　基本上，袁宏道是先由禪入手，而後轉向經教，提倡教禪合一，而圭峯宗密則以教證禪，故各有偏重。

第三節　對禪者的批判

　　袁宏道經歷過十年的狂禪歲月，於萬曆二十七年有所悔悟，轉而親近淨土，並對狂禪加以批判。萬曆二十八年伯修去世，宏道感懷不已，絕葷血數年，不想爲官，乃於城南下得窪地三百畝，種樹築屋，號柳浪，與中道及一、二名僧侶共居，潛心道妙，專心修行。對以往之行徑反省檢討，於狂禪之批評更是不遺餘力，尤其是對李卓吾。並認爲在晚明狂禪之流行，與「王學」有其絕對關係。

一、狂禪與王學的關係

　　萬曆二十七年，袁宏道〈答陶石簣〉云：

> 近代之禪，所以有此流弊者，始則陽明以儒而濫禪，既則鄧豁渠〔註46〕
> 諸人，以禪而濫儒⋯⋯不惟禪不成禪，而儒亦不成儒矣。（《箋校》
> 卷二二）

這是一段晚明「儒佛」思想史的縮影。袁宏道以爲狂禪與王學之關係，實肇因於陽明以儒濫禪，既而鄧豁渠等人，又以禪濫儒。禪者見儒者沈溺於世情俗塵之中，以爲不礙修行，遂撥去因果觀念；而儒者又藉禪門一切圓融無礙的理念，以爲發前人所未發，遂放縱情逸，毫無規範。於是禪不成其爲禪，而儒亦不成其爲儒。

　　陽明之學在當時就有人批評爲禪。正德九年，陽明在〈書王天宇卷〉，即云：「今之君子或疑予言之爲禪矣！」〔註47〕而陽明的弟子王龍谿更近於禪。由於晚明「禪儒相雜」，狂禪與王學也就相混在一起。

〔註45〕印順導師〈禪宗是否眞常唯心論〉，《無諍之辯》，頁 172～173。
〔註46〕鄧豁渠，初名鶴，號太湖，蜀之內江人。一旦棄家出游，落髮爲僧，行行不拘戒律，近乎「狂」禪。
〔註47〕《王陽明全書》別錄卷一〈雜著〉。

二、批判李卓吾

嵇文甫在《晚明思想史》中討論到所謂狂禪派，以爲萬曆以後，有一種似儒非儒似禪非禪的「狂禪」運動，風靡一時。這種運動以李卓吾爲中心，上溯至泰州派下的顏（山農）何（心隱）一系，而其流波及於明末的一斑文人。李卓吾是當時狂禪的核心人物，袁宏道曾以之爲師，但自萬曆二十七年後，則轉而批判李卓吾的狂禪。

關於李卓吾的狂禪問題，江燦騰〈李卓吾的生平與佛教思想〉〔註48〕已詳細討論，舉證有代表性者之言論，如鄒元標、袁宏道、紀曉嵐等，加以分析，並歸納出三點有關狂禪的問題：

第一，「狂禪」是貶詞：以禪法而言，就是略悟本體，即不再保任。一切討現成，專恃本身利根行事。

第二，「祖師禪」雖爲禪宗明心見性之法，但如涉世太深，社會性太強，則流弊必生。可是並不等同「狂禪」。而李卓吾只是文字涉世，人卻避世，與原意亦不符。

第三，「狂禪」是褒語：是焦竑對李卓吾的讚美；也是李卓吾的自我肯定。但這並不意味李卓吾自我標榜爲「狂禪」。只是表示他對本身的「禪學」能堅持到底而已！

袁宏道於萬曆二十七年，發現李卓吾的禪不夠穩實，偏重悟理，盡廢修持。所以在萬曆二十八年〈與李龍湖書〉信中，首先表達自己爲道日退，近來益學作下下根行；其次強調修行持戒，即是向上事，而言心性玄妙，只是驢橛馬椿而已；此外表明李卓吾《淨土決》一書，人多愛看，但需以戒爲本。〔註49〕批評的重點，都集中在李卓吾對戒的輕忽與修持問題。

袁中道在〈李溫陵傳〉中，認爲李卓吾爲官清節凜凜；不入季女之室，不登冶童之牀；深入至道，見其大者；自少至老惟知讀書；直氣勁節，不爲人屈，這五種是不可及者。但是好剛使氣，快意恩讎，意所不可，動筆之書；既已離仕而隱，即宜遁迹入山，而乃徘徊人世，禍逐名起；急乘緩戒，細行不修，任情適口，鸞刀狼藉，這三方面是不足取的。〔註50〕袁中道著重的是李卓吾脾氣倔強，隱而涉世與僧行不謹；只重佛教義理而輕忽戒律。

〔註48〕《中華佛學學報》，第二期，頁296～307。
〔註49〕《箋校》卷二二。
〔註50〕《珂雪齋前集》卷十六。

　　袁宏道對李卓吾的思想本質，提出較深刻的批判，以〈論禪〉一文爲代表。

　　袁宏道〈論禪〉中批評二種禪：一種是狂禪；一種是不求悟入。其文云：

> 禪有二種，有一種狂禪，於本體偶有所入，便一切討現成去，故大
> 慧語李老漢云：此事極不容易，須生慚愧始得，往往利根上智者，
> 得之不費力，遂生容易心，便不修行，多被目前奪將去，作主宰不
> 得，日久月深，迷而不返，道力不能勝業力……又有一種不求悟入，
> 唯向事上理會。（《黃蘗無念禪師復問》卷五）

就禪者而言，開悟是其道業的主要目標，而開悟之後，尚須致力於滌蕩積習，磨礪心行，即所謂「保任」工夫。而其方式，端視個人的性情與境遇而異，有的韜光養晦，有的狂佯放達。至於狂禪者，在本體上雖有所契入，但不能生慚愧心，被境界所奪，便認爲一切都是現成，不再修行，日久月深，不能反身而省，成就的道力抵不過業力，臨命終時，也使不得力。所以說，狂禪者，並未開悟，更談不上保任的工夫。至於不求悟入，執著事行上如念佛習定等者，也達不到修禪的開悟目的。

　　袁宏道對「狂禪」的批判，雖沒有明指李卓吾，但以袁宏道對李卓吾的深刻理解，以其批判李卓吾，豈不更爲恰當。

第四章　袁宏道的淨土思想——以《西方合論》爲中心

淨土思想是袁宏道佛教思想中相當重要的一部分，萬曆二十七年（三十二歲）他所描述的《西方合論》一書，是淨土思想的主要代表作品。此外有關淨土之作，《袁宏道全集》中，僅有萬曆二十五（三十歲）年所寫〈與方子論淨土〉〔註1〕一文，旨在舉證念佛往生的故事而已。故本章探討袁宏道淨土思想，一以《西方合論》爲主，先把《西方合論》作一簡介，再探討其主要思想課題與價值。

第一節　《西方合論》的簡介

袁宏道自萬曆十七年（二十二歲）即開始致力參禪，至萬曆二十七年（三

〔註1〕〈與方子論淨土〉一文，方子曰：「余聞雲棲諸僧云，念佛可生淨土，是不？」余曰：「然書傳所載，于暇遠引，姑言余所目及者。家伯修有次子名登，年甫十三，病癖，自知不救。將終，泣問余曰：「姪今日死矣，有何法可以救我？」余曰：「汝但念佛，即得往生佛國，此五濁世無可戀者，汝當一意想佛可也。」余因令姪合掌念佛，諸眷屬圍繞，高聲讚揚，頃之，姪忽微笑云：「見一蓮花，如土色而微紅。」言既，復念。頃之，忽言蓮花鮮明甚，世間花色無可比者，比前較大。頃之，忽言佛至，相好光明，充滿一室。頃之，忽言室中有不潔人，花佛皆沒。伯修因起索，屏然適一婢至，正當浣濯之夕。伯修叱出，令諸人依前圍繞念佛，姪時又氣短。伯修曰：「汝但念佛之一字可也。」姪問余「可否？」余曰：「可。」念未數聲，合掌而卒。已余二祝氏，聞余輩譚佛事，亦持念佛號。前者小修書來云：「妗子未死前二日，即告諸郎，云佛言三日後，當來接我。」至期沐浴坐堂上，諸眷屬皆立而待，良久曰：「佛至矣！」遂瞑。二事皆余耳目睹記最眞者。」方子笑曰：「有是哉？余之長械，即此可立破矣！」（《箋校》卷十）

十二歲）則由禪進而接觸淨土，並撰述《西方合論》，本節擬從其寫作動機與思想架構作一敘述。

一、《西方合論》的寫作動機

袁宏道寫作《西方合論》的動機，主要有三：一、參禪不穩；二經典的啓示；三蓮池的關係。

（一）參禪不穩

袁宏道參禪受到李卓吾的影響，後來覺得李卓吾的見解並不穩當，乃轉向淨土。袁宏道於〈西方合論引〉中自言：

> 余學道十年，墮此狂病。後因觸機，薄有所發，遂簡塵勞，歸心淨
> 土。（《嘉興藏》，第三十一冊，頁 467 中）

十年學禪，不得其道，反墮狂病，後因某機緣，有所啓發，遂歸心淨土。袁宗道〈西方合論序文〉亦云：

> 石頭居士，少志參禪，根性猛利，十年之內，洞有所入……然嘲風
> 弄月，登山玩水，流連文酒之場，沈酣騷雅之業，懶慢疏狂，未免
> 縱意，如前之病，未能全脫。（同前書，頁 466 下）

袁宏道參禪，根性猛利，十年之內，洞然了悟，「坐斷一時禪宿舌頭」，[註2]然昔時「嘲風弄月」、「登山玩水」、「流連文場」、「沈酣騷雅」等俗病，並未脫卻。袁宏道〈與李湘州編修〉曾云：「弟往時亦有青娥之癖」。[註3]參禪並未改掉他好酒好色的毛病。故轉而「涉入普賢之海」，研究《華嚴經》，且以念佛爲修行之門。

萬曆三十二年秋，袁宏道於《瑚珊林》一書，亦談及此事，有人問之曰：「先生往年修淨土？是何見？」[註4]宏道答曰：「大凡參禪而尋別路者，皆係見未穩故。」[註5]宏道轉習「淨土」，乃因參禪身心亦不得安定，於生死煩惱得不到解脫，故轉修「淨土」。汪大紳評袁氏兄弟於禪法「知無所得，歸心淨土」[註6]

〔註2〕 蕅益《評點西方合論》云：「袁中郎少年穎悟，坐斷一時禪宿舌頭。」（《卍續藏經》，第一〇八冊，頁 863）。

〔註3〕 《箋校》卷四十四。

〔註4〕 《珊瑚林》下卷，葉三二。

〔註5〕 同註4。

〔註6〕 彭際清《居士傳》卷四十六，汪大紳評袁氏兄弟曰：「袁氏禪非敢遽斷爲口頭，得法於龍湖，龍湖不無狂魔入肺腑之證，至袁氏一轉而爲輕清魔，墜在輕安

乃正確之見解。

（二）經典的啟示

「參禪不穩」導致袁宏道回頭尋找經典中的義理。淨土思想之形成，即來自「經典」的啟示。袁宏道〈西方合論引〉云：「禮誦之暇，取龍樹、天台、長者、永明等論，細心披讀，忽爾疑豁，既深信淨土。」〔註7〕「龍樹」、「天台」、「長者」、「永明」等，都是他淨土思想的來源。

龍樹唸佛觀念，主要表現在《十住毘婆沙論》〔註8〕之〈易行品〉。〈易行品〉主要重點在說明：佛法無量門，有難行道與易行道之分。以陸路步行之難，比喻眾生於五濁惡世欲憑自力而期入聖得果之修行，稱爲難行道；反之，以水上航行之易，比喻眾生依佛之慈悲與廣大智慧，而往生淨土，證果開悟之法門，稱爲易行道。難行道只要在「勤行精進」；而易行道只要是以「信」爲方便。信者當念十方諸佛名號，且更有「阿彌陀」等諸佛亦應恭敬禮拜。〔註9〕

「天台」，是指天台祖師而兼弘淨土者，如唐智者大師（538～599）深信彌陀，臨終右脅西向而臥。而其門人，如法喜、等觀、法俊等，亦願生淨土。此外天台學者飛錫（生卒不詳），著有《念佛三昧寶王論》，對淨土亦多讚揚。〔註10〕

「長者」，是指唐代華嚴學者李通玄。〔註11〕宏道在《西方合論》一書中，凡論及李通玄的《華嚴合論》，〔註12〕都稱之爲長者《合論》，故知此長者即

快活裏作科白，月流在光滑滑處，生知生見，無箇銀山鐵壁時節，後來知無所得，歸心淨土，眞是奇特。」（《卍續藏經》，第一四九冊，頁973上）

〔註7〕《嘉興藏》，第三十一冊，頁467中。

〔註8〕《十住毘婆沙論》，龍樹造，姚秦鳩摩羅什譯，共十七卷，三十五品（《大正藏》，第二六冊，頁20～123）。

〔註9〕龍樹《十住毘婆沙論》卷五〈易行品〉第九云：「佛法有無量門，如世間道有難有易，陸道步行則苦，水道乘船則樂。菩薩道亦如是，或有勤行精進，或有以信方便行疾至阿惟越致（不退）者……若菩薩欲於此身得至阿惟越致地成就阿耨多羅三藐三菩提者，應當念是十方諸佛稱其名號……更有阿彌陀等諸佛，亦應恭敬禮拜稱其名號。」（《大正藏》，第二六冊，頁41中～42下）

〔註10〕參閱望月信亨《中國淨土教理史》第九章〈天台智顗之淨土論及常行三昧〉，與第三十一章〈天台門葉之淨土讚揚與飛錫之三世佛通念說及淨土疑論〉。

〔註11〕唐李通玄（635～730），滄洲人（河北滄縣），學無常師，入林泉，遠離塵囂，掩室獨處。開元七年至太原，居山中土龕，每日僅食棗十顆，柏葉餅一枚，世稱棗柏大士。開元十八年，於龕中坐化，享年九十六歲。（參見《華嚴合論》之〈釋十方廣佛新華嚴經論主李長者事跡〉，《卍續藏經》，第五冊，頁654～655）。

〔註12〕唐李通玄著《新華嚴經論》四十卷，唐開元寺沙門志寧復以論入經，共成一

指李通玄。李通玄在《華嚴合論》中，簡別十種淨土，〔註13〕而特別推揚「毗盧遮那所居淨土（即居十佛剎塵蓮華佛國土）」，〔註14〕與袁宏道所指「西方阿彌陀淨土」有別，但同是對淨土的弘揚。

「永明」，則指北宋永明延壽禪師（904～975）。永明禪師，屬法眼宗，著《萬善同歸集》，倡導禪淨雙修，影響後代極深。

不僅如此，凡袁宏道《西方合論》中所引用之經典，如《法華經》、《起信論》、《華嚴經》、《阿彌陀經鈔疏》等，都是他淨土思想形成的來源。

（三）蓮池的關係

蓮池（1535～1615）倡淨土於浙江雲棲，從遊者甚多，袁宏道曾與之交往，這對他寫作《西方合論》，即禪淨雙修的契機仍有關係。

萬曆二十五年（三十歲），袁宏道與陶石簣等遊東南時，蓮池亦相與交遊，袁宏道〈與吳敦之書〉中，曾以「古佛」〔註15〕稱之。萬曆二十五年，袁宏道遊〈雲棲〉一文，對蓮池作了一番評價，其文云：

> 蓮池戒律精嚴，於道雖不大徹，然不為無所見。至於單提念佛一門，則尤為直捷簡要，六箇字中，旋天轉地，何勞捏目更趨狂解，然則雖謂蓮池一無所悟可也，一無所悟，是真阿彌，請急著眼。（《箋校》卷十）

袁宏道以蓮池戒律精嚴，於道未大徹悟。至於提倡念「南無阿彌陀佛」六字，可說直捷簡要。所以如果說蓮池於道一無所悟也可以，但雖無所悟，卻是真阿彌陀佛。

此外，袁宏道於萬曆二十五年，亦有〈過雲棲見蓮池上人有狗醜非酒紐詩戲作〉二首，其二云：「少年曾盜子胡狗，父母不答親戚醜……讀書十年未識字，持戒三生不斷酒，恁有一般可笑人，逢著師尼便解紐。」〔註16〕其中

百二十卷，宋沙門慧研再加整理，這就是現傳之《華嚴合論》。（參見〈大方廣佛華嚴經合論序〉，頁 650～653，《卍續藏經》，第五冊）。

〔註13〕此十種淨土為：一阿彌陀淨土，二無量壽觀經淨土，三維摩經淨土，四梵網經淨土，五摩醯首羅天淨土，六涅槃經所指淨土，七法華經三度淨土，八靈山會所指淨土，九唯心淨土，十毗盧遮那所居淨土。（《華嚴合論》卷六，《卍續藏經》，第五冊，頁 746～747）

〔註14〕《嘉興藏》，第三十一冊，頁 466 下。

〔註15〕《箋校》卷一一。

〔註16〕《箋校》卷九。

笑謔之情，反應袁宏道生性浪漫之情懷，亦表現其二人交往之熟悉。

由上可知，袁宏道與蓮池之交遊，已有某種程度，也非常欣賞蓮池提倡淨土念佛法門，自然關係到他日後《西方合論》的創作。

二、《西方合論》的思想架構

袁宏道《西方合論》，以華嚴十門爲架構，每一門之下，又儘量分成十門，以示重重無盡之意，氣勢非常澎渤。此十門如下：

第一剎土門：毘盧遮那淨土、唯心淨土、恆眞淨土、變現淨土、寄報淨土、分身淨土、依他淨土、諸方淨土、一心四種淨土、攝受十方一切有情不可思議淨土。〔註17〕

第二緣起門：一大事故、宿因深故、顯果德故、依因性故、順眾生故、穢相空故、勝方便故、導二乘故、堅忍力故、示眞法故。〔註18〕

第三部類門：經中之經、經中之緯、緯中之經、緯中之緯。〔註19〕

第四教相門：純有教、趨寂教、有餘教、無餘教、頓悟教、圓極教。〔註20〕

第五理諦門：即相即心門、即心相門、非心非相門、離即離非門。〔註21〕

第六稱性門：信心行、止觀行、六度行、悲願行、稱法行。〔註22〕

第七往生門：菩薩生人中者、菩薩生兜迦天者、菩薩生長壽天者、菩薩生界外者、菩薩初發心時生如來家者、菩薩三祇行滿生十方世界利益一切眾生者。〔註23〕

第八見網門：斷滅墮、怯劣墮、隨語墮、狂恣墮、支離墮、癡空墮、隨緣墮、唯心墮、頓悟墮、圓寔（實）墮。〔註24〕

第九修持門：淨悟門、淨信門、淨觀門、淨念門、淨懺門、淨願門、淨戒門、淨處門、淨侶門、不定淨門。〔註25〕

〔註17〕《嘉興藏》，第三十一冊，頁467下。
〔註18〕《嘉興藏》，第三十一冊，頁469下。
〔註19〕《嘉興藏》，第三十一冊，頁472中。
〔註20〕《嘉興藏》，第三十一冊，頁475中。
〔註21〕《嘉興藏》，第三十一冊，頁477下。
〔註22〕《嘉興藏》，第三十一冊，頁480上。
〔註23〕《嘉興藏》，第三十一冊，頁481下。
〔註24〕《嘉興藏》，第三十一冊，頁483下。
〔註25〕《嘉興藏》，第三十一冊，頁488中。

第十釋異門：刹土遠近門釋、身城大小門釋、壽量多少釋、花輪大小釋、日月有無釋、二乘有無釋、婦女有無釋、發心大小釋、疑城胎生釋、五逆往生釋。〔註26〕

刹土門分為十門，主要在敘述一真法界，〔註27〕十佛刹海交參，淨穢無別，祇因眾生行業有殊，諸佛化現亦異，其中以「攝受十方一切有情不可思議淨土」，即阿彌陀佛西方淨土，最為圓滿。

緣起門：以十義解說西方阿彌陀佛與此娑婆世界的種種因緣，故往生最易。

部類門：舉證宣揚淨土之經典，以說明西方淨土歷來所受的重視。

教相門：分別諸教，而推淨土為圓極教。

理諦門：以華嚴理事不礙之理，融合唯心淨土與西方阿彌陀佛之爭。

稱性門：倡導以信阿彌陀佛為先決條件，再廣修止觀、六度、悲願，並稱法而行。

往生門：說明菩薩應往生西方淨土，如法修行，待忍力堅固，再入世利生，方為究竟。

見網門：旨在斥破一些見解偏差者。

修持門：羅列往生淨土者應作之修持，較「稱性門」更為仔細說明。

釋異門：把修淨土者對西方淨土所產生之質疑一一釋解，目的要人全心信持，念念往生西方淨土。

總而言之，袁宏道試圖以華嚴十門，巨細靡遺的鋪展其西方淨土的概念，以達到宣揚淨土之目的。

第二節　《西方合論》的思想課題

袁宏道面對自己修行的問題，以及整個晚明時代思潮，撰述了《西方合論》。其思想課題主要有三：一、是禪與淨的調合；二、是唯心淨土與他方淨土的融合；三、是淨土與華嚴思想的融通，以下分別敘述：

〔註26〕《嘉興藏》，第三十一冊，頁491上。

〔註27〕一，即無二；真，即不妄。交徹融攝，故稱法界。即是諸佛平等法身，從本以來不生不滅，非空非有，離名離相，無內無外，惟一真實，不可思議，故稱一真法界。

一、禪與淨的調合

　　晚明禪淨思想興盛，然修淨土者鄙薄禪者；修禪者歧視淨土者。袁宏道
有見於此，乃著《西方合論》以調合之。袁宏道曾云：

　　　　《西方合論》一書，乃借淨土以發明宗乘，因談宗者，不屑淨土，

　　　　修淨土者，不務禪宗，故合而論之。（《瑚珊林》上卷，葉二七）

《西方合論》合禪淨思想而論之，旨在教人，修禪亦可兼修淨土，而修淨土
亦可兼修禪。

　　禪淨調合的思想，北宋永明延壽禪師即加以倡導。永明禪師有見於「禪
宗失意之徒，執理迷事」，「學法之輩，執事迷理」，〔註28〕故提倡「禪淨雙修」，
著《萬善同歸集》，以張揚之。並作參禪念佛四料簡，〔註29〕其詩偈云：

　　　　有禪無淨土，十人九蹉（一作錯）路，陰境若現前，瞥爾隨他去。

　　　　無禪有淨土，萬修萬人去，但得見彌陀，何愁不開悟。有禪有淨土，

　　　　猶如戴角虎，現世爲人師，來生爲佛祖。無禪無淨土，鐵床並銅柱，

　　　　萬劫與千生，沒個人依怙。〔註30〕

永明禪師意謂：修禪未兼修淨土者，十之八、九，難免把握不住，隨業輪轉
而去。只修淨土的，萬人修萬人皆可往生。而最好的是禪淨雙修者，猶如帶
角之老虎，今生可爲人師表，來世亦可作佛祖。若禪與淨土皆未修者，則只
有留連地獄，千生萬劫了無出期。

　　自永明延壽提倡「禪淨雙修」後，很多禪師以直接參禪不易，亦都轉爲
「念佛」，或以參「念佛者是誰」，〔註31〕或以直接「念佛」而修定，於是「禪

〔註28〕《萬善同歸集》云：「古德釋云，禪宗失意之徒，執理迷事，云性本具足，何
　　　　假須求，但要亡情，即真佛自現。學法之輩，執事迷理，何須孜孜修習。理
　　　　法合之雙美，離之雙傷。理事雙修，以彰圓妙。」（《卍續藏經》，第一一○冊，
　　　　頁915）此中「理事雙修」，就是破禪徒「執理迷事」與學法者「執事迷理」。
　　　　永明禪師以爲只有「理事雙修」，才能彰顯佛法之「圓妙」。

〔註29〕四種簡別法，能夠隨機教導學人的四種規則。又稱「料揀」。

〔註30〕在永明延壽的著作中，查無此參禪念佛之四料簡，但多爲人所引用，故本文
　　　　亦加以使用。（引自望月信亨《中國淨土教理史》第二十五章〈永明延壽之禪
　　　　淨雙修論〉，頁231）。

〔註31〕元代智徹禪師有：「念佛一聲，或三五七聲，默默反問，這一聲佛從何處起？
　　　　又問這念佛是誰？有疑只管疑去，若問處不親，疑情不切，再舉箇畢竟這念
　　　　佛的是誰，於前一問，少問少疑，只問念佛是誰，諦審諦問。」（引自蓮池大
　　　　師《禪關策進》中「諸祖法語節要第一」之「智徹禪師淨土玄門」。《蓮池大
　　　　師全集》（二），頁2042）。

淨雙修」蔚成風尚。

袁宏道《西方合論》「以不思議第一義爲宗，以悟爲導，以十二時中持佛名號，一心不亂念念相續爲行持。」〔註32〕與「行者欲生實淨土，當眞參實究，如法了悟。」〔註33〕即「禪淨雙修」的延續。

袁宏道爲調合禪淨，對晚明禪者不務淨業，以爲淨土念佛法門，只接引中下根人者，提出質疑，並表示修淨土者，應遠離禪者。他在《西方合論》卷四〈教相門〉中說道：

> 竊附先哲，分別諸句，用彰一乘，庶使觀者知淨土法門，攝一代時教，毋爲儱侗禪宗，輕狂義虎，所誑惑云爾。（同前書，頁475中）

宏道以爲先哲用各種言詞，無非在彰顯淨土法門，以淨土法門爲一代時教，故不應爲禪宗之「儱侗」與「輕狂」所欺騙。在卷八〈見網門〉之九「頓悟墮者」中又說：

> 今世禪人，皆云一超直入，不落功勛，尚不求佛，何況往生？（同前書，頁487上）

宏道反詰之曰：

> 不求作佛者，捨身之後，將灰斷永滅邪？抑尚受後有邪？若受後有，爲生淨土邪？爲三生界邪？若居三界，即不如淨土，若淨土者，即同往生。（同上）

禪者不求，捨身之後，將是「肉身焚燒成灰」永遠斷滅？抑或還受「未來之果報」、「後世之身心」？如果還有後世，要生於欲界、色界、無色界，還是生於淨生？三界不及淨土，如生於淨土，即同往生。

這些質疑無非在攝禪者以淨土爲依歸，以禪淨雙修爲法門。此外在卷九〈修持門〉中，都強調修淨土者當遠離禪者，其六「淨願者」之六云：

> 不爲色界故願，願離一切禪者，生淨土故。（同前書，頁489下）

爲不生色界而往生淨土，故應遠離一切禪者。其八「淨處者」之十，亦云：

> 宗乘狂解，妄談頓悟，輕視戒律之處，當遠故。（同前書，頁490中）

禪者狂解，只求頓悟，又輕視戒律，應當遠離。

袁宏道對禪者提出質疑之後，對淨土極力讚揚。袁宏道《西方合論》旨在

〔註32〕《嘉興藏》，第三十一冊，頁466下。
〔註33〕《嘉興藏》，第三十一冊，頁488中。

讚揚淨土。首先卷一〈剎土門〉中，列舉十個淨土，而特別贊賞「阿彌陀佛淨土」乃「攝受十方一切有情不可思議淨土」。以此淨土最不可思議，普度眾生最廣。一面舉證禪者倡導淨土之實例，一面則引用宣揚淨土之經典以爲證據。

卷二〈緣起門〉之九「堅忍力者」，宏道更提出禪師倡導淨土者：

（一）永明和上（尚），深憐痛哀，剖出心肝，主張淨土，既以自修，又以化世。

（二）死心新禪師，作勸修淨土之文。

（三）眞歇了禪師，作淨土說。

（四）至如天衣懷禪師、圓照本禪師，慈受深禪師……皆是禪門宗匠，究其密修顯化，發揚淨土者，則不約而同。〔註34〕

袁宏道共列舉了十七位禪師發揚淨土的實例，以爲此等禪師皆禪門宗匠，密修顯化，用以駁斥某些「禪徒」鄙棄淨土，不失爲有力之證據。

此外，卷三〈部類門〉中，袁宏道更搜集有關淨土經典，以經緯區分其重要性，歸類如下：

（一）經中之經五部：《無量平等清淨覺經》、《無量壽經》、《阿彌陀經》、《無量壽莊嚴經》、出《寶積》第十八經名《無量壽如來會》。〔註35〕

（二）經中之緯二部：《鼓音聲王經》、《後出阿彌陀佛偈經》。〔註36〕

（三）緯中之經十三部：《華嚴經》、《法華經》、《楞嚴經》、《寶積經》、《般若三昧經》、《觀佛三昧經》、《大集經賢護品》、《十住斷結經》、《如來不思議境界經》、《稱揚諸佛功德經》、《大雲經》、《楞伽經》、《大悲經》。〔註37〕

（四）緯中之緯十一部：《華嚴經》之〈毘盧遮那品〉、〈先明覺品〉、〈賢首品〉、〈十回向品〉、〈佛不思議法品〉、〈入法界品〉、《法華經》、《淨名經》、《涅槃經》、《大般若經》、《坐禪三昧經》、《增一阿含經》、《文殊般若經》、《大集經》、《法華三昧觀經》、《那先經》。〔註38〕

宏道舉證三十一部有關淨土的經典，用以闡明淨土思想的來源與其受到重視的事實。

〔註34〕《嘉興藏》，第三十一冊，頁 471 下。

〔註35〕《嘉興藏》，第三十一冊，頁 472 中。

〔註36〕《嘉興藏》，第三十一冊，頁 472 中、下。

〔註37〕《嘉興藏》，第三十一冊，頁 472 下～473 中。

〔註38〕《嘉興藏》，第三十一冊，頁頁 473～474 下。

二、唯心淨土與他方淨土的融合

　　袁宏道「調合禪淨」，對於禪者與淨土者所爭辯的「唯心淨土」與「他方淨土」，則採融合的態度。

　　所謂「他方淨土」，在明末專指「西方阿彌陀佛淨土」。〔註39〕《佛說阿彌陀經》云：

　　　佛告長老舍利弗，從是西方，過十萬億佛土，有世界名曰極樂，其
　　　土有佛，號阿彌陀佛，今現在說法。（《大正藏》，第十二冊，頁346
　　　下）

從此西方，過十萬億佛土之極樂世界，就是「阿彌陀佛」發四十八願，〔註40〕歷劫修持且渡化眾生所成就的淨土，乃淨土念佛往生之地。

　　至於「唯心淨土」，《維摩詰所說經》中〈佛國品〉第一云：

　　　若菩薩欲得淨土，當淨其心，隨其心淨，則佛土淨。（《大正藏》，第
　　　十四冊，頁538下）

隨其心淨則佛土淨，此「唯心淨土」的論調。

　　《六祖壇經》順此「唯心淨土」之思想，更進一步說：

　　　所以佛言，隨其心淨即佛土淨。使君東方人，但心淨即無罪，雖西
　　　方人，心不淨亦愆。東方人造罪，念佛求生西方，西方人造罪，念
　　　佛求生何國……今勸善知識先除十惡即行十萬，後除八邪，乃過八
　　　千……若悟無生頓法，見西方只在剎那。〔註41〕

《六祖壇經》這段文意，可歸納成四點：（1）迷人求生西方淨土，而悟人只要自淨其心，則佛土淨。（2）東方人造罪，求生西方；西方造罪，求生何國？（3）除十惡，即行十萬；除八邪，即行八千，何須往生？（4）若悟無生頓法，西方只在剎那。簡而言之，其主旨仍在強調「唯心淨土」，所謂「悟」則心淨而佛土淨，不須往生。

　　由於《六祖壇經》為一般禪者之寶典，故修禪者往往強調「唯心淨土」，

〔註39〕在佛經中說，十方都有淨土，與西方阿彌陀佛淨土相對的，有東方藥師琉
　　　璃光如來淨琉璃世界，稱東方淨土。但中國淨土專弘「西方阿彌陀淨土」。
〔註40〕此四十八願記載於《無量壽經》。
〔註41〕元宗寶編《六祖大師法寶壇經》之〈彭問〉第三。（《大正藏》，第四十八冊，
　　　頁352上中）。在《大正藏》中還有更早的敦煌本，唐法海集，全名為《南宗
　　　頓教最上大乘摩訶般若波羅蜜經六祖惠能大師於韶州大梵寺施法壇經》。有關
　　　此段之說明，二本大同小異。

對於淨土信仰強調往生「西方淨土」有所批評與質疑。宏道《西方合論》合禪淨以論之，並標明「西方」，故對唯心淨土與他方淨土採取融合的態度。

宏道在《西方合論》卷八〈見網門〉之三「隨語墮」中，對上段《六祖壇經》有所批評。其文云：

> 《彌陀疏鈔》曰：「西方去此十萬億土，《壇經》言十萬八千者，是錯以五天竺等爲極樂也。」此語近是，爲六祖未閱《大藏》，聞人說西方，即以爲五天竺者有之。教中分明言，極樂國土三毒不生，得不退轉，今言西方造罪，求生何土？此亦一證也。（《嘉興藏》，第三十一冊，頁 485 中）

宏道反駁《六祖壇經》（1）十萬八千之言，按蓮池《阿彌陀經疏鈔》據《阿彌陀經》所言，要過十萬億土；（2）西方極樂三毒不生，故無「西方」人造罪之事。且又進一步批評只學這三言兩語而專崇「唯心淨土」的人是「隨語墮」。然又反過來說：

> 噫！學人果能頓悟頓修，解行相應，如六祖；投金漢水，遊戲生死中，如龐老，雖不求生，亦何害于生哉？（同上）

宏道雖然對《六祖壇經》有所批評，但同時強調，如果學佛者，能像「六祖」、「龐居士（蘊）」〔註42〕那樣「頓悟頓修」、「解行相應」、「投金漢水」、「遊戲生死」中，雖不求往生西方淨土，亦不害生於淨土。可見宏道並非摒棄「唯心淨土」。

宏道在《西方合論》卷一〈刹土門〉之二「唯心淨土」又說道：

> 夫心是即土之心，土是即心之土，心淨土淨，法留如故，此語豈非西方註腳？（《嘉興藏》，第三十一冊，頁 468 上）

宏道對《維摩詰經》中所強調之「心淨即佛土淨」，更進一步的說：「心是即土之心」、「土是即心之土」，所以說「心淨土淨」其實就是「西方淨土」的註腳。接著宏道又說：

> 夫念即是心，念佛豈非心淨？心本含土，蓮邦豈在心外，故知，約相非乖唯心，稱心實礙普度矣。（同上）

心本含土，所以西方蓮邦並不在心外，約「西方」之相而言，並不違背「唯

〔註42〕唐龐蘊，字道元，襄陽人，初參石頭，又參馬祖，於道有悟，遂載家珍金銀投於江水。（參閱清彭際清《居士傳》卷十七，頁 859～860，《卍續藏經》，第一四九冊）。

心」，但如果只強調「唯心」，那對普度眾生是有妨礙的。所以宏道是站在「唯心」而又不捨「他方」的立場，試圖爲「唯心淨土」與「他方淨土」作一融合。所以在《西方合論》卷五〈理諦門〉之「即心即相門」又言：

> 智者熾然求生淨土……愚者爲生所縛，聞生即作生解……不知生即
> 無生，無生即生。（同前書，頁 478 下）

宏道以爲「生即無生」，「無生即生」，所以「唯心淨土」與「他方淨土」是可以融合爲一的。往生西方淨土，就事而言是生，就理而言是無生。此生即無生，無生即生，即華嚴理事相容無礙之理。

總而言之，「唯心淨土」表現袁宏道的理性層面，而「他方淨土」表現他的信仰層面，並非一般禪者「撥無西方論」，而是試圖爲「唯心淨土」與「他方淨土」作一溝通，以解決歷來唯心淨土與他方淨土思想的衝突與矛盾。

三、淨土與華嚴思想的融通

明末存在著某些淨土與華嚴的爭執。〔註43〕倡導華嚴者，往往批評淨土「是權非實」。面對這種現象，袁宏道試圖以華嚴「一多相即」的概念加以融通。

首先宏道在《西方合論》卷一之一「毘盧遮那淨土」，即提到批評西方淨土者，有兩種類型，其一：

> 或曰：此（華藏世界）是眾生實報莊嚴，不同權教，推淨土於他方，
> 是爲實教。（《嘉興藏》，第三十一冊，頁 467 下）

按此「或曰」乃宏道針對唐李通玄《華嚴合論》卷六「第七明淨勸實」所說之內容──以華藏世界是實，也就是眞實不虛，永久不變之究極眞實；而西方淨土是權非實，爲一時之需要所設之方便。李通玄《華嚴合論》云：

> 第一阿彌陀淨土者，此爲一分取相凡夫不信法空實理，以專憶念，
> 念想不移，以專誠故，其心分淨，得生淨土，是權未實。（《卍續藏

〔註43〕曹魯川曾與蓮池爭論淨土與華嚴的問題，今保留於《蓮池大師全集》之〈遺稿〉中有一文。曹魯川對蓮池提出不滿與質疑，要點有三：（一）曹魯川不滿意蓮池提倡淨土，而廢華嚴；（二）以爲蓮池把淨土架於華嚴之上；（三）曹魯川推崇唐李通玄《華嚴合論》最能把握華嚴之旨，而鄙視唐清涼澄觀《華嚴經疏鈔》。（頁 4452～4454）蓮池〈答蘇州曹魯川邑令〉，就以上三點加以答覆，其重點如下：（一）淨土亦是華嚴之一門，提倡淨土並非全廢華嚴；（二）華嚴如天子，淨土如大臣，安敢置淨土於華嚴之上；（三）方山之論，得清涼之疏鈔，更爲完全。

經》，第五冊，頁 747 上）

李玄通以爲「阿彌陀淨土」乃爲「凡夫」不明法空實理而設，以專心念佛，
得生淨土，所以是方便設施，是權非實。其二：

> 或曰：眾生雖具此實報，爭奈眞如無性，不能自證……若非假之方
> 便，由權入實，眾生豈有證毘盧之日也。（《嘉興藏》，第三十一冊，
> 頁 467 下）

以爲眾生雖具有佛性，具有「華藏實報淨土」，但是眼前所見之世界，仍是「銅
柱鐵床」，如海邊有水，而餓鬼依然渴死，而洞窟有金銀，貧人可數而得之，
但仍是窮人。所以必須假「西方淨土」之權，以入「華嚴世界」之實。這兩
種說法都批評「西方淨土」是權非實。

　　袁宏道力倡淨土，於淨土與華嚴之爭論，提出華嚴「一多相即」之概念，
以爲化解之道。袁宏道曰：

> 夫當釋迦爲主，則釋迦遍一切，而阿彌陀佛爲所遍之一處。當阿彌
> 爲主，則阿彌遍一切，而釋迦牟尼爲所遍之一處。如一人之身，當
> 自自時，不妨爲一切人之他，當他他時，不妨爲一切人之自，以是
> 義故，自他不成……是故西方毘盧，非自他故。何以故，毘盧無不
> 偏，故若言權言方便，即有不偏，有不偏者，毘盧之義不成。（同前
> 書，頁 467 下～468 上）

宏道以「自他不成」，自遍一切處，他亦遍一切處，來消解西方與毘盧淨土的
權實問題。換言之，毘盧是實，則西方亦是實；若以西方是權，則毘盧即有
不遍義。毘盧有不遍義，則毘盧遮那淨土之義也不成立。此「自他不成」之
理，即華嚴十玄門中，「一多相容不同門」之理念。此門乃在說明現象之作用，
有「一中之多，多中之一」之相入說，亦即「即一具多，多相容一，一多相
入無礙，然而其體不同，不失一多之相。」換言之，就是西方與毘盧是相入
的，以西方爲主，則西方亦具毘盧淨土；以毘盧爲主，則毘盧中有西方淨土。
二者是可以相入無礙，但又不失其個體。袁宏道以此解決淨土與華嚴「權實」
的爭辯。

　　袁宏道又以執著華嚴世界是實，西方淨土是權者，爲「圓實墮者」。在《西
方合論》卷八〈見網門〉之十「圓實墮者」云：

> 圓實墮者，謂華藏世界，一刹一塵，具含無量國土，本無淨穢，焉
> 有往來，故長者（李通玄）言，西方淨土，是權非實，以情存取捨，

非法界如如之體故。（同前書，頁487下）

宏道將推崇華嚴世界，而批評西方淨土者，批評爲「圓實墮者」，以爲李通玄以權實分西方淨土與華嚴世界，是以「情」取捨，眞實世界並不如此。

第三節　《西方合論》的價值

袁宏道《西方合論》爲晚明淨土之作，其價值爲何？本節擬從袁宏道與蓮池淨土思想的比較，及蕅益對《西方合論》的評價，作一說明。

一、袁宏道與蓮池淨土思想的比較

蓮池宣揚淨土思想之作，以《阿彌陀經疏鈔》爲代表，共十萬餘言，袁宏道在《西方合論》中常加以引用。

蓮池《阿彌陀經疏鈔》，一以華嚴十門爲架構，加以鋪排。面對晚明「禪與淨」、「唯心淨土與他方淨土」、「淨土與華嚴」這三個問題蓮池有他個人的見解。

袁宏道對「禪與淨」採取調合的思想，以爲修禪者可兼淨土，修淨土者可兼禪，然禪自是禪，淨土仍是淨土，並沒有合一。蓮池則把禪與淨，加以調合，並試圖以「參究念佛」與「憶念念佛」，把禪淨融合爲一。

蓮池在《阿彌陀經疏鈔》中，以爲《阿彌陀經》之「持名念佛」，乃修行之徑路，且是徑中之徑。「持名念佛」就是專念不忘，又分事持與理持。事持爲憶念念佛，理持爲參究念佛。參究念佛，「且念且參，觀心究理，是名曰顯」。〔註44〕此「參究念佛」之「參」，與禪宗參禪之參雷同。蓮池之意，即在融合禪淨爲一。

蓮池並引元明本中峰〔註45〕語：「禪者淨土之禪，淨土者禪之淨土」，〔註46〕

〔註44〕《卍續藏經》，第三十三冊，頁450中。

〔註45〕元代臨濟宗明本禪師（1263～1323），號中峰，又號幻住道人。其性睿敏，十五歲立志出家。於至元二十三年（1286）參謁高峰原妙於天目山師子院：一日誦《金剛經》，乃恍然開悟。至元二十四年，師年二十四，依從原妙剃度，次年受具足戒。原妙示寂後，隱於湖川辨山之幻住庵。嘗留止吳江、廬州六安山等地，延祐五年（1318）應眾請還居天目山，僧俗瞻禮，譽爲江南古佛。仁宗召聘而不出，勒號「佛慈圓照廣慧」，並賜金欄架裟，又改師子院爲「師子正宗寺」。至治三年八月示寂，世壽六十一。（參閱喻昧庵輯《新續高僧傳四集》卷十七〈習禪篇第三之七〉「元餘杭吳山聖水寺沙門釋明本傳」，頁457～458）。

說明禪淨是合一的。〔註47〕故望月信亨在《中國淨土教理史》曾批評說：「彼（蓮）池將禪、淨混而爲一，企望於一元化。」〔註48〕

　　蓮池爲宣揚淨土，將禪淨融合爲一，有「一元化」的思想，與袁宏道「調合禪淨」，以弘揚淨土思想，自是不同。

　　對於「唯心淨土與他方淨土」的思想，袁宏道以華嚴理事無礙之理論，加以融合。蓮池則在宣揚「唯心淨土」。

　　蓮池《阿彌陀經疏鈔》，以「自性彌陀」論解此經，其卷一云：

> 此經蓋全彰自性，又諸經皆不離自性……阿彌陀佛全體是當人自性也……言自性亦是結構四法界歸一心也。（《卍續藏經》，第三十三冊，頁330～331下）

以自性爲彌陀，並歸結法界、事法界、理事無礙法界、事事無礙法界爲「一心」，自是強調「唯心淨土」，以阿彌陀佛淨土，不離自性，又不離一心。

　　至於「淨土與華嚴」，袁宏道藉華嚴「一多相即」的概念加以融通，依華嚴判教，〔註49〕以華嚴爲圓教而推淨土爲「圓極教」。〔註50〕蓮池對「淨土與華嚴」仍採融通思想，但一以華嚴爲圓教，而淨土則爲「頓教少分屬圓」。〔註51〕

　　袁宏道《西方合論》有他獨到的見解，透過以上的比較更能顯現。

二、蕅益對《西方合論》的評價

　　晚明對袁宏道《西方合論》評價最高者，莫過於蕅益大師。蕅益評點《西

〔註46〕《卍續藏經》，第三十三冊，頁448上。
〔註47〕其實中峰禪師之意，仍是調合禪淨的思想而已。
〔註48〕第三十六章〈雲棲袾宏之禪淨同歸論〉，頁84。
〔註49〕華嚴以「小教」、「始教」、「終教」、「頓教」、「圓教」爲判教。
　　　　小教：乃對小乘根機者所説的四諦，十二因緣等《阿含經》之教。
　　　　始教：是對小乘開始入大乘，然根機未熟者所説之教法。
　　　　終教：即説真如隨緣而生染淨諸法，其體本自清淨，故謂二乘及一切有情意當成佛。如《楞伽》、《勝鬘》等經及《大乘起信論》所説均屬之。
　　　　頓教：乃不立言句，只辨真性，不設斷惑證理之階位，爲頓修頓悟之教，如《維摩詰經》所説。
　　　　圓教：即説一乘而完全之教法。此教説性海圓融，隨緣起成無盡法界，彼此無礙，相即相入，一位即一切位，一切位即一位，十信滿心即成正覺，故稱爲「圓」，如《華嚴經》、《法華經》等所説。
〔註50〕《嘉興藏》，第三十一冊，頁476中。
〔註51〕《卍續藏經》，第三十三冊，頁349上。

方合論》，並常教人閱讀《西方合論》，且又輯入所編《淨土十要》中。

蕅益（1599～1656），字智旭，江蘇木槚人，晚年住持浙江雲峰山道場，是明末四大師之一。早年參禪，二十八歲大病時，以平日修禪在此用力不上，故決意求生淨土，並專心研究天台。

蕅益對淨土極力弘揚，其淨土著作主要有《阿彌陀經要解》一書。以為「念佛」求生淨土，乃至直捷至圓頓之路，故加以提倡。蕅益提倡淨土，亦同袁宏道，對當時禪者多加斥破。以為禪者之病，就是「裝模作樣」、「徒記兩則公案」而已！

蕅益之淨土思想，亦融西方淨土於唯心淨土中。他曾作〈淨土偈〉十四首：

其一

西方即是唯心土，無上深禪不用參，佛向念中全體露，更生疑慮大癡憨。

其二

西方即是唯心土，離土譚心實例顛，念念總皆歸佛海，生盲重覓祖師禪。（《靈峰宗論》卷十之一，頁 1457～1458）

每一首皆以「西方即是唯心土」為開頭，即在破禪者撥無西方之論調。這種思想與袁宏道《西方合論》中「心是即土之心，土是即心之土」〔註 52〕看法相同。

蕅益在與人書信中，並常教人閱讀《西方合論》，如〈寄丁蓮〉一文中，要人把《妙宗鈔》與《西方合論》，深思熟記，其文云：

淨土一門……末世往往視作曲為中小，不知其至圓至頓，普被三根，須將《妙宗鈔》與《西方合論》二書深玩熟思，庶可破邪計算。（《靈峰宗論》卷五之二，頁 777）

《妙宗鈔》宋代四明知禮所撰，全名為《觀無量壽佛經疏妙宗鈔》。蕅益教人研讀《妙宗鈔》與《西方合論》，以破除一些錯誤的觀念。此外在〈復淨禪〉與〈與周洗心〉〔註 53〕二文等，亦提到研究《西方合論》一事。在〈鮑性泉天樂鳴空集序〉，一文更讚美有加，評《西方合論》為「空谷足音」。〔註 54〕

除此之外，蕅益並把整部《西方合論》加以評點。蕅益在《評點西方合

〔註 52〕《嘉興藏》，第三十一冊，頁 468 上。

〔註 53〕《靈峰宗論》，卷五之一，頁 759～765。

〔註 54〕《靈峰宗論》，卷六之四，頁 610～625。

論》一書中，對於贊同的地方，必多加一筆，如〈剎土門〉之一「毘盧遮那淨土」，於李通玄對西方與毘盧分權實的問題，蕅益評曰：

> 可見西方即毘盧遮那淨土，毘盧是實，則西方決非權矣。（《卍續藏經》，第一〇八册，頁 872 上）

西方即毘盧，皆實非權。在〈剎土門〉之三「恒眞淨土」，對袁宏道以爲菩薩少而凡夫多，故恒眞淨土，利少害多，又評曰：

> 誰敢以恒眞淨土之言爲利少害多，非大悟者不能有此膽識。（同前書，頁 872 下）

蕅益以袁宏道能爲此論，乃有「膽識」者。

對於袁宏道在論說中，有不滿之處，蕅益亦加以批評，如卷四〈教相門〉，袁宏道列有「假有教」（原名純有教）、「趨寂教」、「有餘教」、「無餘教」、「圓極教」，蕅益批評純有教，不可立教，只可附於三藏教中，且應以天台判教爲依，才能收一代所說法門。其文云：

> 純有即人天乘，趨寂等立，即小、始、頓、圓也。若論判教，須約
> 化儀四教、化法四教，通別五時，方可全收一代所說法門。今僅依
> 五教尚可商。惜中郎四十餘歲已棄世，未入台宗之室也。又純有不
> 能出世，不得立教，祇可附在三藏教耳。（同前書，頁 888 下）

蕅益是個天台專家，特別標榜天台，他認爲宏道以華嚴之判教：「小、始、終、頓、圓」，不能蓋一代時教，應以天台五時八教，「化儀四教」：頓教、漸教、秘密教、不定教；〔註55〕「化法四教」：三藏教（簡稱藏教）、通教、別教、圓教；〔註56〕與五時教：華嚴時，阿含時、方等時、般若時、法華涅槃時，〔註57〕來

〔註55〕化儀四教：
　　（1）頓教：佛陀最初將自內證之方法直接教示眾生，相當於華嚴經之所說。
　　（2）漸教：教化之內容與由淺而漸深之教法；相當於阿含（初）、方等（中）、
　　　　　　般若（末）三時所說。
　　（3）秘密教：佛陀應眾生不同根機能力，施予個別教化，而彼此互不相知。
　　（4）不定教：各種根機之眾生，雖同坐一席，然隨各人之能力，所體悟之教
　　　　　　法不一定。
〔註56〕化法四教：
　　（1）藏教：即小乘教，即爲三乘人說阿含住，以明但空之理，並由析空觀而
　　　　　　入無餘涅槃之教。
　　（2）通教：以該教爲聲聞、緣覺、菩薩三乘所共通之大乘初門教，故稱通教。
　　（3）別教：即不共二乘而獨爲菩薩說者。
　　（4）圓教：在顯示佛之所悟，亦即爲明示佛陀自內證之教。

判教才能恰當的分判教理。蕅益以爲袁宏道四十三歲就棄世，故對天台宗來不及登堂入室。在〈評點西方合論序〉文中，批評袁宏道「台宗堂奧尚未詣極」，〔註58〕即專指此點。

　　僅管如此，蕅益對其評價還是極高，且加以收入所輯《淨土十要》〔註59〕中，相對的於蓮池《阿彌陀經疏鈔》則排除在外。

〔註57〕五時，是主張釋尊四十五年之說法，乃由淺而入深，故將之分爲五個階段，稱爲五時教。

〔註58〕《卍續藏經》，第一〇八冊，頁863下。

〔註59〕《淨土十要》，共十卷，包括十三本書。

　　卷一：
　　　（1）《佛說阿彌陀經要解》，明・智旭解
　　卷二：
　　　（2）《往生淨土懺願儀》，宋・遵式述
　　　（3）《往生淨土決疑行願二門》，宋・遵式述
　　卷三：
　　　（4）《觀無量壽佛經初心三昧門》，明・成時錄輯
　　　（5）《受持佛說阿彌陀經行願儀》，明・成時錄輯
　　卷四：
　　　（6）《淨土十疑論》，隋・智顗說
　　卷五：
　　　（7）《念佛三昧寶王論》，唐・飛錫撰
　　卷六：
　　　（8）《淨土或問》，元・善遇編
　　卷七：
　　　（9）《寶王三昧念佛直指》，明・妙叶書
　　卷八：
　　　（10）《西齋淨土詩》，明・梵琦著
　　卷九：
　　　（11）《淨土生無生論》，明・傳燈撰
　　　（12）《淨土法語》，明・正知較
　　卷十：
　　　（13）《西方合論》，明・袁宏道撰述

第五章　袁宏道禪學思想對文學的影響

　　向來研究袁宏道文學理論與文學作品的人，大多未涉及其文學與禪學的關係。本章透過前文有關袁宏道禪學思想的理解，再來處理其文學與禪學的部分，對袁宏道獨抒性靈的文學與禪學的關係，〔註1〕提出說明，並對涉及禪的詩作，作一分析。

第一節　文學觀與禪學的關係

一、獨抒性靈說與禪的淵源

　　獨抒性靈是袁宏道的主要文學觀。「性靈」二字，雖有其歷史淵源，〔註2〕但前人都只是一個簡單的概念，袁宏道則較有系統的提出，並成爲公安派的文學觀。本文試先說明袁宏道獨抒性靈的內涵，再討論性靈與禪的關係。

　　袁宏道對性靈二字的內涵，並無作過詳細說明。但由其強調作文章要——「一一從自己胸中流出」、「一一從胸襟流出」、「直從胸臆流出」等，就在突顯

〔註1〕陳萬益在《晚明性靈文學思想研究》一書中，討論到晚明心學對性靈文學的影響，認爲是由王陽明的「良知」，李卓吾的「童心」，一脈相承到袁宏道的「性靈」。即認爲袁宏道所揭示的「性靈」，由王陽明的良知與李卓吾的童心等一脈相傳下來。本文對此論證不再討論，只探究袁宏道獨抒性靈與禪的淵源。

〔註2〕「性靈」一語也是歷史上信仰佛教的人使用過。如謝靈運曾說過：「六經典文，本在濟俗爲治耳，必求性靈真奧，豈得不以佛經爲指南耶？」北魏任城王元澄奏疏批評濫建塔寺說：「像塔纏于腥臊，性靈沒于嗜欲。」張融〈答周顒書〉說：「夫性靈之爲性，能知者也；道德之爲道，可知者也。」劉勰在《文心雕龍》中亦用性靈。（孫昌武《佛教與中國文學》，頁 184～185）

一個「我」字。這個「我」字，又不外乎涵蓋了自我的「個人性」與「自發性」。

袁宏道萬曆二十七（三十二歲）年，在〈答李元善〉書中云：

> 文章新奇，無定格式，只要發人所未發，句法字法調法，一一從自
> 己胸中流出，此眞新奇也。（《箋校》卷二二）

袁宏道以爲文章要新奇，發人所未發，一定要有「我」，且由我之性靈一一流出。袁中道在〈中郎行狀〉中亦說：

> 先生（中郎）既見龍湖（李卓吾），始知一向掇拾陳言……至是浩浩
> 焉……發爲語言，一一從胸襟流出。（《珂雪齋前集》卷十七）

袁宏道受到李卓吾禪法的啓示，鄙棄已往死守陳言，死於古人句下的毛病，發爲言論，一一從自己胸襟流出。袁宗道在〈西方合論敍〉更云：

> 石頭居士，少志參禪，根性猛利……下筆千言，不踏祖師語句，直
> 從胸臆流出。（《嘉興藏》，第三十一冊，頁 466 下）

袁宏道因參禪，根性猛利，所以筆下圓轉，不尋祖師之語，而直從自己胸襟流出。

由以上所述，袁宏道強調文章要有「我」，且有我的個人性與自發性，與他禪修的經驗又有關聯。但這性靈與禪的關係又是如何？

首先說明「獨抒性靈」與「禪」在理論上的互通。

從「胸中流出」、「胸襟流出」、「胸臆流出」，都是強調我的「個人性」與「自發性」；而其源頭就是「心」，也就是由個人心中自發而出。袁宏道又如何認定這個心呢？

在前文討論袁宏道禪學思想核心時，曾分判袁宏道的禪，是屬於如來藏眞常唯心論。這個思想理論的特點，主要在肯定人人有一自性清淨心，也就是佛性；這個心包含萬法且能生萬法。如果從這兩個層面而言，與袁宏道獨抒性靈，強調有我，並肯定我的個人性與自發性，豈不吻合？袁宏道獨抒性靈的文學觀，即奠基在這禪學心性論的基礎上。

此外袁宏道「獨抒性靈」，一一從自己胸臆流出，與唐代巖頭禪師亦有一段因緣。

袁中道在〈成元岳文序〉云：

> 時義雖云小技，要亦有抒自性靈，不由聞見者。古人云：一一從自
> 己胸臆中流出，自然蓋天蓋地，眞得文字三昧。（《珂雪齋前集》卷
> 十）

袁中道以爲文章「抒自性靈，不由聞見」。且道「一一從自己胸臆中流出」，古人亦曾說過。這古人是誰呢？袁中道在〈石頭上人詩序〉中，指出「嚴頭」這個人。其文云：

> 今石頭之集具在，其精光爍人目睛者，豈文人學士所可及耶？嚴頭云：一一從自己胸臆中流出，蓋天蓋地有旨哉？（《珂雪齋前集》卷十）

原來「一一從自己胸臆中流出」是嚴頭說的。袁中道稱讚石頭上人之詩，就如嚴頭所云：「一一從自己胸臆中流出」，有「蓋天蓋地」之氣魄。而非一般文人學士可與比擬。

嚴頭，是指唐代嚴頭全奯禪師，原爲泉州柯氏之子。少禮青原誼公，落髮爲僧，往長安寶壽寺，稟戒習經律諸部，優游禪苑，與雪峰義存爲友。

有一次，嚴頭全奯禪師和雪峰義存禪師一起參遊，嚴頭與雪峰相證，嚴頭曰：「你不聞道從門入者不是家珍。」雪峰曰：「他後如何即是？」嚴頭曰：「他後若欲播揚大教，一一從自己襟流出將來，與我蓋天蓋地去。」〔註3〕

嚴頭告訴雪峰義存說，以後要闡揚宗門，必須一一從自己胸襟流出將來，與他蓋天蓋地而去。換言之，要眞參實修，從胸襟流出，而不拾人牙慧，如此宗門才得傳揚開來。

由以上之探討，可證袁宏道獨抒性靈說與禪有其密切關係。

二、禪修的轉變與文學觀的修正

袁宏道由「狂禪」轉而「禪淨雙修」，對禪的體驗也愈來愈沈潛內斂。這種修證，自然也反應在他文學的主張。

袁宏道於萬曆二十五年（三十歲）〈致張幼子書〉中云：

> 至於詩，則不肖聊戲筆耳。信心而出，信口而談。（《箋校》卷一一）

萬曆三十年（三十五歲），〈寄袁無涯書〉中亦云：

> 不肖詩文，多信腕信口。（《箋校》卷四二）

萬曆三十二年（三十七歲），在〈敘曾太史集〉云：

> 余文信腕直寄而已。（《箋校》卷三五）

宏道以爲自己爲文作詩，信心、信口、信腕直寄而已，不須修飾。

〔註 3〕《五燈會元》卷七，頁 232～235。《卍續藏經》，第一三八冊。

但萬曆三十七年（四十二歲），袁宏道〈與黃平倩書〉中，卻有所改變，以為詩文之工，非「信手」即可近道。其文云：

> 詩文是吾輩一件正事……然詩文之工，決非以草率得者，望兄勿以信手為近道也。（《箋校》卷五五）

這與萬曆二十五年、三十年所提的「信心」、「信腕」有所不同。這種轉變，袁中道在〈答須水部日華〉書中，亦云：

> 不肖謬謂本朝脩詞……先兄中郎矯之……惟自秦中歸，始云：「我近來稍悟詩道，今《華嵩遊草》是也，謹嚴深厚，較往作又一格也。」
> （《珂雪齋前集》卷二十三）

《華嵩遊草》是袁宏道萬曆三十七年的作品，內容有詩、遊記與序跋。袁宏道自言「近來稍悟詩道」，所以《華嵩遊草》中之作品，較為謹嚴深厚，較之以前所作，又獨樹一格。

這種改變，與袁宏道本身文學經驗有關，但由前文所論，袁宏道獨抒性靈說與禪有密切關係，當禪修由「狂」轉而「沈潛內歛」，文學觀亦由「信腕直寄」，變為「謹嚴深厚」。

第二節　以禪入詩

以禪喻詩，有其歷史淵源，早在唐五代如詩人王昌齡、皎然、戴叔倫、齊己等，就注意到詩與禪的性質有些相近，以禪喻詩。到了宋朝，更可說是以禪喻詩的黃金時代，蘇軾、黃庭堅等，不只指出詩與禪的共通性質，更以參禪的方法學詩，以禪宗家派比喻詩派的風格。南宋嚴羽（約 1195～1245）《滄浪詩話》中〈詩辨〉一文，更把宋人「以禪喻詩」的特色，做了一次完整而美妙的展現。〔註4〕

袁宏道不只「以禪喻詩」，更把禪寫入詩中，以詩「參禪理」，以禪「參詩理」。袁宏道〈法雲菴同諸開士限韻〉後之〈又次前韻〉一詩就說：「怪石含斑鮮……詩理入禪參。」〔註5〕詩與禪在袁宏道，可說是一體的兩面，且融化無遺。

本文透過分析，把袁宏道「以禪入詩」，分為三種類型：〔註6〕（一）以

〔註4〕 參閱黃景進《嚴羽及其詩論之研究》第四章〈以禪喻詩的主要內容〉。

〔註5〕 《箋校》卷二五。

〔註6〕 孫昌武《佛教與中國文學》一書，討論禪宗影響王維詩歌創作藝術時，分三個層次：（一）以禪語入詩：用詩來談禪，詩中充滿了禪學概念與說理。（二）

禪理入詩；（二）以禪境入詩；（三）以禪語入詩。這三者互有關聯，而又有所區別。以禪理入詩，指詩中以闡述禪理爲重；以禪境入詩，乃以表達禪的境界爲主；以禪語入詩，指詩中運用禪宗語言，又包括禪宗公案等。

一、以禪理入詩

袁宏道於詩中表達自己的禪理，作品不多，約四首等，大意在討論「禪與文字」、「禪與思惟」、「禪與我執」、「禪與生死」的關係。

〈鶴林寺和尚〉詩云：

竹裏逢開士，花間覓著書。禪觀今果足，文字往因餘。（《箋校》卷三）

「禪觀今果足，文字往因餘」，指透悟禪觀，經典文字則成多餘。

〈宿惠山僧房〉二首之二云：

排遣何曾達，思惟亦是塵。病翻爲樂果，髮在是愁因。松老皆成佛，花清不避人。禪棲如實許，色色可怡神。（《箋校》卷八）

「排遣何曾達，思惟亦是塵」，排遣生生不滅的念頭，亦不能通達；落入思惟，還是客塵。「禪」乃直指本心，見性成佛，且言語道斷，心行處滅，豈是排遣與思惟可達。

在〈春日同謝于楚周觀國小修李澄之王尚夫崔晦之劉繩之過智者堂訪度門法門得心字時度門難後至此〉詩云：

數里碧陰森，高禪靜亦吟。趁花遠來澗，聽鳥入平林。歷盡推車坡，稍存繞指金。浮塵都歇盡，未歇唾壺心。（《箋校》卷三四）

「浮塵都歇盡，未歇唾壺心」，指外在的浮塵都已落定，在內心我執尚未消解。「壺心」引自王昌齡〈芙蓉樓送辛漸〉中「一片冰心在玉壺」之詩句。一片冰心在玉壺，在表明自己光明磊落，清廉自守，如冰之晶瑩潔白。然此無非是在說明自己的人格，就佛理而言，仍屬「我執」。佛家認爲一切生死煩惱，在於「法執」、「我執」，尤其是「我執」；我執不除，煩惱不斷，生死亦不斷。

以禪趣入詩：禪趣是指進入禪定那種輕安娛悅，清閑自然的意味。（三）以禪法入詩，是指在詩的構思過程中借鑒了禪的認識和表達方法。（頁104～107）本文參考上例，但有二點不同：（一）袁宏道好禪理，故「以禪理入詩」；（二）「以禪境入詩」，表達他對禪的體驗。如果說王維和袁宏道二者詩與禪之不同在那裏，這可說，王維是借禪來表現他的詩歌創作；而袁宏道則是藉詩來表達他對禪的體驗。一在「詩」，一在「禪」，重點不一，故表現也不一。

參禪即在集中心力，開悟佛理，以去掉「我執」與「法執」。

宏道〈元夕舟中同馬元龍夜話〉詩云：

> 夜深蠟焰殘，月色淨諸蠻……貌兼杉影瘦，思入井冰寒。辦得一番
> 死，參禪亦不難。（《箋校》卷二七）

參禪在開悟，以了脫生死。如果經得一番生死關頭，參禪更能專志純一。

二、以禪境入詩

禪境是一種意象的呈顯。這種意象，乃屬弦外之音，言外之意，在於讀者的感受與體驗。禪境中有禪趣，禪趣中不一定有禪境。本文以境代趣，更在表達袁宏道對禪境的詮釋。

萬曆二十二年（二十七歲），在〈異僧〉一詩中，袁宏道描寫一個異地僧人的境界，其詩云：

> 買印支公僻，輪瓶座首能。咒言聽似鳥，梵字寫如藤。托缽施仙飯，
> 支床面佛燈。一身猶不用，何處有三乘？（《箋校》卷二）

「三乘」，指聲聞、緣覺、菩薩。聲聞，聞佛之聲教而悟解得道者；緣覺，自覺不從他聞，觀十二因緣而悟道者；菩薩，菩提薩埵之略稱，指以「智」上求無上菩提，以「悲」下化眾生，修諸波羅蜜行，於未來成就佛果之修行者。在此三乘代表一種「法執」，而一身代表「我執」。「一身猶不用」，表示去了「我執」，三乘「法執」也就拋去。能達到這種「境界」，當然最高。

〈山中峰老僧〉七首詩之二，描述一老僧之禪境，其詩云：

> 一抹青煙沈遠巒，禪心汰得似冰寒。閒山閒水都休卻，付於瞻風衲
> 子看。（《箋校》卷二八）

禪心如冰寒，山水都休卻，表示對境不起心。然付於瞻風衲子看，則此境仍有我在。

袁宏道萬曆二十八年（三十三歲），於〈明空住柳浪五月附余舟南下別於歸宗道上因作柳浪三疊以送之〉三首之一云：

> 青池白石每談空，銷卻寒缸幾炷紅。記取柳浪湖上枝，夜禪聽盡碧
> 絲風。（《箋校》卷二六）

「夜禪聽盡碧絲風」，表現那種專注、安靜、自然的禪境，靜中有動，此境仍是有物有我，只是如「夜」之靜，動而不浮而已。

〈過古寺〉一詩描寫「護法老龍」之禪境，其詩云：

畏人寒烏竄，護法老龍飢。醉語兼禪語，都非第二機。(《箋校》卷二)
在〈九月二十九日同羅服卿及社中諸兄弟登高二聖寺用扇頭韻〉二首之一，
寫到修禪定後，又飲酒之禪境，其詩云：

> 定起書黃葉，杯闌語翠微。禪翁兼醉侶，一種不相違。(《箋校》卷
> 三一)

這兩首「醉語兼禪語，都非第二機」與「禪翁兼醉侶，一種不相違」，都在表
現禪的「當下」與「合光同塵」之跡，一種物我兩忘之境。

　　袁宏道把禪境寫入詩中，其用意在詩，而更在於禪。〈潘庚生館同諸公得
錢子〉一詩云：「每于詩外者，悟得句中禪。」〔註7〕藉詩悟禪，以禪寄詩。
禪學充實袁宏道詩歌創作的內涵。

三、以禪語入詩

　　袁宏道詩中以禪語入詩者最多，表達了袁宏道好禪的心裏。主要有「禪
心」、「禪味」、「禪客」、「禪講」、「禪關」、「寒灰枯木禪」、「野狐禪」、「老龐
禪」等，此外詩中亦引用禪宗公案，如「百丈野鴨子」等。

　　〈甲辰元旦飲劉繩之梅花下聽歌時一衲在側〉詩云：

> 小艷催花發，長眉帶柳來……笑屬生春暈，禪心試灰冷。一尊一板
> 去，村舍幾題梅。(《箋校》卷三十)

宏道在「飲酒」、「賞花」、「聽歌」下，自比「禪心」如冷灰，表示修行已到
了某種定境。〈寄楊敦初〉之「禪心知不滅」；〔註8〕〈惠山僧房短歌〉之「東
風不道禪心定」〔註9〕等以「禪心」入詩。

　　袁宏道〈潞河舟中和小修別詩〉十首之十云：

> 禪味爭如醉，無何即是鄉……東皋猶滯酒，余乃醒而狂。(《箋校》
> 卷四六)

袁宏道好「禪味」如好酒而醉，然此醉禪，乃醒而帶狂。〈寄曾長石太史〉之
「故應禪味如鹽水」，〔註10〕與〈般若臺為無懷上人作〉之「般若禪人曉禪味」，

〔註7〕《箋校》卷九。

〔註8〕袁宏道〈寄楊敦初〉云：「野樹吟秋日，江雲送目初……潘岳功名簿，莊生吏
　　　體疏。禪心如不滅，揮麈近何如？」(《箋校》卷二)

〔註9〕袁宏道〈惠山僧房短歌〉云：「少年長老姿格清，竹鑪蓮卷古先生。東風不道
　　　禪心定，吹入山頭環珮聲。」(《箋校》卷八)

〔註10〕袁宏道〈寄曾石太史〉云：「竹影侵溪朝洗研，柳梢披雨夜焚香。故應禪味如

〔註11〕亦描寫修禪之「禪味」。

宏道在〈雁字詩十首之九〉云：

篆煙劃月過瀟湘，流麗森疏綴幾行。禪客辨來知半滿，儒生記去識
邊旁。（《箋校》卷三四）

書寫幾行流麗、森然、疏散之篆文，禪客知其半，而儒生只識得邊旁。此中
「禪客」，指參禪者而言。原來「禪客」是指宋代以後之禪院，逢檀越及官人
來向住持求陞座說法時，選派一特定僧人向住持質問之慣例，此質問僧稱爲
「禪客」。〔註12〕

〈元日書懷〉之二云：

水巷連祠竹，沙村帶石洲。官私與禪講，一味勸心休。（《箋校》卷
二八）

「禪講」，禪是不立文字，教外別傳，修禪就在修心，修心是要「心休」，休
離一切煩惱客塵，但有時爲了使人明白修禪的道理，故不能不講。〈雪中投宿
棲隱寺寺去大冶五十里在亂山中〉詩之二「會須知此意，禪講也輸君」〔註13〕
亦提及。

〈侍家大人游太和發郡城偕遊者僧寶方冷雲尹生也〉之詩云：

戴將頭髮入禪關，長得閒時也畏閒。從此野人功課定，一年須上兩
番山。（《箋校》卷二八）

「禪關」之意有二：（一）參禪之層次；（二）坐禪之道場。大抵參禪有三關：
第一關，悟得一切處無生；第二關，悟得一切處皆是；第三關，悟得言語道
斷心行處滅。此處「禪關」，專指參禪所用之「關房」。〈初夏同惟學惟長舅尊
遊二聖禪林檢藏有述〉詩云：「禪關避客晝常扃」〔註14〕亦是。

鹽水，宿世曾爲青草堂。」（《箋校》卷三三）

〔註11〕袁宏道〈般若臺爲無懷上人作〉云：「般若禪人曉禪味，辟如屋底看山翠。又
如人持京師書，雖不是香有香氣。」（《箋校》卷一二）

〔註12〕《禪林象器箋》之「職位門」：「蓋官人入寺，屢請陞座說法，及時禪客出眾
問答，名之曰問禪。」此「禪客」之原意。

〔註13〕袁宏道〈雪中投宿棲隱寺寺去大冶五十里在亂山中〉三首之二云：「巖戶何人
啓，泉聲只自聞。夜澆盈衲雨，曉耕一犁雲。野筍呼雛伐，山苗帶子分。會
須知此意，禪講也輸君。」（《箋校》卷四六）

〔註14〕袁宏道〈初夏同惟學惟長舅尊遊二聖禪林檢藏有述〉四首之三云：「禪關避客
晝常扃，竹樹陰森可一庭……衣下有珠君識否，窺來如欲睹明星。」（《箋校》
卷一）

〈夢中得詩醒記中二聯足成之〉詩云：

　　抛竹履，邀僧時一上花船。無心更著紅衫去，學得寒灰古木禪。(《箋

　　校》卷二五)

「寒灰古木禪」即大慧宗杲所說「枯木寒灰禪」，是指那些終日趺坐，不作他事，不飲不食，不行不動，自謂苦行者。其實這種苦行所修者，只不過是「枯木禪」。

〈漫興〉一詩云：

　　獨往吾何有，狂癡世所憐……昨來益自喜，信口野狐禪。(《箋校》

　　卷二)

「野狐禪」，用以比喻似是而非之禪。此語乃出自唐代禪僧百丈懷海開導野狐之談話。百丈懷海禪師每次領眾入禪堂時，有一老人，常隨眾聽法，眾人退，老人亦退。忽有一日，老人不退。百丈遂問：「面前站者是何人？」老人答：「我不是人。於過去迦葉佛時代曾住於此山。因學人問我，大修行人還落入因果否？我說不落因果，所以五百生墮入野狐身。今請老和尚，代爲轉答，以脫野狐身。」老人問：「大修行人還落入因果嗎？」百丈回答：「不昧於因果」。老人於言下大悟。〔註15〕

〈閒居雜題〉之二云：

　　儒衣脫卻禮金山，二十偷閒也少年……酒障詩魔都不減，何曾參得

　　老龐禪。(《箋校》卷八)

「老龐禪」，是指唐代龐蘊居士。龐蘊曾參訪當時很多著名禪師，如石頭希遷，丹霞天然，馬祖道一等。有一次去參問馬祖道一時問：「不與萬法爲侶者是什麼人？」馬祖云：「待汝一口吸盡西江水，即向汝道。」〔註16〕龐蘊於「一口吸盡西江水」，頓有所悟，留住兩年。後機辯迅捷，爲諸方所矚目。北遊襄陽時，資財皆投於江，偕妻女躬耕於鹿門下。其妻女均徹悟。有一次，龐蘊於入寂之際，令女靈照出視時日之早晚，說：「日已中矣，而有蝕也。」蘊龐又出觀看，靈照隨即登父座，合掌坐亡。

　　袁宏道對龐家之禪，特別欽服。於〈得罷官報〉贊云：「南北宗乘參取盡，龐家別有一枝燈。」〔註17〕

〔註15〕宋宗紹編《無門關》，《大正藏》，第四十八冊，頁293上。

〔註16〕《景德傳燈錄》卷八，頁146。

〔註17〕《箋校》卷八。

此外，袁宏道亦把「禪宗公案」寫入詩中。〈玉上人〉詩云：

山下逢老僧，爲我設齋供。生斷活埋關，醒卻高梁夢。空嫌毛孔多，

瘦覺數珠重。回首鴨子飛，歸來鼻頭痛。（《箋校》卷九）

「回首鴨子飛，歸來鼻頭痛」是一則「百丈野鴨子」的公案。據《碧巖集》卷六所載：有一次，馬祖道一與徒弟百丈懷海同行，看見野鴨子飛過，馬祖說：「是什麼？」百丈回答：「野鴨子」。馬祖又問：「何處去？」百丈答：「飛過去。」馬祖遂扭百丈的鼻頭，百丈忍聲作痛。馬祖說：「何曾飛去？」〔註18〕

此外，袁宏道好禪，又把「繩床」、「禪板」、「禪燈」、「禪榻」等，寫入詩中。

〈西林菴爲從石上人題〉詩云：

西林禪人東林弟，朝作新詩暮作偈。將禪比詩不爭多，色裹膠青水

中味。室中枯坐一繩床，颺風吹出沈香氣。（《箋校》卷一二）

「繩床」專指禪僧之床。一般禪僧吃住都非常簡陋，這是爲了破除禪修的障礙，以便安心修定。

〈泛舟便河〉之二云：

禪板佐尊罍，青溪曲曲迴。魚閒知浪靜，鳥喜覺風來。（《箋校》卷

三三）

此中「禪板」之「板」，其意有二：（一）打鳴器具之一。板掛於寺院內一定之場所，係報知時刻或集會時敲打之器具，大多爲木製，板面上並書寫「生死事大」等偈語。（二）禪宗寺院僧堂中所設之大眾床座，亦稱板。坐禪時，爲消除疲勞，用以靠身或安手者，則稱爲「禪板」。

〈宿僧房〉云：

覺路昏羅縠，禪燈黑絳紗。早知嬰世網，悔不事袈裟。（《箋校》卷

二）

禪院日常所用之燈，稱爲「禪燈」。燈稱禪燈，則僧房所見之物，無一非「禪」。〈戊戌初度〉之二云：「禪燈灩灩雪玻璃」，貝典將來戒小妻」，〔註19〕亦稱燈爲「禪燈」。

〈寒香〉詩云：

〔註18〕《卍續藏經》，第一一七冊，頁361。

〔註19〕袁宏道〈戊戌初度〉四首之二云：「禪燈灩灩雪玻璃，貝典將來戒小妻。客裹
羈情籠野鴿，鄉中春夢閱山雞。」（《箋校》卷一四）

旋開麴社通蓮社，痛飲南家又北家。禪榻歸來清似洗，醉看紅燄吐
高花。（《箋校》卷五）

「禪榻」是坐禪之席位。榻者，即坐臺或寢臺，較床為低短細長。〈留別黃道
元〉詩云：「一燈禪榻下，睡看小沙彌」，〔註20〕亦以「禪榻」入詩。

〔註20〕袁宏道〈留別黃道元〉云：「蹤跡頻頻至，鄭僧箇箇知……說虎歸途怯，懷駕
夜夢癡。一燈禪榻下，睡看小沙彌。」（《箋校》卷九）

第六章　結　論

　　佛教思想是袁宏道思想的主要內涵。本文圍繞著四個重點來展開：袁宏道與佛教的因緣、袁宏道的禪學思想、袁宏道的淨土思想與袁宏道禪學思想對文學的影響，把袁宏道佛教思想的內容及其前因後果作一完整敘述。

　　在袁宏道接觸佛教的因緣中，兄長袁宗道是一個啓發人物，與李卓吾、無念禪師的交遊，拓展他參禪的層面，而生長在晚明禪淨思想興盛的潮流中，禪淨也成爲他佛教思想的主流。

　　袁宏道參禪的進路，分爲兩個階段，第一階段是從萬曆十八年到萬曆二十七年，以李卓吾爲學習對象的狂禪；第二階段是從萬曆二十七年到三十八年，禪淨雙修，以大慧宗杲的看話禪爲主。袁宏道有豐富而獨到的禪修經驗，認爲頓門的祖師禪較漸門的如來禪高明，一如逆路只得一些子，都有無窮受用，而順路所得雖多，而實無用。其如來藏眞常唯心思想，肯定人人有一顆自性情淨心，此心具萬法，能生萬法，且萬物皆有佛性，是一傳統禪學思想。而由於個人前期修爲流於狂禪，及不重經典而造成弊病，使他傾向教禪一致的主張。

　　袁宏道由禪轉而禪淨雙修，並撰述《西方合論》，主要來自本身參禪不穩當，轉而傾向經典的尋求。此外，也受到當時蓮池提倡淨土的影響。袁宏道《西方合論》之創作，以華嚴十門爲思想架構，主要思想課題，除了解決自己修行的困境外，並且兼顧到時代思潮的問題，主張：（一）禪與淨的調合；（二）唯心淨土與他方淨土的融合；（三）淨土與華嚴的融通。這些思想與蓮池仍有微細的區別，蓮池傾向禪淨合一與唯心淨土，並認爲華嚴思想理論高於淨土。這顯示袁宏道有個人思想的關懷點與企圖解決時代思想爭論的使命

感。蕅益對其《西方合論》的評價甚高。

　　從袁宏道禪學思想來討論他的文學觀與禪學的關係，以及以禪入詩的詩歌創作。發現傳統對公安派「獨抒性靈」的文學觀，認爲是由王陽明良知學說與李卓吾童心說，一脈相承而來，有其偏頗的定論。這是因爲向來忽視袁宏道禪學思想的研究，而只以時代精神的角度給予評斷，而忽略其根本差異所致。

　　總結而言，袁宏道一生與佛教關係至爲密切，禪淨思想乃其思想核心，禪學甚至反應在他的文學觀與文學作品中。

參考書目

1. 《袁宏道集箋校》，〔明〕袁宏道撰，錢伯城箋校，上海：古籍，民國 70 年 7 月初版。

2. 《珊瑚林》，〔明〕袁宏道撰，張五教編，明刊（清響齋）日本內閣文庫藏。

3. 《西方合論》，〔明〕袁宏道，《嘉興藏》第三一冊，台北：新文豐，民國 77 年 7 月初版。

4. 《金屑篇》，〔明〕袁宏道，明刊（清響齋）日本內閣文庫藏。

5. 《六祖壇經節錄》，〔明〕袁宏道，明刊（清響齋）日本內閣文庫藏。

6. 《白蘇齋類集》，〔明〕袁宏道，台北：偉文，民國 65 年 9 月初版。

7. 《珂雪齋前集》，〔明〕袁宏道，台北：偉文，民國 65 年 9 月初版。

8. 《珂雪齋近集》，〔明〕袁宏道，台北：偉文，民國 65 年 9 月初版。

9. 《王陽明全集》，〔明〕王陽明，台北：正中，民國 59 年 5 月 4 版。

10. 《王龍谿全集》，〔明〕王龍谿，台北：華文，民國 59 年 5 月。

11. 《焚書／續焚書》，〔明〕李卓吾，台北：漢京，民國 73 年 5 月初版。

12. 《蓮池大師全集》，〔明〕蓮池大師，台北：中華佛教文化館，民國 72 年 12 月再版。

13. 《憨山大師夢遊集》，〔明〕憨山德清，台北：新文豐，民國 72 年 12 月再版。

14. 《歇庵集》，〔明〕陶望齡，台北：偉文，民國 65 年 9 月初版。

15. 《容臺集》，〔明〕董其昌，台北：中央圖書館，民國 57 年 6 月。

16. 《雪濤閣集》，〔明〕江進之，明刊本，中央圖書館藏。

17. 《靈峰宗論》，〔明〕蕅益，台北：佛教，民國 65 年 1 月初版。

18. 《萬曆野獲編》，〔明〕沈德符，《筆記小説大觀》十五編，第六冊，台北：新興，民國66年1月初版。

19. 《淨土聖賢錄》，〔清〕彭際清，台北：新文豐，民國76年6月再版。

20. 《一行居集》，〔清〕彭際清，台北：新文豐，民國62年6月初版。

21. 《明儒學案》，〔清〕黃宗義，台北：河洛，民國63年12月初版。

22. 《公安縣志》，〔清〕周承弼等修，王慰等纂，《中國方志叢書》，華中地方第一二五冊，台北：成文，民國59年4月初版。

23. 《佛説阿彌陀經》，姚秦·鳩摩羅什譯，《大正藏》第一二冊，台北：新文豐，民國48年1月初版。

24. 《維摩詰所説經》，姚秦·鳩摩羅什譯，《大正藏》第一四冊，台北：新文豐，民國48年1月初版。

25. 《楞伽阿跋多羅寶經》，劉宋，求那跋陀羅譯，《大正藏》第一六冊，台北：新文豐，民國48年1月初版。

26. 《十住毘婆沙論》，龍樹造，姚秦·鳩摩羅什譯，《大正藏》第二六冊，台北：新文豐，民國48年1月初版。

27. 《大慧普覺禪師語錄》，〔宋〕蘊聞編，《大正藏》第四七冊，台北：新文豐，民國48年1月初版。

28. 《無門關》，〔宋〕宗紹編，《大正藏》第四八冊，台北：新文豐，民國48年1月初版。

29. 《六祖大師法寶壇經》，〔元〕宗寶編，《大正藏》第四八冊，台北：新文豐，民國48年1月初版。

30. 《禪源諸詮集都序》，〔唐〕宗密述，《大正藏》第四八冊，台北：新文豐，民國48年1月初版。

31. 《宗鏡錄》，〔宋〕延壽集，《大正藏》第四八冊，台北：新文豐，民國48年1月初版。

32. 《景德傳燈錄》，〔宋〕道原纂，台北：新文豐，民國75年4月3版。

33. 《華嚴合論》，〔唐〕李通玄造論，志寧釐經合論，《卍續藏經》第五冊，台北：新文豐，民國65年12月初版。

34. 《華嚴經合論簡要》，〔明〕李卓吾，《卍續藏經》第七冊，台北：新文豐，民國65年12月初版。

35. 《阿彌陀經疏鈔》，〔明〕蓮池，《卍續藏經》第三三冊，台北：新文豐，民國65年12月初版。

36. 《阿彌陀經要解》，〔明〕蕅益，《卍續藏經》第一○八冊，台北：新文豐，民國65年12月初版。

37. 《淨土十要》，〔明〕蕅益，《卍續藏經》第一○八冊，台北：新文豐，民

國 65 年 12 月初版。

38. 《淨土決》，〔明〕李卓吾，《卍續藏經》第一○八冊，台北：新文豐，民國 65 年 12 月初版。

39. 《評點西方合論》，〔明〕袁宏道撰述，〔明〕蕅益評點，《卍續藏經》第一○八冊，台北：新文豐，民國 65 年 12 月初版。

40. 《宗門十規論》，〔唐〕清涼文益，《卍續藏經》第一一○冊，台北：新文豐，民國 65 年 12 月初版。

41. 《萬善同歸集》，〔宋〕延壽，《卍續藏經》第一一○冊，台北：新文豐，民國 65 年 12 月初版。

42. 《碧巖集》，〔宋〕重顯頌古克勤評唱，《卍續藏經》第一一七冊，台北：新文豐，民國 65 年 12 月初版。

43. 《雲門麥浪禪師宗門雜》，〔明〕麥浪禪師，《卍續藏經》第一二七冊，台北：新文豐，民國 65 年 12 月初版。

44. 《五燈會元》，〔宋〕普濟集，《卍續藏經》第一三八冊，台北：新文豐，民國 65 年 12 月初版。

45. 《居士分燈錄》，〔明〕朱時恩輯，《卍續藏經》第一四七冊，台北：新文豐，民國 65 年 12 月初版。

46. 《居士傳》，〔清〕彭際清，《卍續藏經》第一四九冊，台北：新文豐，民國 65 年 12 月初版。

47. 《黃蘗無念禪師復問》，〔明〕無念深有，《大藏經補編》第二○冊，台北：華宇，民國 75 年 1 月初版。

48. 《左派王學》，嵇文甫，上海：開明，民國 23 年 9 月初版。

49. 《晚明思想史論》，嵇文甫，上海：開明，民國 33 年 9 月初版。

50. 《中國佛教史概說》，野上俊靜等著，釋聖嚴譯，台北：商務，民國 61 年 7 月初版。

51. 《中國淨土教理史》，望月信亨著，釋印海譯，台北：慧日講座，民國 63 年 3 月初版。

52. 《無諍之辯》，印順，《妙雲集》下編，台北：正聞，民國 65 年 1 月。

53. 《明代思想史》，容肇祖，台北：開明，民國 67 年 10 月 5 版。

54. 《袁中郎學記》，袁仲公，台北：新文豐，民國 68 年 3 月。

55. 《明清佛教》，郭朋，福建：人民，民國 71 年 12 月初版。

56. 《王陽明與禪》，陳榮捷，台北：學生，民國 73 年 11 月初版。

57. 《李卓吾事蹟繫年》，林其賢，台北：文津，民國 73 年 3 月。

58. 《嚴羽及其詩論之研究》，黃景進，台北：文史哲，民國 75 年 2 月初版。

59. 《禪門剩語》，唐一玄，高雄：鳳山佛教蓮社，民國 75 年 5 月 2 版。

60. 《如來藏之研究》，印順，台北：正聞，民國 75 年 5 月 2 版。

61. 《公安派的文學批評及其發展》，周質平，台北：商務，民國 75 年 5 月。

62. 《中國禪學思想研究——宗密教一致理論與判攝題之探討》，何國銓，台北：文津，民國 76 年 4 月。

63. 《明季滇黔佛教考》，陳援庵，台北：彙文堂，民國 76 年 6 月台 1 版。

64. 《中國禪宗史》，印順，台北：正聞，民國 76 年 4 月。

65. 《明末佛教研究》，釋聖嚴，台北：東初，民國 76 年 9 月。

66. 《萬曆十五年》，黃仁宇，台北：食貨，民國 77 年 2 月初版。

67. 《印度佛教思想史》，印順，台北：正聞，民國 77 年 4 月初版。

68. 《明史散論》，李焯然，台北：允晨，民國 77 年 4 月初版。

69. 《明末中國佛教之研究》，釋聖嚴著，關世謙譯，台北：學生，民國 77 年 11 月初版。

70. 《袁宏道評傳》，周質平，東海大學中文所碩士論文，民國 63 年。

71. 《晚明性靈文學思想研究》，陳萬益，台灣大學中文所博士論文，民國 66 年。

72. 《袁中郎及其小品文研究》，高八美，輔仁大學中文所碩士論文，民國 67 年。

73. 《公安派及其著作考》，吳武雄，東海大學中文所碩士論文，民國 70 年。

74. 〈袁中郎的佛學思想〉，張汝釗，《人間世》20 期，民國 24 年 1 月初版。

75. 〈李卓吾的生平與佛教思想〉，江燦騰，《中華佛學學報》第 3 期，民國 77 年 10 月。

76. 《明末宗教思想研究》，荒木見悟，東京：創文社，昭和 54 年 10 月。

附　錄

附錄一　袁宏道學佛與著作年表

參照袁中道《珂雪齋前集》卷十七〈中郎行狀〉與錢伯城《袁宏道集箋校》等：

明代年號	年　齡	袁宏道學佛歷程及其著作
萬曆十七年	二十二歲	（1）初聞性命之學。
萬曆十八年	二十三歲	（1）著《金屑篇》。 （2）第一次訪李卓吾與無念。
萬曆十九年	二十四歲	（1）無念到公安與之會面。
萬曆二十年	二十五歲	（1）第二次訪李卓吾與無念。
萬曆二十一年	二十六歲	（1）第三次訪李卓吾與無念。
萬曆二十二年	二十七歲	（1）著《敝篋集》。
萬曆二十三年	二十八歲	（1）與〈李宏甫〉（李卓吾）書，對李氏《藏書》推崇倍之。
萬曆二十四年	二十九歲	（1）著《去吳七牘》。
萬曆二十五年	三　十　歲	（1）與蓮池大師相交遊，稱贊蓮池單提念佛之法門。 （2）著《解脫集》、《錦帆集》、《廣陵集》。
萬曆二十六年	三十一歲	（1）結葡萄社於崇國寺。 （2）著《廣莊》。

萬曆二十七年	三十二歲	（1）覺李卓吾所見尚欠穩實。 （2）開始闢狂禪。 （3）著《西方合論》、《瓶史》。
萬曆二十八年	三十三歲	（1）從萬曆二十八年冬到萬曆三十四年，隱居柳浪，偕中道與一、二名僧共居，潛心道妙。 （2）與〈李龍湖〉（卓吾）書中，奉勸李卓吾學佛要兼重戒律。 （3）袁、李書信之交往止於此年。 （4）刪節前人之作品者，有《六祖壇經節錄》一卷、《宗鏡攝錄》十二卷。 （5）著《瓶花齋集》。
萬曆二十九年	三十四歲	（1）居柳浪潛修。
萬曆三十年	三十五歲	（1）居柳浪潛修。
萬曆三十一年	三十六歲	（1）居柳浪潛修。
萬曆三十二年	三十七歲	（1）居柳浪潛修。 （2）著《珊瑚林》（《德山暑談》乃本書之節本）。
萬曆三十三年	三十八歲	（1）居柳浪潛修。
萬曆三十四年	三十九歲	（1）居柳浪潛修，至秋偕中道入都，補儀曹主事。 （2）著《蕭碧堂集》。
萬曆三十五年	四十歲	（1）著《破硯齋集》、《觴政》、《墨畦》。
萬曆三十七年	四十二歲	（1）著《華嵩遊草》、《場屋後記》。
萬曆三十八年	四十三歲	（1）築硯北樓、捲雪樓，樓成每日坐三炷香，收息靜坐。九月初六病卒。

附錄二　袁宏道相關人物生卒年表

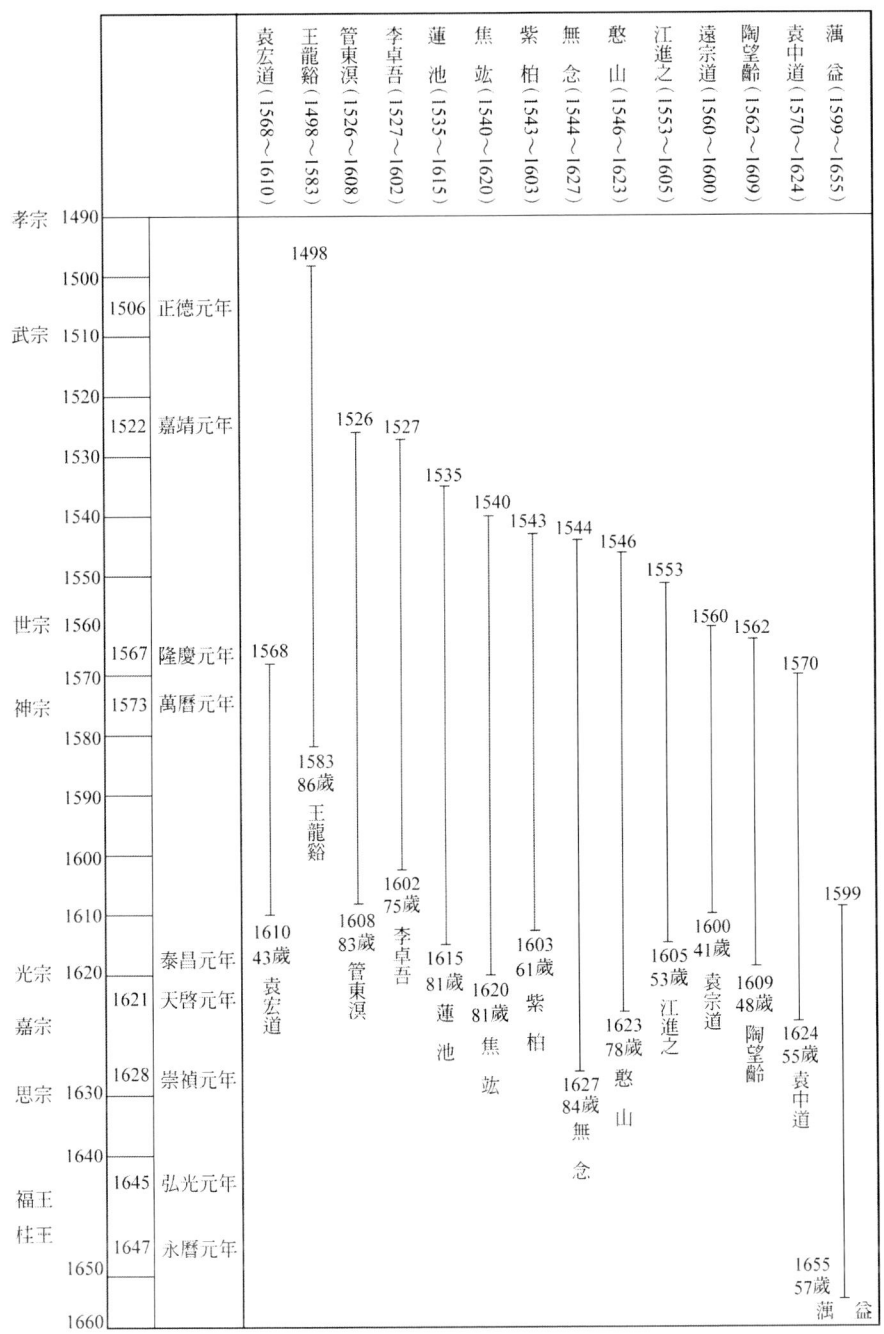